CONTEXTOS, (IN)DEFINIÇÕES E SENTIDOS DO TRABALHO DOCENTE NOS INSTITUTOS FEDERAIS

Editora Appris Ltda.
1.ª Edição - Copyright© 2024 da autora
Direitos de Edição Reservados à Editora Appris Ltda.

Nenhuma parte desta obra poderá ser utilizada indevidamente, sem estar de acordo com a Lei n° 9.610/98. Se incorreções forem encontradas, serão de exclusiva responsabilidade de seus organizadores. Foi realizado o Depósito Legal na Fundação Biblioteca Nacional, de acordo com as Leis n°s 10.994, de 14/12/2004, e 12.192, de 14/01/2010.

Catalogação na Fonte
Elaborado por: Josefina A. S. Guedes
Bibliotecária CRB 9/870

S586c
2024
	Silva, Mirna Ribeiro Lima da
	    Contextos, (in)definições e sentidos do trabalho docente nos Institutos Federais / Mirna Ribeiro Lima da Silva. – 1. ed. – Curitiba: Appris, 2024.
	    221 p. : il. ; 23 cm. – (Coleção Educação, Tecnologias e Transdisciplinaridades).
	
	    Inclui referências.
	    ISBN 978-65-250-6949-4
	
	    1. Profissionalidade docente. 2. Verticalização do ensino. 3. Carreira de Magistério do EBTT. I. Silva, Mirna Ribeiro Lima da. II. Título. III. Série.
	
	                                                          CDD – 371.1

Livro de acordo com a normalização técnica da ABNT

Appris editora

Editora e Livraria Appris Ltda.
Av. Manoel Ribas, 2265 – Mercês
Curitiba/PR – CEP: 80810-002
Tel. (41) 3156 - 4731
www.editoraappris.com.br

Printed in Brazil
Impresso no Brasil

Mirna Ribeiro Lima da Silva

CONTEXTOS, (IN)DEFINIÇÕES E SENTIDOS DO TRABALHO DOCENTE NOS INSTITUTOS FEDERAIS

Appris
editora

Curitiba, PR

2024

FICHA TÉCNICA

EDITORIAL Augusto Coelho
Sara C. de Andrade Coelho

COMITÊ EDITORIAL Ana El Achkar (Universo/RJ)
Andréa Barbosa Gouveia (UFPR)
Antonio Evangelista de Souza Netto (PUC-SP)
Belinda Cunha (UFPB)
Délton Winter de Carvalho (FMP)
Edson da Silva (UFVJM)
Eliete Correia dos Santos (UEPB)
Erineu Foerste (Ufes)
Fabiano Santos (UERJ-IESP)
Francinete Fernandes de Sousa (UEPB)
Francisco Carlos Duarte (PUCPR)
Francisco de Assis (Fiam-Faam-SP-Brasil)
Gláucia Figueiredo (UNIPAMPA/ UDELAR)
Jacques de Lima Ferreira (UNOESC)
Jean Carlos Gonçalves (UFPR)
José Wálter Nunes (UnB)
Junia de Vilhena (PUC-RIO)

Lucas Mesquita (UNILA)
Márcia Gonçalves (Unitau)
Maria Aparecida Barbosa (USP)
Maria Margarida de Andrade (Umack)
Marilda A. Behrens (PUCPR)
Marília Andrade Torales Campos (UFPR)
Marli Caetano
Patrícia L. Torres (PUCPR)
Paula Costa Mosca Macedo (UNIFESP)
Ramon Blanco (UNILA)
Roberta Ecleide Kelly (NEPE)
Roque Ismael da Costa Güllich (UFFS)
Sergio Gomes (UFRJ)
Tiago Gagliano Pinto Alberto (PUCPR)
Toni Reis (UP)
Valdomiro de Oliveira (UFPR)

SUPERVISORA EDITORIAL Renata C. Lopes

PRODUÇÃO EDITORIAL Adrielli de Almeida

REVISÃO Viviane Maria Maffessoni

DIAGRAMAÇÃO Carlos Eduardo H. Pereira

CAPA Eneo Lage

REVISÃO DE PROVA William Rodrigues

COMITÊ CIENTÍFICO DA COLEÇÃO EDUCAÇÃO, TECNOLOGIAS E TRANSDISCIPLINARIDADE

DIREÇÃO CIENTÍFICA Dr.ª Marilda A. Behrens (PUCPR)

Dr.ª Patrícia L. Torres (PUCPR)

CONSULTORES Dr.ª Ademilde Silveira Sartori (Udesc)

Dr. Ángel H. Facundo
(Univ. Externado de Colômbia)

Dr.ª Ariana Maria de Almeida Matos Cosme
(Universidade do Porto/Portugal)

Dr. Artieres Estevão Romeiro
(Universidade Técnica Particular de Loja-Equador)

Dr. Bento Duarte da Silva
(Universidade do Minho/Portugal)

Dr. Claudio Rama (Univ. de la Empresa-Uruguai)

Dr.ª Cristiane de Oliveira Busato Smith
(Arizona State University /EUA)

Dr.ª Dulce Márcia Cruz (Ufsc)

Dr.ª Edméa Santos (Uerj)

Dr.ª Eliane Schlemmer (Unisinos)

Dr.ª Ercilia Maria Angeli Teixeira de Paula (UEM)

Dr.ª Evelise Maria Labatut Portilho (PUCPR)

Dr.ª Evelyn de Almeida Orlando (PUCPR)

Dr. Francisco Antonio Pereira Fialho (Ufsc)

Dr.ª Fabiane Oliveira (PUCPR)

Dr.ª Iara Cordeiro de Melo Franco (PUC Minas)

Dr. João Augusto Mattar Neto (PUC-SP)

Dr. José Manuel Moran Costas
(Universidade Anhembi Morumbi)

Dr.ª Lúcia Amante (Univ. Aberta-Portugal)

Dr.ª Lucia Maria Martins Giraffa (PUCRS)

Dr. Marco Antonio da Silva (Uerj)

Dr.ª Maria Altina da Silva Ramos
(Universidade do Minho-Portugal)

Dr.ª Maria Joana Mader Joaquim (HC-UFPR)

Dr. Reginaldo Rodrigues da Costa (PUCPR)

Dr. Ricardo Antunes de Sá (UFPR)

Dr.ª Romilda Teodora Ens (PUCPR)

Dr. Rui Trindade (Univ. do Porto-Portugal)

Dr.ª Sonia Ana Charchut Leszczynski (UTFPR)

Dr.ª Vani Moreira Kenski (USP)

O presente trabalho foi realizado com apoio da Coordenação de Aperfeiçoamento de Pessoal de Nível Superior - Brasil (Capes) - Código de Financiamento 001.

A Rita, Maria e Mirtes, que me fizeram gente.

A Oscar, com todo o meu amor.

E a todos os professores e professoras deste país.

APRESENTAÇÃO

Côncavo e convexo de uma mesma estrada, que era ela;

Só mais tarde entenderia isso: a estrada era ela.

(Valquíria Lima da Silva)[1]

Este livro não é um documento neutro. As questões aqui colocadas são *implicadas* com uma trajetória de vida na qual o trabalho de ensinar sempre foi uma paixão e uma pauta recorrente. Mesmo considerando o necessário controle da subjetividade[2], meu olhar sobre a docência nos Institutos Federais traz marcas de quem sou e dos caminhos, pessoais e profissionais, trilhados em minha vida. Assim, entendo que a problematização sob o olhar de quem vivencia essa forma de docência acrescenta outros matizes ao esforço — jamais alcançado por inteiro — de compreender essa categoria profissional.

Contam, de modo muito importante para as problematizações aqui travadas, as minhas vivências como professora em um IF, desde o ano de 2009. Acompanhei a construção de muitos aspectos que configuram a carreira de magistério do ensino básico, técnico e tecnológico (EBTT) vistos neste texto, como o apoio às mobilizações e aos movimentos grevistas que pressionaram pela constituição da carreira de magistério federal em 2012 até sua reestruturação mais recente, no ano de 2024 e, no meu contexto institucional, junto com colegas, nas reflexões sobre a melhor condição de trabalho possível à nossa categoria, em processos de análise e aprovação de diretrizes para organização da atividade docente.

Além disso, vivencio também essa condição da docência em cursos presenciais e a distância que vão desde a Educação Básica Profissional de Nível Médio à Educação Superior e partilho das inquietações, limites e possibilidades dessa forma de institucionalização do trabalho docente.

O texto está organizado em seis capítulos.

A "Introdução" apresenta a proposta do debate e situa-o no conjunto dos estudos em educação e trabalho docente. Em "Caminhos", a proposta é explicitar o percurso metodológico da pesquisa, cujos materiais, métodos e

---

[1] SILVA, Valquíria Lima da. *À deriva*. Itabuna: Via Litterarum, 2013. p. 80.

[2] VAN ZANTEN, Agnès. Comprender y hacerse comprender: como reforzar la legitimidade interna y externa de los estudios cualitativos. *Educação e Pesquisa*, São Paulo, v. 30, n. 2, p. 301-313, maio/ago. 2004.

referências são tantos e tão colados à construção do trabalho que requerem um espaço somente para isso.

Tal como o título do livro, a análise da problemática considera três dimensões, imbricadas e interdependentes, separadas apenas por razões metodológicas para suportar o texto. Contextos, (in)definições e sentidos se articulam como partes de um todo para tentar compreender a dinâmica da profissionalidade da docência nos Institutos Federais.

Os "Contextos" perseguem elementos antecedentes à constituição da profissionalidade docente nos IFs. O "fio de Ariadne" para essa reconstituição baseia-se nas legislações para esse público, alinhadas às diversas formas educacionais que as instituições federais de educação profissional brasileiras já assumiram em suas histórias. Além disso, discutem os IFs em termos de sua institucionalidade, dimensão e objetivos como política pública educacional, situando-se o IF Baiano nas configurações gerais dessas instituições e ao mesmo tempo em sua constituição particular.

As "(in)definições" caracterizam a carreira de magistério do EBTT, desde a sua constituição aos movimentos de reorganização no ano de 2024 e, quando necessário, tendo como referência especificidades do IF Baiano no que tange aos mecanismos de organização e controle do trabalho.

Os "Sentidos" aludem às percepções de docentes do IF Baiano sobre sua profissionalidade, entre perspectivas de profissionalização, de desprofissionalização e de reprofissionalização ou da profissionalidade da carreira de magistério do EBTT, compreendidas como uma subjetividade compartilhada por esse grupo social e calcada em relações sociais concretas da condição do seu trabalho.

Concluindo o debate, as "Considerações Finais" revisitam os objetivos, o percurso e os resultados da pesquisa e apontam lacunas e perspectivas de abordagem da problemática, visando concluir essa etapa para que novas interrogações sobre o tema possam ser colocadas.

E, como uma última declaração das implicações que este livro traz, preciso sinalizar sobre as epígrafes que abrem os capítulos. Trata-se de excertos coletados de *À deriva*, poesia prosada, ou prosa poética, de Valquíria Lima[3]. Os excertos selecionados não se reportam à educação nem ao trabalho docente em seus contextos originais; portanto, a escolha de vinculação e (re)interpretação é de minha inteira responsabilidade. Mas, sendo uma obra artística, não é essa a sua razão de ser – levar-nos a ver além?

A autora

---

[3]   SILVA, 2013.

PREFÁCIO

O livro *Contextos, (in)definições e sentidos do trabalho docente nos Institutos Federais* é uma contribuição inestimável para todos aqueles que se interessam pela história do magistério em nosso país. Ao expor os antecedentes históricos que levaram à criação dos Institutos Federais de Educação, Ciência e Tecnologia (IFs, ou Institutos Federais) em 2008, a autora traz elementos e análises importantes para uma visão de conjunto do trabalho docente no Brasil e a uma compreensão maior dos processos que levaram à constituição da carreira do magistério do ensino básico, técnico e tecnológico (EBTT), hoje vigente.

O foco da obra recai sobre as condições objetivas e subjetivas do trabalho docente nos IFs, a partir da introdução da verticalização do ensino, cujas peculiaridades provocaram os sentidos diversos que seus professores têm atribuído ao ofício docente e ao exercício profissional do magistério. Em face disso, a autora lida com o argumento de que esse contexto, inusitado até então, deu origem a uma nova profissionalidade docente.

Com base em farta documentação, a pesquisa foi realizada com extremo cuidado e rigor, por meio de análises respaldadas em autores diversos, sobretudo, da área da sociologia da educação e da sociologia das profissões. O texto prima por uma escrita clara e fluente, convidativa à leitura e à exposição das mudanças que se sucederam até a criação dos Institutos Federais, de modo a identificar os processos de profissionalização, desprofissionalização e reprofissionalização, que ocorrem enredados uns nos outros, por isso, nem sempre fáceis de serem discriminados. As análises permitem, ainda, identificar não apenas a mão do Estado, mas a presença atuante e decisiva dos docentes em suas lutas pela melhoria das condições de trabalho docente nos IFs.

Por sua qualidade e pelas questões que suscita, recomendo fortemente a leitura do livro tanto para os docentes, pesquisadores, gestores e estudantes diretamente vinculados aos Institutos Federais, como aos profissionais de outras áreas.

Belmira Oliveira Bueno
Faculdade de Educação da Universidade de São Paulo

LISTA DE ABREVIATURAS E SIGLAS

Andes-SN – Sindicato Nacional dos Docentes das Instituições de Ensino Superior

Ascom – Assessoria de Comunicação

BDTD – Biblioteca Digital de Teses e Dissertações

BID – Banco Interamericano de Desenvolvimento

Bird – Banco Internacional para Reconstrução e Desenvolvimento

Capes – Coordenação de Aperfeiçoamento de Pessoal de Nível Superior

Cefet – Centro Federal de Educação Tecnológica

Cefet-MG – Centro Federal de Educação Tecnológica de Minas Gerais

Cepe – Centro de Estudos em Políticas Educativas

Ceplac – Comissão Executiva do Plano da Lavoura Cacaueira

CGU – Controladoria Geral da União

CNE – Conselho Nacional de Educação

CNPq – Conselho Nacional de Desenvolvimento Científico e Tecnológico

Coagri – Coordenação Nacional do Ensino Agrícola

Concefet – Conselho de Dirigentes dos Centros Federais de Educação Tecnológica

CPPD – Comissão Permanente de Pessoal Docente

DE – Dedicação Exclusiva

Desenv. – Desenvolvimento

Dieese – Departamento Intersindical de Estatística e Estudos Socioeconômicos

DOU – Diário Oficial da União

EaD – Educação a distância

EAF – Escola Agrotécnica Federal

EBTT – Ensino Básico, Técnico e Tecnológico

Educ. – Educação

EJA – Educação de Jovens e Adultos

Emarc – Escola Média de Agropecuária Regional

Enem – Exame Nacional do Ensino Médio

EP – Educação Profissional

EPCT – Educação Profissional, Científica e Tecnológica

EPT – Educação Profissional e Tecnológica

EPTNM – Educação Profissional Técnica de Nível Médio

e-SIC – Sistema Eletrônico do Serviço de Informação ao Cidadão

ETF – Escola Técnica Federal

Fenasefe – Federação Nacional das Associações de Servidores das Escolas Técnicas e Agrotécnicas Federais

Fenc – Fator de Equiparação de Nível de Curso

Feusp – Faculdade de Educação da Universidade de São Paulo

FIC – Formação Inicial e Continuada

FMI – Fundo Monetário Internacional

GEDBT – Gratificação Específica de Atividade Docente do Ensino Básico, Técnico e Tecnológico

IBICT – Instituto Brasileiro de Informação em Ciência e Tecnologia

IDHM – Índice de Desenvolvimento Humano Municipal

IF – Instituto Federal de Educação, Ciência e Tecnologia

IF Baiano – Instituto Federal de Educação, Ciência e Tecnologia Baiano

IFE – Instituição Federal de Ensino

Ifet – Instituto Federal de Educação, Ciência e Tecnologia

IGC – Índice Geral de Cursos

Inep – Instituto Nacional de Estudos e Pesquisas Educacionais Anísio Teixeira

Ipea – Instituto de Pesquisa Econômica Aplicada

Ipes – Instituição Pública de Ensino Superior

LDB – Lei de Diretrizes e Bases da Educação Nacional

Lica – Licenciatura em Ciências Agrárias

Mapa – Ministério da Agricultura, Pecuária e Abastecimento

MDB – Movimento Democrático Brasileiro

MEC – Ministério da Educação

MS – Magistério Superior

NAD – Normatização da Atividade Docente

Napne – Núcleo de Atendimento às Pessoas com Necessidades Específicas

NDE – Núcleo Docente Estruturante

Neabi – Núcleo de Estudos Afro-Brasileiros e Indígenas

Nucom – Núcleo de Comunicação

PDI – Plano de Desenvolvimento Institucional

PIB – Produto Interno Bruto

Pibic – Programa Institucional de Bolsa de Iniciação Científica

Pibid – Programa Institucional de Bolsa de Iniciação à Docência

Pibiex – Programa Institucional de Bolsas de Iniciação em Extensão

PIT – Plano Individual de Trabalho

PNUD – Programa das Nações Unidas para o Desenvolvimento

PPC – Projeto Pedagógico de Curso

PPP – Projeto Político Pedagógico

Prodin – Pró-Reitoria de Desenvolvimento Institucional

ProEJA – Programa Nacional de Integração da Educação Profissional com a Educação Básica na Modalidade de Educação de Jovens e Adultos

Proen – Pró-Reitoria de Ensino

Proex – Pró-Reitoria de Extensão

Proifes – Federação de Sindicatos de Professores e Professoras de Instituições Federais de Ensino Superior e de Ensino Básico, Técnico e Tecnológico

Propes – Pró-Reitoria de Pesquisa e Inovação

PSDB – Partido da Social Democracia Brasileira

PSL – Partido Social Liberal

PT – Partido dos Trabalhadores

PUCRCE – Plano Único de Classificação e Retribuição de Cargos e Empregos

RAD – Regulamentação da Atividade Docente

RAP – Relação Aluno-Professor

Rede Estrado – Rede Latino-Americana de Estudos sobre Trabalho Docente

RFEPCT – Rede Federal de Educação Profissional, Científica e Tecnológica

RIT – Relatório Individual de Trabalho

RSC – Reconhecimento de Saberes e Competências

RT – Retribuição por Titulação

SDE – Secretaria de Desenvolvimento Econômico

Setec – Secretaria de Educação Profissional e Tecnológica

Sinasefe – Sindicato Nacional dos Servidores Federais da Educação Básica, Profissional e Tecnológica

Sindiedutec-PR – Sindicato dos Trabalhadores da Educação Básica Técnica e Tecnológica do Estado do Paraná

Sisu – Sistema de Seleção Unificada

Suap – Sistema Unificado de Administração Pública

TAEs – Técnico-Administrativos em Educação

TCLE – Termo de Consentimento Livre e Esclarecido

TCU – Tribunal de Contas da União

UEFS – Universidade Estadual de Feira de Santana

Uesb – Universidade Estadual do Sudoeste da Bahia

Uesc – Universidade Estadual de Santa Cruz

Ufba – Universidade Federal da Bahia

Ufob – Universidade Federal do Oeste da Bahia

UFPel – Universidade Federal de Pelotas

UFRB – Universidade Federal do Recôncavo da Bahia

UFSB – Universidade Federal do Sul da Bahia

Uneb – Universidade do Estado da Bahia

Unilab – Universidade da Integração Internacional da Lusofonia Afro-Brasileira

Univasf – Universidade Federal do Vale do São Francisco

UTF – Universidade Tecnológica Federal

UTFPR – Universidade Tecnológica Federal do Paraná

VB – Vencimento Básico

SUMÁRIO

1
INTRODUÇÃO 19

2
CAMINHOS 35
2.1 Pesquisa documental 36
2.2 Pesquisa de Campo 38
   2.2.1 O lugar 40
   2.2.2 Aproximações: os questionários...........................46
   2.2.3 Diálogos: as entrevistas......................................48
2.3 Princípios Éticos..57

3
CONTEXTOS 59
3.1 Antecedentes 59
   3.1.1 A docência sem carreira.....................................62
   3.1.2 A carreira de magistério de 1º e 2º Graus 69
3.2 Os IFs..81
   3.2.1 O IF Baiano 94

4
(IN)DEFINIÇÕES.. 101
4.1 A carreira 103
4.2 As especificidades...111
   4.2.1 Condição especial para aposentadoria....................112
   4.2.2 Desenvolvimento Profissional..............................112
   4.2.3 Reconhecimento de Saberes e Competências (RSC).......114
   4.2.4 Organização Sindical..118
   4.2.5 Requisitos para ingresso....................................119
   4.2.6 Condicionantes 126
   4.2.7 Organização e Controle 128
   4.2.8 Da Educação Profissional Técnica de Nível Médio à Superior.............132

5
SENTIDOS 135
5.1 Da Profissionalização 137
5.1.1 Condições de trabalho 137
5.1.2 Ampliação da formação 141
5.1.3 Sentimento de valorização 143
5.2 Da Desprofissionalização 144
5.2.1 Racionalização do trabalho... 145
5.2.2 Intensificação e Autointensificação..................................... 149
5.2.3 Mudanças no referencial identitário profissional........................ 155
5.3 Da Reprofissionalização 158
5.3.1 Carreira... 158
5.3.2 Vinculação aos princípios institucionais 160
5.3.3 Docência nos dois níveis de ensino 164

6
CONSIDERAÇÕES FINAIS 173

REFERÊNCIAS 181

INTRODUÇÃO

Era assim a travessia, sempre: imprevisível.

(Valquíria Lima da Silva)[4]

O presente estudo debruça-se sobre a condição do trabalho docente nos Institutos Federais de Educação, Ciência e Tecnologia (IFs). Essas instituições ofertam cursos dos dois níveis de ensino[5]; têm a finalidade de ofertar ensino, pesquisa aplicada, extensão e contribuir para fortalecer arranjos produtivos, sociais e culturais locais; e legalmente são equiparadas às Universidades Federais, apenas e tão somente, nas questões implicadas na regulação, supervisão e avaliação de seus cursos de Educação Superior.

A docência nos IFs está organizada principalmente na carreira de magistério do ensino básico, técnico e tecnológico (EBTT), a qual, construída em um processo histórico e interdependente, não se vincula a um nível de ensino específico, mas à oferta educacional das instituições em que os profissionais estiverem trabalhando. Deste modo, a atuação docente é definida pelos tipos de cursos e pela Relação Aluno-Professor (RAP) do campus onde se está lotado, o que, a rigor, pode implicar que um mesmo professor lecione desde a educação profissional de jovens e adultos sem escolaridade específica, em cursos de Formação Inicial e Continuada (FIC), até a pós-graduação stricto sensu, em um mesmo local de trabalho.

No IF Baiano, local escolhido como campo da pesquisa, abrigam-se, com um mesmo corpo docente, desde cursos FIC e de Educação Profissional Técnica de Nível Médio (EPTNM) – que podem incluir a Educação de Jovens e Adultos (EJA) –, a cursos superiores, de graduação, em bacharelado, licenciatura, tecnológicos e de pós-graduação, de especialização e de mestrado.

---

[4] SILVA, 2013, p. 41.

[5] A Lei de Diretrizes e Bases da Educação Nacional (LDB) considera a existência de apenas dois níveis de ensino: Educação Básica e Educação Superior, os quais comportam diversas subdivisões, tais como, etapas, formas de oferta, modalidades de oferta, modalidades de ensino, dentre outras.

Tendo como objeto a condição do trabalho docente nos Institutos Federais, considerada sob a ótica da profissionalização, desprofissionalização e reprofissionalização ou profissionalidade docente na carreira de magistério do EBTT, a pesquisa partiu das seguintes problematizações:

- Como se expressam os movimentos de profissionalização e desprofissionalização do trabalho docente nos IFs, dada a sua condição de atuação nos dois níveis de ensino?

- No processo histórico das instituições federais de educação profissional brasileiras, como os seus docentes passaram a atuar em cursos da educação técnica de nível médio e da educação superior?

- Que sentido os docentes atribuem à sua própria condição?

- É possível falar de uma profissionalidade docente específica da carreira de magistério do EBTT?

O objetivo geral do estudo é, portanto, analisar a condição do trabalho docente nos Institutos Federais, considerando que alguns docentes passaram a atuar, concomitantemente, em cursos da educação básica profissional técnica de nível médio e da educação superior. Quanto aos objetivos específicos, propõem-se: investigar os antecedentes e o contexto que organizaram a carreira de magistério do EBTT e o trabalho docente nos IFs; caracterizar o trabalho docente estruturado nessa carreira e no IF Baiano; e problematizar os sentidos que os docentes da carreira de magistério do EBTT, atuando no IF Baiano, atribuem à atuação em cursos dos dois níveis de ensino.

O conceito de condição do trabalho docente partiu do estudo da "condição docente", de Tenti Fanfani[6], tida como "[...] um 'estado' do processo de construção social do ofício docente", abarcando tanto as determinações objetivas das políticas quanto a subjetividade dos indivíduos sobre o trabalho. Em outra obra desse mesmo autor[7], a condição docente foi considerada sob várias dimensões, dentre contextos demográficos e socioeconômicos, posições sociais e de classe social; diretrizes das políticas educacionais, condições de trabalho, relações com as finalidades da educação nacional;

---

[6] TENTI FANFANI, E. Condição docente. *In*: OLIVEIRA, D. A.; DUARTE, A. M. C.; VIEIRA, L. M. F. *Dicionário*: trabalho, profissão e condição docente. Belo Horizonte: UFMG/Faculdade de Educação, 2010. p. 1-4.

[7] TENTI FANFANI, E. *La condición docente*: análisis comparado de la Argentina, Brasil, Perú y Uruguay. Buenos Aires: Siglo XXI, 2005.

valores éticos, organização política, sindical e partidária; e o consumo de elementos culturais como música, leituras e meios de comunicação de massa.

Tomando essa definição, a *condição do trabalho docente*, como recorte feito neste trabalho, é uma dentre as muitas características da *condição docente*; porém, mantém a perspectiva de apreender suas dimensões objetivas e subjetivas. Abarca desde os direcionamentos do Estado e suas instituições até os posicionamentos dos indivíduos, sobre os aspectos da formação inicial e continuada, carreira, condições de trabalho, remuneração e os mecanismos de avaliação e controle do trabalho.

Esse objeto diferencia-se do conceito de "condições de trabalho docente" de Oliveira e Assunção[8], que compreendem apenas recursos de trabalho (equipamentos, instalações físicas, entre outros apoios necessários à realização do trabalho) e condições de emprego (regime de contratação, estabilidade funcional, carreira e remuneração). Difere-se também do conceito de "condições de trabalho do professor" de Migliavacca[9], que se reporta a aspectos do processo de trabalho como a posição de classe social, formas de contratação, direitos laborais, remuneração, entre outros. Em ambos os casos, observa-se, não há uma consideração sobre dimensões subjetivas como constitutivas do trabalho docente, o que é proposto neste estudo.

Os estudos em Dubar[10], Dubar e Tripier[11] e Nóvoa[12] ajudam a compreender a docência como uma profissão, observando as características que conformam as profissões, marcadas por integração e, ao mesmo tempo, diferenciação, em uma constituição histórica multifacetada e dinâmica. Uma análise de Dubar e Tripier, pensando por exclusão, leva a pensar o que constitui uma profissão:

Não existe profissão "separada"

---

[8] OLIVEIRA, Dalila; ASSUNÇÃO, Ada A. Condições de trabalho docente. *In*: OLIVEIRA, D. A.; DUARTE, A. M. C.; VIEIRA, L. M. F. *Dicionário*: trabalho, profissão e condição docente. Belo Horizonte: UFMG/ Faculdade de Educação, 2010. p. 1-4.

[9] MIGLIAVACCA, Adriana. Condições de trabalho do professor. *In*: OLIVEIRA, D. A.; DUARTE, A. M. C.; VIEIRA, L. M. F. *Dicionário*: trabalho, profissão e condição docente. Belo Horizonte: UFMG/ Faculdade de Educação, 2010. p. 1-4.

[10] DUBAR, Claude. A construção de si pela atividade de trabalho: a socialização profissional. *Cadernos de Pesquisa*, São Paulo, v. 42, n. 146, p. 351-367, maio/ago. 2012.
DUBAR, A sociologia do trabalho frente à qualificação e à competência. *Educação & Sociedade*, Campinas, v. 19, n. 64, p. 87-103, set. 1999.

[11] DUBAR, Claude; TRIPIER, Pierre. *Sociologie des professions*. 2. éd. Paris: Armand Colin, 2005.

[12] NÓVOA, António. *Para o estudo sócio-histórico da gênese e desenvolvimento da profissão docente*. Porto Alegre: Teoria e Educação, Porto Alegre, n. 4, p. 109-135, 1991.

[...] Cada grupo profissional conhece problemas de fronteiras comparados a outros, de competição fronteiriça, de lutas de organização que incluem políticas de emprego bem como ações coletivas de seus membros [...].

Não existe profissão "unificada"

Não existe uma profissão "unificada", mas segmentos profissionais mais ou menos identificáveis, mais ou menos organizados, mais ou menos competitivos [...].

Não existe profissão "estabelecida"

Não existe uma profissão "estabelecida", mas processos de estruturação e desestruturação profissionais cujos ritmos históricos, formas culturais e jurídicas, configurações políticas são muito variáveis [...].

Não existe profissão "objetiva"

Não existe uma profissão "objetiva", mas relações dinâmicas entre instituições ou organizações de formação, de gestão, de trabalho e trajetórias individuais, caminhos e biografias individuais dentro das quais são construídas (e destruídas) identidades profissionais, tanto "sociais" quanto "pessoais" [...].[13]

Segundo Dubar[14], diferentes de um trabalho que se faz por obrigação, como fonte de sofrimentos pelos quais os indivíduos têm que se subordinar, as atividades profissionais, entre elas, a docência, são caracterizadas por terem uma identificação positiva com o trabalho realizado, serem escolhidas, constituírem carreiras ao longo da vida dos indivíduos e produzirem obras ou serviços úteis a outros. As profissões contêm uma dimensão simbólica de realização existencial e de organização da vida de outras pessoas; são um traço de identificação e reconhecimento social de quem a exerce, de modo que se forjam sob uma socialização que liga educação, trabalho e carreira.

Assim como Nóvoa[15] afirma que "[...] os docentes são portadores de mensagens e se alinham em torno de ideais nacionais" e Larson[16] sinaliza que a profissionalidade docente vai além da competência técnica individual

---

[13] DUBAR; TRIPIER, 2005, p. 270-272, tradução nossa.

[14] DUBAR, *A socialização*: construção das identidades sociais e profissionais. São Paulo: Martins Fontes, 2005.

[15] NÓVOA, 1991, p. 122.

[16] LARSON, Magali S. Looking Back and a Little Forward: Reflections on Professionalism and Teaching as a Profession. *Radical Teacher*, n. 99, p. 7-17, Spring 2014.

e inclui uma vinculação, um compromisso com as instituições nas quais se atua, também entendo que a profissão docente tem a especificidade de carregar uma intencionalidade política. E isso é bastante evidente na docência dos IFs: suas finalidades são definidas pelos modelos institucionais nos quais os docentes atuam.

Por outro lado, para analisar a docência nos IFs é importante considerar que as identidades docentes vêm sendo provocadas à ressignificação, como Lawn[17] aponta para o contexto inglês e, com as devidas ressalvas, também considero para o contexto desta pesquisa. Essa ressignificação se coloca em uma cultura profissional por competências, que propicia melhores salários e condições de carreira ao mesmo tempo que requer maiores exigências na atuação profissional.

As categorias teóricas de profissionalização e desprofissionalização, como expressão dialética da profissionalidade docente na carreira de magistério do EBTT, no "jogo"[18] entre as políticas educacionais e as definições identitárias dos seus sujeitos, são as lentes com as quais interpreto a problemática da pesquisa, em diálogo com Demailly e De La Broise[19], Aballéa[20], De La Broise[21], Maubant, Roger e Lejeune[22], Bueno[23], Roquet e Wittorski[24], Wittorski e Roquet[25], entre outros.

Em uma síntese teórica, Bueno[26] analisa as diversas concepções nessa literatura e define, por profissionalização:

> [...] o reconhecimento social das atividades exercidas e a eficácia da contribuição dos indivíduos às atividades de

---

[17] LAWN, Martin. Os professores e a fabricação de identidades. *Currículo sem Fronteiras*, Porto Alegre, v. 1, n. 2, p. 117-130, jul./dez. 2001.

[18] À luz da teoria dos jogos de Norbert Elias, como uma relação interdependente.

[19] DEMAILLY, Lise; DE LA BROISE, Patrice. Les enjeux de la déprofessionalisation: Études de cas et pistes de travail. *Socio-logos - Revue de l'association français de sociologie*, n. 4, p. 1-13, 2009.

[20] ABALLÉA, François. L'anomie professionnelle: déprofessionnalisation et désinstitutionnalisation du travail. Recherche et Formation, *Lyon*, n. 72, p. 15-26, 2013.

[21] DE LA BROISE, Patrice. Une professionnalisation dans son inverse: la déprofessionnalisation des universitaires français. Recherche et Formation, *Lyon*, n. 72, p. 57-70, 2013.

[22] MAUBANT, Philippe; ROGER, Lucie; LEJEUNE, Michel. Autour des mots de la formation: Déprofessionnalisation. Recherche et Formation, *Lyon*, n. 72, p. 89-102, 2013.

[23] BUENO, Belmira O. Entre o virtual e o presencial: a formação e a profissionalização dos professores. *In*: MELO, Benedita P. e; *et al.* (org.). *Entre crise e euforia*: práticas e políticas educativas no Brasil e em Portugal. Porto: U. Porto, 2014, p. 237-260.

[24] ROQUET, Pascal; WITTORSKI, Richard. Présentation: La déprofessionnalisation: une idée neuve? Recherche et Formation, *Lyon*, n. 72, p. 9-14, 2013.

[25] WITTORSKI, Richard; ROQUET, Pascal. Professionnalisation et déprofessionnalisation: des liens consubstantiels. Recherche et Formation, *Lyon*, n. 72, p. 71-88, 2013.

[26] BUENO, 2014, p. 248-249.

produção" e por desprofissionalização, "[...] de um lado, [...]
um enfraquecimento ou perda das referências profissionais,
identitárias, culturais, éticas, deontológicas e, de outro, os
problemas que surgem no exercício do trabalho profissional.

No contexto desta pesquisa, a profissionalização é interpretada como
um processo que concorre para a constituição da profissionalidade docente
e abrange melhorias de seu estatuto profissional, das condições de trabalho
e da valorização social. Essa conceituação concorda com Dubar[27], Dubar
e Tripier[28], Coelho e Diniz-Pereira[29] e outros, no sentido de reconhecer a
especificidade da docência como profissão, em um movimento próprio de
se constituir.

A profissionalização da carreira de magistério do EBTT, como subgrupo profissional, coloca-se no contexto mais amplo da organização da
profissão docente no Brasil, o qual Gatti, Barreto e André[30] definem como
de baixa atratividade quando se consideram a carreira, as condições de
trabalho e a valorização social. A melhoria dessas condições também se
observa em relação aos demais trabalhadores contemporâneos, pois de
acordo com Antunes[31], "desemprego ampliado, precarização exacerbada,
rebaixamento salarial acentuado, perda crescente de direitos, esse é o desenho mais freqüente [sic]) da nossa classe trabalhadora".

A desprofissionalização é interpretada como um processo que concorre para a perda de profissionalidade docente, abrangendo elementos que
incidem objetivamente sobre as condições de trabalho e implicam negati-
vamente sobre a formação inicial e continuada, os direitos trabalhistas e a
organização das atividades, como apontado por Jedlicki e Yancovic[32], mas
a análise vai além dessa definição, por também comportar elementos de
perda e/ou desestabilização de referências identitárias.

---

[27] DUBAR, 2005.

[28] DUBAR; TRIPIER, 2005.

[29] COELHO, Ana Maria S.; DINIZ-PEREIRA, Júlio E. Olhar o magistério "no próprio espelho": o conceito de profissionalidade e as possibilidades de se repensar o sentido da profissão docente. *Revista Portuguesa de Educação*, v. 30, n. 1, p. 7-34, 2017.

[30] GATTI, Bernadete A.; BARRETO, Elba S. de Sá; ANDRÉ, Marli E. D. de A. *Políticas docentes no Brasil*: um estado da arte. Brasília: Unesco, 2011.

[31] ANTUNES, Ricardo. O mundo precarizado do trabalho e seus significados. *Cadernos de Psicologia Social do Trabalho*, v. 2, n. 1, p. 55-72, 1999.

[32] JEDLICKI, Leonora R.; YANCOVIC, Mauricio P. Desprofissionalização docente. *In*: OLIVEIRA, D.A.; DUARTE, A.M.C.; VIEIRA, L.M.F. *Dicionário*: trabalho, profissão e condição docente. Belo Horizonte: UFMG/ Faculdade de Educação, 2010.

Demailly e De La Broise[33] apontam que a desprofissionalização também implica em recomposição das profissionalidades. E, para Dubar e Tripier[34], há um imbricamento entre desprofissionalização e profissionalização, a ponto de "[...] existem tantos, senão mais, movimentos de desprofissionalização do que o inverso (mas as retóricas profissionais só retêm a segunda)".

De acordo com Diniz[35], a desprofissionalização é a tese marxista da proletarização dos profissionais, analogia que foi extensamente examinada por autores que se basearam em Braverman[36] para discutir a degradação do trabalho no século XX. Teses similares foram largamente tratadas na área de educação, sobretudo a partir dos anos 1990, assentadas nas ideias de proletarização, desprofissionalização e desqualificação do trabalho docente.

A ideia que recebeu maior adesão naqueles anos foi, sem dúvida, a da proletarização. Há uma miríade de autores que tratam desses temas, dentre os quais devem ser citados, pelo caráter pioneiro de suas análises: Larson[37], Derber[38], Apple[39], Enguita[40], Ozga e Lawn[41]. No Brasil, Arroyo[42], Hypolito[43], Pucci, Oliveira e Sguissardi[44], entre outros.

A desprofissionalização da carreira de magistério do EBTT, como subgrupo da profissão docente, diferencia-se da ideia de precarização do trabalho, ainda que não a exclua, visto que expressa a desestabilização da profissionalidade docente pautada em apenas um nível de ensino, em torno da qual toda uma tradição profissional está erigida – de haver a docência

---

[33] DEMAILLY; DE LA BROISE, 2009.

[34] DUBAR; TRIPIER, 2005, p. 271, tradução nossa.

[35] DINIZ, Marli. Repensando a teoria da proletarização dos profissionais. *Tempo Social*; Rev. Sociol. USP, S. Paulo, v. 10, n. 1, p. 165-184, maio 1998.

[36] BRAVERMAN, Harry. *Trabalho e capital monopolista*: a degradação do trabalho no século XX. Rio de Janeiro: Jorge Zahar, 1977.

[37] LARSON, Magali S. *The rise of professionalism*: a sociological analysis. Berkeley/Los Angeles/London: University of California Press, 1977.

[38] DERBER, Charles. Managing professionals: ideological proletarization and post-industrial labour. *Theory and Society*, v. 12, n. 3, p. 309-341, 1983.

[39] APPLE, Michael W. Relações de classe e de gênero e modificações no processo de trabalho docente. *Cadernos de Pesquisa*, São Paulo, v. 60, p. 3-14, fev. 1987.

[40] ENGUITA, 1991, 2001.

[41] OZGA; LAWN, 1991.

[42] ARROYO, M.G. Operários e educadores se identificam: que rumos tomará a educação brasileira? *Educação & Sociedade*, Campinas, n. 5, p. 5-23, 1980.

[43] HYPOLITO, Álvaro M. Processo de trabalho na escola: algumas categorias para análise. *Teoria e Educação*, Porto Alegre, n. 4, p. 3-21, 1991.

[44] PUCCI, Bruno; OLIVEIRA, Newton R. de; SGUISSARDI, Valdemar. O processo de proletarização dos trabalhadores em educação. *Teoria e Educação*, Porto Alegre, n. 4, p. 91-108, 1991.

na educação básica e a docência na educação superior, cada uma com suas especificidades e limites bem definidos.

Ainda que seja possível encontrar indivíduos que tenham uma trajetória de atuação em cursos dos dois níveis de ensino em instituições diferentes, por exemplo, docentes que são efetivos em uma rede estadual de ensino e ministram aulas em faculdades ou universidades, o caso do trabalho docente nos Institutos Federais é diferenciado, porque se trata da institucionalização dessa atuação mais polivalente em uma mesma carreira.

Essa ideia fomenta a pensar que a organização da carreira de magistério do EBTT veio a provocar uma desestabilização da forma como se organizava a antiga carreira de magistério de 1º e 2º graus nas instituições federais de educação profissional, para organizar uma nova dinâmica de trabalho e de identidade profissional, que é diferenciada das carreiras docentes organizadas em torno de apenas um nível de ensino – seja na educação básica, seja na educação superior –, uma vez que nos IFs os mesmos docentes devem atender às especificidades desses dois níveis de ensino.

Nesse sentido, defendo a tese de que a combinação de movimentos de profissionalização e de desprofissionalização provoca uma reprofissionalização da docência da carreira de magistério do EBTT. No contexto das políticas e das práticas que constituem este trabalho, de um lado, há um movimento de profissionalização com a estruturação da carreira, a ampliação da formação e melhores condições de trabalho e de remuneração em relação ao magistério público brasileiro; e, de outro, há um movimento de desprofissionalização, marcado por maior racionalização do trabalho, desestabilização do referencial identitário tradicional da docência que antes era pautado em apenas um *ou* outro nível de ensino e intensificação do trabalho. E em um terceiro lado, como expressão dialética de uma reprofissionalização, observa-se movimentos de reorganização da carreira, de especificidades de organização do trabalho, de maior vinculação aos princípios institucionais dos IFs e do exercício da docência nos dois níveis de ensino.

A profissionalidade docente é uma expressão polissêmica no campo educacional e isso requer um posicionamento em relação a esses debates. Uma questão que já se acumula há alguns anos e que, no contexto brasileiro, teve um trabalho de Enguita[45] como um dos principais expoentes é sobre a relação entre profissionalismo e proletarização da docência. Nesse texto

---

[45] ENGUITA, Mariano F. A ambiguidade da docência: entre o profissionalismo e a proletarização. *Teoria e Educação*, Porto Alegre, n. 4, p. 41-61, 1991.

de 1991, que fundamentou diversos estudos subsequentes, a exemplo de Bittar[46], Enguita compreende que os docentes ocupam uma posição ambivalente: comportam traços de profissionalização e de proletarização, o que os coloca no lugar das semiprofissões, conquanto não expressam as mesmas características das profissões liberais.

No mesmo periódico em que foi publicado esse texto de Enguita, porém com menor circulação no campo, Jáen[47] já havia criticado as teses sobre a proletarização docente que se centram mais sobre as similaridades do que as diferenças entre o trabalho docente e o trabalho dos operários. Para essa autora, caso se possa dizer que há uma proletarização do trabalho docente, ela é diferente e parcial em relação ao que ocorre no contexto do trabalho fabril. Assim, considerando que essa categoria pode significar desde assalariamento e precarização devido à perda de controle do processo de trabalho, Jáen assinala que operários e professores se identificam, sim, como classe trabalhadora, mas podem se diferenciar pela natureza e especificidades das suas atividades.

Alguns autores ponderam sobre um necessário cuidado em se utilizar a proletarização docente como categoria analítica. Para Tardif e Lessard,[48] a oposição entre profissionalização e proletarização é "[...] binária demais" para explicar as dinâmicas contemporâneas do trabalho docente. Defendem, em lugar dessa oposição, que a discussão sobre a profissionalização deve estar vinculada às questões mais amplas do poder e ao trabalho docente. Ozga e Lawn também apontam que os estudos da proletarização devem considerar as condições de qualificação e o controle sobre a atividade de trabalho dos docentes, que parecem ser melhores – ou menos desqualificantes – do que no início do século XX. A crítica que reporto aqui, portanto, não é sobre a proletarização como categoria de análise do trabalho docente, mas sobre uma leitura descontextualizada da realidade. Como observam esses autores, "A questão do interesse de classe não deve ser abandonada, mas tampouco deve ser vinculada às relações sociais e culturais de uma forma mecânica"[49].

---

[46] BITTAR, Marília. Proletarização de professores. *In*: OLIVEIRA, D. A.; DUARTE, A. M. C.; VIEIRA, L. M. F. *Dicionário*: trabalho, profissão e condição docente. Belo Horizonte: UFMG/Faculdade de Educação, 2010.

[47] JÁEN, Marta J. Os docentes e a racionalização do trabalho em educação: elementos para uma crítica da teoria da proletarização dos docentes. *Teoria e Educação*, Porto Alegre, n. 4, p. 74-90, 1991.

[48] TARDIF, Maurice; LESSARD, Claude. *O trabalho docente*: elementos para uma teoria da docência como profissão de interações humanas. 9. ed. Petrópolis: Vozes, 2014. p. 27.

[49] OZGA, Jenny; LAWN, Martin. O trabalho docente: interpretando o processo de trabalho do ensino. *Teoria e Educação*, Porto Alegre, n. 4, p. 140-158, 1991. p. 150.

Esse debate requer considerar a dinamicidade do(s) processo(s) de constituição das profissões – mesmo as estabelecidas –, marcados por tensões e mudanças, que nem sempre concorrem para a manutenção das mesmas características que Enguita[50] apontou como sendo as que definem o que é uma profissão, a saber, competência, vocação, licença, independência e autorregulação.

É necessário avaliar também o processo de desenvolvimento e organização do proletariado, que na sociedade industrial europeia alçou a condição de assalariamento a uma identidade social. Castel[51] identifica como a "[...] apoteose da sociedade salarial" a extensão do assalariamento aos demais setores de trabalho – incluindo o chamado trabalho de colarinho branco –, o que esmaece o ideário das profissões tradicionais independentes e autorreguladas. O processo histórico tornou mais imbricadas as definições e as diferenciações entre os profissionais liberais e os trabalhadores assalariados e mesmo as profissões mais valorizadas passaram a demandar um assalariamento – como médicos, que passaram a requerer fazer jus a direitos trabalhistas; e engenheiros, que passaram a reivindicar vantagens empregatícias como as da classe operária, ainda que buscando alguma diferenciação em relação a ela.

Nesse sentido, passados dez anos desde o famoso texto, o próprio Enguita apresentou reflexões diferentes sobre a profissionalidade docente, com um posicionamento com o qual inclusive compactuo. Nesse novo trabalho, esse autor define três modelos de profissões: o liberal – centrado na autonomia do profissional perante o seu público e exemplificado na Medicina, Advocacia e Arquitetura; o burocrático ou organizacional – centrado na atuação nas agências do Estado e exemplificado nas corporações militares, diplomatas e juízes; e o democrático, no qual incluiu a profissão docente – centrado "[...] no compromisso com os fins da educação, com a educação como serviço público"[52].

Sob essa nova concepção, a docência afirma-se como uma profissão que se diferencia das profissões estabelecidas e se reconhece no compromisso em atuar *para* e *com o* seu público. Esse pensamento coaduna com

---

[50] ENGUITA, 1991.

[51] CASTEL, Robert. *As metamorfoses da questão social*: uma crônica do salário. 12. ed. Petrópolis: Vozes, 2015. p. 452.

[52] ENGUITA, Mariano F. A la busca de un modelo professional para la docencia: ¿liberal, burocrático o democrático? *Revista Ibero-Americana de Educación*, n. 25, p. 43-64, jan./abr. 2001. p. 55, tradução nossa.

a definição de profissionalismo em Ball[53], como uma relação de compromisso do profissional com o seu trabalho, que requer a escolha de como intervir diante de situações incertas e não previstas, porém, na visão desse autor, trata-se de uma profissão que não pode se realizar plenamente sob a racionalidade técnica.

O debate sobre proletarização versus profissionalização da docência, enquanto interesse desta pesquisa, traz a percepção de Petrelli[54], para quem a proletarização significa o processo de mercantilização – compra e venda – da força de trabalho dos docentes e, portanto, tem como par dialético a desproletarização, ou seja, a recomposição do controle sobre o próprio trabalho, e não a profissionalização. Nesse sentido, proletarização e profissionalização não são categorias necessariamente excludentes e estanques.

A complexidade sobre como a docência foi sendo constituída historicamente leva a considerá-la sob uma articulação de identidades entre trabalhador e profissional. Essa posição coaduna com os escritos de Cabrera e Jáen[55] na defesa de que o trabalho docente seja analisado em sua especificidade, visto que os educadores são irredutíveis a profissionais clássicos e a trabalhadores manuais.

Compreender o trabalho docente nos Institutos Federais provocou também a buscar outras explicações que têm sido colocadas em relação ao tema. Assim, a pesquisa foi situada brevemente, em relação às tendências dos estudos sobre educação, trabalho docente e o trabalho docente nos IFs, tendo em vista as análises apresentadas ao longo deste estudo.

Os estudos mapeados envolvem dois segmentos definidos. Um primeiro, denominado de *referências fundamentais*, constitui as lentes teóricas com as quais analisei a problemática. Estas, eventualmente, podem até ser alocadas em tradições teóricas diferentes; porém, têm em comum um posicionamento crítico sobre a educação e o trabalho docente, com um conhecimento calcado nas relações concretas em que essas categorias se dão. O segundo tipo de estudos, denominado de *referências de interlocução*, refere-se aos que tematizaram essencialmente o trabalho docente nos Ins-

---

[53] BALL, Stephen. Profissionalismo, gerencialismo e performatividade. *Cadernos de Pesquisa*, São Paulo, v. 35, n. 126, p. 539-564, set./dez. 2005.

[54] PETRELLI, Lucía. Trabajadores docentes en contextos sociales e institucionales de crisis: recovecos de una proletarización. *Revista Argentina de Sociología*, v. 8, n. 14, p. 153-176, mayo/jun. 2010.

[55] CABRERA, Blas; JÁEN, Marta J. Quem são e o que fazem os docentes? Sobre o "conhecimento" sociológico do professorado. *Teoria e Educação*, Porto Alegre, n. 4, p. 190-214, 1991.

titutos Federais e com os quais travo os debates de análise da problemática, seja concordando seja discordando delas.

Começo esse mapeamento entre as referências fundamentais pela história do trabalho docente de Nóvoa[56]. Esse autor investiga o longo processo de desenvolvimento dessa profissão no continente europeu junto ao processo social de organização da escola até se chegar ao modelo de escola moderna estatal, que resiste desde o século XVIII em seus aspectos essenciais. Desse trabalho é pertinente apreender, para a condição do trabalho docente na carreira de magistério do EBTT, a constituição da profissão docente em estreita relação com os objetivos socialmente traçados para as escolas, as quais, por sua vez, eram parte de um projeto de sociabilidade – à época, a sociabilidade dos Estados-Nação, da moral não religiosa e da Revolução Industrial.

Considerando a complexificação da escola na contemporaneidade, Oliveira, D.[57] aponta uma definição ampliada de trabalho docente, como "[...] todo ato de realização no processo educativo", o que significa considerar como docentes todos os sujeitos envolvidos com esse ato, quais sejam, "[...] professores, educadores, monitores, estagiários, diretores, coordenadores, supervisores, orientadores, atendentes, auxiliares, dentre outros". É impossível negar que tanto a escola quanto o ato educativo complexificaram-se e que mais sujeitos passaram a exercer o trabalho docente. Porém, no presente estudo, assim como em tantos outros do campo da educação, qualquer referência ao trabalho docente alude somente ao trabalho dos professores e professoras.

Nesse sentido, o trabalho docente é compreendido à luz de Tardif e Lessard[58], como uma profissão de interações humanas; um trabalho *sobre*, *com* e *para* outros seres humanos. Esses autores consideram a docência como uma profissão com seu movimento próprio de organização, o que levou a buscar e situar a(s) especificidade(s) do trabalho docente nos IFs, problematizado neste livro.

---

[56] NÓVOA, 1991.

[57] OLIVEIRA, Dalila A. Trabalho docente. *In*: OLIVEIRA, D.A.; DUARTE, A. M. C.; VIEIRA, L. M. F. *Dicionário*: trabalho, profissão e condição docente. Belo Horizonte: UFMG/Faculdade de Educação, 2010. p. 1-3.

[58] TARDIF; LESSARD, 2014.

Melo[59] aponta a natureza dos processos de trabalho dos docentes da Educação Profissional, Científica e Tecnológica (EPCT) vinculada a contextos do campo profissional e/ou a atividades teórico-práticas, bem como a relação com práticas pedagógicas variadas, como aulas práticas, visitas técnicas, orientações a projetos, pesquisas aplicadas, que tornam a atuação docente mais flexível e horizontal com os estudantes e os contextos de trabalho. O estudo dessa autora contribui ainda nas discussões sobre o trabalho docente quando do início da construção da política dos IFs e nas expectativas acerca dessas instituições.

Também contam para o debate as discussões sobre as identidades docentes, com base nas definições de Dubar[60], que trata sobre a socialização profissional, um processo que reúne percursos de vida, trajetórias de formação e situações de trabalho para compor as identidades profissionais. Nesse ínterim, Garcia[61], também inspirada naquele autor, define a identidade docente como a expressão de posições de sujeito, experiências e características atribuídas socialmente e pelos próprios docentes, e que os identificam e ao mesmo tempo os diferenciam como categoria profissional.

Com uma concepção mais específica, Lawn[62], pautado no contexto educacional da Inglaterra, compreende a identidade docente como uma expressão da tecnologia do trabalho, "[...] enquanto uma forma de moldar e gerir professores" a fim de que encarnem os objetivos e realizem os propósitos educativos das instituições, e cuja influência sobre o trabalho dos professores, para esse autor, pode ser mais efetiva do que a reestruturação de componentes físicos e organizacionais da escola. Essas três percepções sobre as identidades docentes permeiam as reflexões neste estudo.

Essas referências, portanto, são a base para interpretar a problemática da pesquisa, aliadas aos desafios de contextualizar os conceitos, definindo os seus sentidos, os quais fazem parte da realidade pesquisada. As concepções desses autores fundamentam o posicionamento sobre a problemática

---

[59] MELO, Savana D. G. Trabalho docente na educação profissional. *In*: OLIVEIRA, D. A.; DUARTE, A. M. C.; VIEIRA, L. M. F. *Dicionário*: trabalho, profissão e condição docente. Belo Horizonte: UFMG/Faculdade de Educação, 2010. p. 1-7.

[60] DUBAR, Claude. *A socialização*: construção das identidades sociais e profissionais. São Paulo: Martins Fontes, 2005.

DUBAR, Claude. Trajetórias sociais e formas identitárias: alguns esclarecimentos conceituais e metodológicos. *Educação & Sociedade*, Campinas, v. 19, n. 62, abr. 1998.

[61] GARCIA, Maria Manuela A. Identidade docente. *In*: OLIVEIRA, D. A.; DUARTE, A. M. C.; VIEIRA, L. M. F. *Dicionário*: trabalho, profissão e condição docente. Belo Horizonte: UFMG/ Faculdade de Educação, 2010. p. 1-4.

[62] LAWN, 2001, p. 119.

desta pesquisa, no sentido de perseguir a constituição da profissionalidade docente nos Institutos Federais entre as definições dadas pelas políticas para a carreira de magistério do EBTT, os dispositivos institucionais de gestão do trabalho e os sentidos dos profissionais sobre essa atividade.

Os estudos que compõem as referências de interlocução da pesquisa são artigos[63], teses e dissertações[64] publicados até meados do ano de 2019, que discutem aspectos atinentes às condições de trabalho e aos sentidos da docência nos IFs, chegando a um total de 24 trabalhos, com 14 artigos de periódicos, 5 dissertações e 5 teses.

Essas referências foram organizadas em dois eixos temáticos, nominados "Condições de trabalho nos IFs" e "Sentidos da docência nos IFs".

O eixo sobre "Condições de trabalho nos IFs" reúne 17 estudos, sendo 8 artigos, 5 dissertações e 4 teses, que pautam diversos aspectos, tais como a política do RSC; situações de sofrimento, prazer e qualidade de vida no trabalho; relações entre o trabalho e o princípio de verticalização dos IFs; condições de precarização, intensificação e autointensificação e racionalização do trabalho. Nesses estudos, as abordagens dão-se bem próximas ao sentido de condições de trabalho definido por Oliveira, D. e Assunção[65], isto é, como recursos de trabalho e de emprego.

A atuação docente em cursos dos dois níveis de ensino foi problematizada como objeto de pesquisa principal em apenas três desses trabalhos – Santiago[66], Floro[67] e Oliveira, B.[68] –, ainda que em alguns outros, como Silva,

---

[63] Disponibilizados no Portal de Periódicos da Capes (www.periodicos.capes.gov.br).

[64] Disponibilizadas na Biblioteca Digital Brasileira de Teses e Dissertações (BDTD) do Instituto Brasileiro de Informação em Ciência e Tecnologia (IBICT) (http://bdtd.ibict.br/vufind/).

[65] OLIVEIRA, D.; ASSUNÇÃO, 2010.

[66] SANTIAGO, Raquel V. *O trabalho docente no ensino básico, técnico e tecnológico*: o caso do IF Sudeste MG – Campus Rio Pomba. 2015. Dissertação (Mestrado em Educação) – Departamento de Educação, Universidade Federal de Viçosa, Viçosa, MG, 2015.

[67] FLORO, Elisângela F. *Gerencialismo educacional e precarização do trabalho docente no Instituto Federal de Educação, Ciência e Tecnologia do Ceará*. 2016. Tese (Doutorado em Educação) – Faculdade de Filosofia e Ciências, Universidade Estadual Paulista, Marília, 2016.

[68] OLIVEIRA, Blenda C. de. *O trabalho docente na verticalização do Instituto Federal de Brasília*. 2016. Dissertação (Mestrado em Educação) – Faculdade de Educação, Universidade de Brasília, Brasília, 2016.

R. e Bodart[69], Lima, N. e Cunha[70] e Costa, E.[71] a questão tenha emergido. Com os demais estudos que abordaram um ou outro aspecto tematizado na pesquisa, a interlocução deu-se considerando as suas contribuições para ampliar o olhar sobre a condição do trabalho docente no IF Baiano.

As categorias de análise mais utilizadas no eixo "Condições de trabalho nos IFs" tratam sobre intensificação, precarização, condições de trabalho, controle sobre o trabalho e saberes docentes. As categorias menos recorrentes tratam sobre aumento de responsabilidades, avaliação de desempenho, bem-estar e mal-estar no trabalho, complexidade, complexificação das atividades, compromisso, flexibilidade, gerencialismo e neoliberalismo, gestão do trabalho docente, legalismo, qualidade de vida, racionalização, sofrimento, valorização na carreira e vinculação institucional dos docentes. Essas categorias expressam que os temas da intensificação e precarização do trabalho docente têm ganhado mais acento do que outros, como, por exemplo, os saberes e a complexidade do trabalho.

O segundo eixo temático da pesquisa, "Sentidos do trabalho docente nos IFs", conta com sete estudos – seis artigos e uma tese. Analisam a docência nos IFs buscando afirmar sua especificidade, sua identidade própria, construída a partir das histórias de vida profissional de seu corpo docente e das características de suas instituições. Com alguns deles realizo uma interlocução mais próxima, cuja abordagem trouxe categorias comuns à presente pesquisa, como a profissionalidade docente, abordada por Jardim[72] e por Silva e Souza[73]; os saberes e a identidade dos docentes da Educação Profissional, tematizados por Fartes e Santos[74]. O diálogo permite compreender e interpretar os sentidos que os docentes do IF Baiano dão ao seu trabalho, bem como, pensar em possibilidades de contribuição à realidade pesquisada.

---

[69] SILVA, Roniel S.; BODART, Cristiano das N. Pato, castor ou ornitorrinco? O dilema legalista da jornada de trabalho dos docentes dos Institutos Federais. *Política e Trabalho - Revista de Ciências Sociais*, João Pessoa, n. 43, p. 279-295, jul./dez. 2015.

[70] LIMA, Natália V.; CUNHA, Daisy M. Saberes docentes: as políticas de reconhecimento de saberes dos professores da Educação Profissional no Brasil. *Educação em Revista*, Belo Horizonte, n. 34, e177334, p. 1-28, 2018.

[71] COSTA, Elen de Fátima L. B. *Trabalho e carreira docente nos Institutos Federais de Educação, Ciência e Tecnologia.* 2016. Tese (Doutorado em Educação) – Faculdade de Educação, Universidade Federal de São Carlos, São Carlos, 2016.

[72] JARDIM, Anna Carolina S. *Representações sociais de professores e gestores sobre "ser professor" no Instituto Federal de Educação, Ciência e Tecnologia.* 2018. Tese (Doutorado em Educação: Psicologia da Educação) – Pontifícia Universidade Católica de São Paulo, São Paulo, 2018.

[73] SILVA, S. H. S. C.; SOUZA, F. C. S. Bacharéis que se tornam professores: inserção e prática profissionais de engenheiros no Ensino Superior. *Holos*, Natal, v. 5, p. 197-213, 2017.

[74] FARTES, Vera; SANTOS, Adriana Paula Q. O. Saberes, identidades, autonomia na cultura docente da Educação Profissional e Tecnológica. *Cadernos de Pesquisa*, São Paulo, v. 41, n. 143, p. 376-401, maio/ago. 2011.

As categorias de análise mais abordadas no eixo dos "Sentidos do trabalho docente nos IFs" foram identidade, profissionalidade docente e desenvolvimento profissional. Com uma incidência menor, também são abordados a autonomia, histórias de vida profissional, objetivismo, produtivismo, profissionalização, representações sociais, saberes docentes e teleologia do trabalho docente.

Enfim, com essa literatura relacionada ao tema da pesquisa, colocam-se possibilidades diversas, de diálogos que auxiliam na construção dos caminhos e categorias de análise; de conexões quanto aos aspectos semelhantes; de distanciamento quanto ao que dizia respeito às especificidades entre essas pesquisas e este trabalho; e, ainda, de reflexividade, na forma como aponta Bourdieu[75], de constante vigilância sobre as minhas interpretações e as influências das interpretações dos outros autores sobre suas realidades.

---

[75] BOURDIEU, Pierre. Compreender. *In*: BOURDIEU, P. (coord.). *A miséria do mundo*. 7. ed. Petrópolis: Vozes, 2008, p. 693-732.

2

CAMINHOS

Os caminhos não caem do céu. É preciso construí-los.

(Valquíria Lima da Silva)[76]

Dizer do percurso metodológico desta pesquisa como "Caminhos" implica várias intencionalidades e significados. Primeiro, de haver um percurso, não um mero aglomerado de técnicas e métodos, vislumbrando-se um lugar a chegar – um objetivo a ser alcançado afinal. Também, de um processo de buscar construir possibilidades de análise do real, dentre as muitas referências disponíveis – como também alude a epígrafe. Por fim, de tomar a autoria deste trabalho como um modo de caminhar, reconhecendo-o mediado pela reflexividade entre objetividade e subjetividade, entre os dados do campo e a minha interpretação[77].

Metodologicamente, esta pesquisa é definida como qualitativa, dada a prevalência de características como busca da objetividade, análise de microprocessos, flexibilidade nas técnicas de coleta de dados, heterodoxia na análise dos dados e uso da imaginação e intuição nas interpretações da realidade, como define Martins[78], embora também não tenha dispensado da integração de aspectos qualitativos e quantitativos, como propõem Bourdieu[79], Brandão, Z.[80] e Dal-Farra e Lopes[81].

Considerando as categorizações de Santos, A.[82], esta pesquisa define-se como analítica, quanto aos objetivos; de campo e bibliográfica, quanto às

---

[76] SILVA, 2013, p. 60.

[77] Cf. BOURDIEU, 2008; VAN ZANTEN, 2004.

[78] MARTINS, Heloisa Helena T. de S. Metodologia qualitativa de pesquisa. *Educação e Pesquisa*, São Paulo, v. 30, n. 2, p. 289-300, maio/ago. 2004.

[79] BOURDIEU, 2008.

[80] BRANDÃO, Zaia. A dialética micro/macro na sociologia da educação. *Cadernos de Pesquisa*, São Paulo, n. 113, p. 153-165, 2001.

[81] DAL-FARRA, Rossano A.; LOPES, Paulo Tadeu C. Métodos mistos de pesquisa em educação: pressupostos teóricos. *Nuances:Estudos sobre Educação*, Presidente Prudente, v. 24, n. 3, p. 67-80, set./dez. 2013.

[82] SANTOS, Antonio Raimundo dos. *Metodologia científica*: a construção do conhecimento. 7. ed. Rio de Janeiro: Lamparina, 2007.

fontes de dados; e documental, bibliográfica e de levantamento – por meio de entrevistas e questionários –, quanto aos procedimentos de coleta de dados.

A construção da pesquisa e interpretação da problemática inspira-se principalmente no pensamento de Norbert Elias[83], que traz conceitos como figuração, um conjunto de relações sociais partilhadas entre indivíduos de modo a evitar a oposição entre indivíduo e sociedade[84]; processos sociais, como transformações de longa duração das figurações, em direções possíveis e reversíveis, que podem ser contraditórios e não têm objetivos nem fins predeterminados; e interdependência das relações humanas, como o equilíbrio de forças no qual as ações sociais dão-se relacionalmente, ou seja, compreendendo que as ações sociais são fruto das *relações de forças* em um dado contexto histórico, não ocorrendo apenas conforme a livre vontade dos indivíduos.

Além da pesquisa bibliográfica, que permeia todas as análises, a jornada combina diversos métodos e dados, intentando uma triangulação entre pesquisa documental e de campo, com entrevistas e questionários, à luz de Dal-Farra e Lopes[85] e Günther[86].

2.1 Pesquisa documental

A pesquisa documental é definida como um levantamento e análise de documentos – escritos ou não – sobre os quais não foi realizado nenhum tratamento[87] e isso, de forma geral, a diferencia da pesquisa bibliográ-

---

[83] ELIAS, Norbert. *A sociedade dos indivíduos*. Rio de Janeiro: Jorge Zahar, 1994a.

ELIAS, Norbert. *Escritos e ensaios 1*: Estado, processo, opinião pública. Rio de Janeiro: Jorge Zahar, 2006.

ELIAS, Norbert. *Introdução à Sociologia*. 4. ed. Lisboa: Edições 70, 2014.

ELIAS, Norbert. *O processo civilizador*. Volume I. 2. ed. Rio de Janeiro: Jorge Zahar, 1994b.

ELIAS, Norbert. *O processo civilizador*. Volume II. 2. ed. Rio de Janeiro: Jorge Zahar, 1994c.

[84] Nas palavras do autor: "[...] as sociedades não são nada mais que figurações de homens interdependentes. Hoje em dia, utiliza-se com freqüência [sic], nesse contexto, o conceito de 'sistema'. Mas enquanto não pensarmos em sistemas sociais como sistemas de indivíduos, o uso desse conceito nos leva a flutuar no vazio". Cf. ELIAS, 2014, p. 43.

[85] DAL-FARRA; LOPES, 2013.

[86] GÜNTHER, Hartmut. Pesquisa Qualitativa *Versus* Pesquisa Quantitativa: esta é a questão? *Psicologia: Teoria e Pesquisa*, Brasília, v. 22, n. 2, p. 201-210, maio/ago. 2006.

[87] Cf. KRIPKA, Rosana Maria L.; SCHELLER, Morgana; BONOTTO, Danusa de L. Pesquisa Documental: considerações sobre conceitos e características na Pesquisa Qualitativa. *In*: CONGRESSO IBERO-AMERICANO EM INVESTIGAÇÃO QUALITATIVA. *Atas... Investigação Qualitativa em Educação*. v. 2. Aracaju: Universidade Tiradentes, 2015. p. 243-247.

fica[88]. Chizzotti[89] aponta sua importância para a realização de pesquisas sistemáticas e integradas a pesquisas de campo. No contexto deste estudo, foi possível debruçar-me sobre os documentos escritos que estruturam o trabalho docente nos IFs e no IF Baiano para caracterizar a sua condição e indagar os seus sentidos de organização.

Inicialmente, foi feito um levantamento da documentação necessária. A partir de dados coletados do *Diário Oficial da União* (DOU), foram mapeados os direcionamentos legais dos IFs desde os movimentos que antecederam a sua criação, incluindo legislação referente à época dos Centros Federais de Educação Tecnológica (Cefets) e Escolas Técnicas e Agrotécnicas Federais (ETFs e EAFs, respectivamente) e de quando seus docentes ainda pertenciam à carreira de magistério de 1º e 2º graus.

Da Plataforma Nilo Peçanha, ambiente virtual que disponibiliza as estatísticas oficiais referentes aos IFs, foram coletados dados relativos a essas instituições, em geral, ao IF Baiano e ao Campus Guanambi, agregando os dois níveis de ensino. A busca nessa plataforma reduziu possíveis enganos com superposição de dados, caso fossem coletados em outras fontes, uma vez que no Brasil geralmente os dados educacionais são organizados segundo os níveis de ensino e os IFs aparecem tanto nos anuários relativos à Educação Básica Técnica Profissional, quanto nos anuários da Educação Superior.

Os dados do Portal da Transparência Pública do Governo Federal permitiram compor um quadro com as informações funcionais dos docentes que poderiam participar da pesquisa, o que facilitou a identificação desses informantes para enquadramento dos dados da entrevista. Do Portal do IF Baiano foram coletados dados institucionais e do Campus Guanambi, bem como normatizações que incidem sobre o trabalho docente nesses espaços e fundamentaram a caracterização da organização do trabalho docente nesse instituto.

Do Portal do Instituto Nacional de Estudos e Pesquisas Educacionais Anísio Teixeira (INEP[90]) foram coletados dados referentes à oferta educacional da EPTNM e da Educação Superior nos IFs e no IF Baiano no período 2008-2017. Do Portal da Secretaria de Educação Profissional e Tecnológica (Setec), instância reguladora dos IFs no Ministério da Educação (MEC),

---

[88] Cf. GIL, Antonio C. *Métodos e técnicas de pesquisa social.* 6. ed. São Paulo: Atlas, 2008.

[89] CHIZZOTTI, Antonio. *Pesquisa em ciências humanas e sociais.* São Paulo: Cortez, 1995.

[90] INEP. *Sinopse Estatística da Educação Superior 2016.* Brasília: Inep, 2017b.

foram acessados dados e documentos que informam o projeto institucional dos IFs e suas políticas dirigidas ao trabalho docente.

Dos portais eletrônicos do Sindicato Nacional dos Servidores Federais da Educação Básica, Profissional e Tecnológica (Sinasefe) e da Federação de Sindicatos de Professores e Professoras de Instituições Federais de Ensino Superior e de Ensino Básico, Técnico e Tecnológico (Proifes), foram coletados documentos sindicais de interesse à esfera docente, destacando as pautas de mobilizações entre os anos 2008 e 2024 e especialmente os relativos às greves docentes dos anos de 2011, 2012 e 2024.

E, por fim, foram coletados dados por meio do Sistema Eletrônico do Serviço de Informações ao Cidadão (e-SIC), plataforma eletrônica vinculada à Controladoria Geral da União (CGU), relativos aos docentes dos IFs. Nessa plataforma, foram obtidos dados junto ao MEC referentes ao número de docentes da carreira de magistério do EBTT de todo o país relativos aos anos 2014 a 2017. Junto ao IF Baiano foram obtidos dados desse instituto e seu Campus Guanambi, sobre o número de docentes e posição na carreira de magistério, casos de adoecimentos e afastamentos docentes para qualificação. Foi negada a disponibilização de informações sobre vagas ofertadas e contratações docentes em concursos públicos do IF Baiano, as quais foram encontradas depois no próprio portal da instituição.

Na interpretação da problemática da pesquisa, os documentos foram importantes fontes de informações que serviram de referenciais para a triangulação dos dados e, ainda, como portadores das expectativas oficiais sobre o trabalho docente nos IFs, para análises e interpretações sobre os sentidos de profissionalidade que expressam para os docentes da carreira de magistério do EBTT, entre profissionalização, desprofissionalização e reprofissionalização.

2.2 Pesquisa de Campo

A pesquisa de campo justifica-se em uma expectativa de ir além do desenho da política em seu contexto documental. Inspirada no que Shiroma e Evangelista[91] apontam sobre a utilização de fontes documentais nas pesquisas em educação, os documentos são uma evidência histórica, não a política em si; eles são constituídos e constituintes do momento histórico que os

---

[91] Informação fornecida na Mesa-redonda 8: "Além do documento: contribuições do marxismo para compreender a política educacional e as repercussões sobre o trabalho docente", durante o IX Encontro Brasileiro da Rede Latino-Americana de Estudos sobre Trabalho Docente (Rede Estrado), Campinas, 2017.

criou. A análise de Políticas Públicas requer considerar outros elementos que as conformam, o que no contexto da presente pesquisa significou buscar contemplar as políticas para o trabalho docente nos IFs *em seu acontecendo*, por meio da pesquisa de campo em um instituto federal, nas percepções de pessoas que encarnam essa condição.

A pesquisa de campo aconteceu no primeiro e segundo semestres de 2017, com aplicação dos questionários e realização das entrevistas. O mapeamento dos potenciais sujeitos da pesquisa deu-se a partir de uma lista divulgada pelo próprio campus[92] *à época*, complementando as informações com dados do Portal da Transparência do Governo Federal.

Dentre as dificuldades para a realização da pesquisa de campo, considero alguns impactos sobre os dados coletados, apontando para o contexto da época, quando estavam sendo gestados os processos de cortes e contenções de recursos das Instituições Federais de Ensino (IFEs), impostos pela Emenda Constitucional n.º 95/2016[93], do chamado "Novo Regime Fiscal", conhecido como "emenda do teto de gastos" e sua opção de desinvestimento em educação pública, além de um contexto de temeridade pelo futuro dos IFs e da vida profissional dos servidores, com a ascensão ao Governo Federal de grupos políticos historicamente não muito inclinados às pautas da educação pública.

Ao entrar em campo, propus-me a um exercício de reflexão sobre meus próprios preconceitos em torno do tema e da realidade a pesquisar, sendo necessário refletir sobre as minhas motivações para realizar esta pesquisa, sobre visões de mundo e conhecimentos teóricos sobre as condições do trabalho docente no cenário brasileiro e nos IFs e, especialmente, refletir seriamente sobre a problematização principal – a docência em cursos dos dois níveis de ensino. Fez-se necessário pensar, também, minha atuação frente a possíveis situações pessoais que envolvem diferenças de gênero, raça, regionalidade e algumas especificidades de cunho mais profissional, como a minha área de atuação docente, o campus ao qual pertenço e perspectivas que defendo nos espaços de disputa de projeto(s) institucional(is) para o IF Baiano.

Nesse sentido, procurei constituir uma postura enquanto pesquisadora, que fosse discreta, de aceitação, a ponto de permitir que pontos de vista

---

[92] IF BAIANO CAMPUS GUANAMBI. *Relação de docentes do IF Baiano Campus Guanambi*. Guanambi, mar. 2017.

[93] BRASIL. Emenda Constitucional n° 95. Altera o Ato das Disposições Constitucionais Transitórias, para instituir o Novo Regime Fiscal, e dá outras providências. *Diário Oficial da União*: seção 1, Brasília, DF, n. 241, p. 2-3, 16 dez. 2016.

divergentes aos meus pudessem emergir com tranquilidade; porém, sem precisar negar quem sou e o que penso. A esse respeito os estudos antropológicos prestaram orientações importantes sobre o processo de entrada em campo. Destaco os apontamentos de Geertz[94] quanto à interpretação cultural e à construção do objeto de pesquisa em estreita relação com a cultura interpretada; de Noblit[95] sobre o envolvimento do pesquisador com seu tema de estudo e de Fonseca, Claudia[96] sobre as definições das pesquisas de tipo etnográfico e estudos de caso. Acredito que esse objetivo foi alcançado, dada a aceitação dos colegas em participar da pesquisa.

2.2.1 O lugar

Conforme Tardif e Lessard[97], a pesquisa social sobre o trabalho docente é essencialmente local, ou seja, "[...] os 'fatos sociais' estudados pertencem a uma situação social particular dentro da qual eles são histórica e socialmente produzidos". Isso significa que este estudo foi elaborado em estreita relação com a realidade social particular do IF Baiano, que tem suas especificidades, mas também expressa a condição do trabalho docente nos IFs.

O IF Baiano foi escolhido como unidade representativa de análise devido ao meu imbricamento com essa instituição, à diversidade de cursos oferecidos e por todos os seus docentes pertencerem à carreira de magistério do EBTT, independentemente do nível de ensino em que atuam, aspecto que não é comum a todos os IFs. Esse foi um dos pressupostos na contribuição de melhores condições para a análise, pois todos os docentes desse IF estão sujeitos a serem convocados a atuar em cursos dos dois níveis de ensino.

Dentre os campi do IF Baiano, o Campus Guanambi foi o lugar escolhido para analisar a problemática porque dispõe de um corpo docente que atende a uma oferta que vai desde cursos de EPTNM, integrados e subsequentes nas modalidades de ensino regular e de EJA, a cursos de graduação de licenciatura, bacharelado e tecnologia e de pós-graduação, de especialização e mestrado. Essa era a configuração mais complexa de organização do trabalho docente no IF Baiano, no momento da coleta de dados.

---

[94] GEERTZ, Clifford. The interpretation of cultures: selected essays. New York: Basic Books, 1973.

[95] NOBLIT, George W. Poder e desvelo na sala de aula. Revista da Faculdade de Educação, São Paulo, v. 21, n. 2, p. 119-137, jul./dez. 1995.

[96] FONSECA, Claudia. Quando cada caso NÃO é um caso: pesquisa etnográfica e educação. Revista Brasileira de Educação, Rio de Janeiro, n. 10, p. 58-78, jan./abr. 1999.

[97] TARDIF; LESSARD, 2014, p. 10.

Embora efetiva no mesmo IF não sou lotada no Campus Guanambi, por isso, adentrar nesse espaço significou estar em um ambiente de pouco pertencimento, ao qual pouco conhecia e era conhecida. As referências que eu tinha, depois atestadas pessoalmente, consistiam de uma instituição cujas condições de trabalho eram no mínimo bastante satisfatórias, tanto em estrutura física quanto em organização pedagógica. A escolha por estudar um local com essas condições materiais e pedagógicas de trabalho promoveu um viés interessante à pesquisa, no sentido de perceber sobre o que falam os docentes quando não precisam pontuar sobre más condições pedagógicas e infraestruturais de trabalho.

Contando um pouco de sua história, até o ano de 2008 o Campus Guanambi era a Escola Agrotécnica Federal Antônio José Teixeira, uma autarquia, criada em 1993, que começou suas atividades pedagógicas em 1995[98] em um espaço pensado para ser especificamente uma escola de formação profissional agrícola e agrária, localizado no distrito de Ceraíma, zona rural, cerca de 20 km do centro da cidade de Guanambi-BA.

Conforme dados do seu Projeto Político Pedagógico (PPP)[99], a infraestrutura física do campus incluía salas para os diversos setores administrativos e de apoio técnico-pedagógico; 33 salas de aula – cada uma com, pelo menos, cadeiras estofadas em quantidade suficiente para os estudantes, mesa e cadeira para docentes, armário, aparelhos para apresentação multimídia, ar condicionado e caixa de som instalados; salas de coordenação de cursos; gabinetes para docentes; biblioteca; 16 laboratórios didáticos das diversas áreas de conhecimento – inclusos cinco laboratórios de informática e diversos laboratórios de campo (Unidades Educativas de Produção) com experimentos agrícolas e tecnológicos; auditório; refeitório; áreas agrícolas e de criação de animais; alojamento para estudantes; áreas de lazer e de práticas desportivas para estudantes e servidores; e setor médico. Até o ano de 2016 contava com 103 servidores Técnico-Administrativos em Educação (TAEs), de contratação efetiva, para o apoio técnico, administrativo e pedagógico às atividades fins da instituição.

Essa instituição, assim como os demais campi do IF Baiano, conta com programas de apoio e incentivo às atividades de ensino, pesquisa e extensão por meio do Programa Institucional de Bolsas de Iniciação à Docência (Pibid), da Capes, junto aos docentes e estudantes do curso de licenciatura;

---

[98] IF BAIANO CAMPUS GUANAMBI. *Histórico*, 18 maio 2011.

[99] IF BAIANO. *Resolução n° 67, de 30 de novembro de 2016 – Conselho Superior/IF Baiano*. Projeto Político Pedagógico: a Construção Coletiva da Identidade do Campus Guanambi. Salvador: IF Baiano, 2016d.

Programa Institucional de Bolsas de Iniciação em Extensão (Pibiex), nas modalidades júnior para estudantes da EPTNM e superior para estudantes de graduação, com financiamento institucional; e Programa Institucional de Bolsa de Iniciação Científica (Pibic), nas mesmas modalidades do Pibiex, apoiado pelo Conselho Nacional de Desenvolvimento Científico e Tecnológico (CNPq). E conta ainda com programas de apoio ao ingresso e permanência estudantil, que abrangem desde o apoio financeiro-material ao desenvolvimento de espaços que visam discutir e garantir a permanência de grupos sociais minoritários na instituição[100].

A oferta de cursos de educação superior no IF Baiano Campus Guanambi, assim como nos demais campi da época da transformação institucional, foi iniciada no ano de 2010 junto aos cursos de EPTNM que já existiam. Esse campus foi o primeiro do IF Baiano a ofertar curso de pós-graduação de mestrado, a partir de 2015.

Observando os cursos ofertados na instituição no ano de 2018 (Quadro 1), é possível notar uma verticalização em torno das grandes áreas de Ciências Agrárias, Ciências Exatas e da Terra e Educação, como esperado pela política que desenhou o modelo de formação dos IFs, ainda que, até o momento de conclusão da pesquisa, o campus não tenha observado a recomendação legal, colocada pelo Decreto n.º 5.840 de 13 de julho de 2006[101], de que pelo menos 10% das vagas dessas instituições devem ser destinadas ao Programa Nacional de Integração da Educação Profissional com a Educação Básica na modalidade de Educação de Jovens e Adultos (ProEJA).

---

[100] IF BAIANO. *Carta de Serviços ao Cidadão*. Salvador: IF Baiano, 2019a.

[101] BRASIL. Decreto n.º 5.840, de 13 de julho de 2006. Institui, no âmbito federal, o Programa Nacional de Integração da Educação Profissional com a Educação Básica na Modalidade de Educação de Jovens e Adultos – PROEJA, e dá outras providências. *Diário Oficial da União*: seção 1, Brasília, DF, ano 143, n. 134, p. 7, 14 jul. 2006a.

CONTEXTOS, (IN)DEFINIÇÕES E SENTIDOS DO TRABALHO DOCENTE NOS INSTITUTOS FEDERAIS

Quadro 1 – Cursos ofertados no IF Baiano Campus Guanambi (2018)

Modalidade	Nível de ensino	Tipo*	Curso
Presencial	Educação Básica	FIC**	Agricultor orgânico
			Estratégias pedagógicas para inclusão [...]
			Produção de mudas frutíferas
		EPTNM Integrado	Técnico em Agroindústria
			Técnico em Agropecuária
			Técnico em Informática para Internet
		EPTNM Subsequente	Técnico em Agricultura
			Técnico em Zootecnia
	Educação Superior	Graduação - Bacharelado	Engenharia Agronômica
		Graduação - Licenciatura	Química
		Graduação - Tecnologia	Agroindústria
			Análise e Desenvolvimento de Sistemas
		Pós-Graduação – lato sensu	Especialização em Ensino de Ciências Naturais e Matemática
		Pós-Graduação – stricto sensu	Mestrado Profissional em Produção Vegetal no Semiárido
Educação à Distância (EaD)	Educação Básica	EPTNM Subsequente	Técnico em Vendas
			Técnico em Multimeios didáticos

Fonte: IF Baiano (2019)[102]
*Inclui Etapa / Fase / Curso / Programa.
**Os cursos FIC não são de oferta permanente, por isso este número e os cursos são variáveis.

---

[102] IF BAIANO, 2019a.

Para além de uma contextualização sobre o atendimento educacional do IF Baiano Campus Guanambi, os dados anteriores indicam a amplitude de atuação dos seus docentes, que vai desde cursos FIC, com terminalidade mínima requerida de ensino fundamental, à pós-graduação em nível de mestrado.

No contexto dos campi do IF Baiano, o corpo docente do Campus Guanambi em 2018 era o segundo em maior número de profissionais e em maior número de mestres e o terceiro em maior número de doutores[103]. Conforme as informações desse campus[104], em 2017 contavam-se 103 docentes, os quais possuíam as seguintes titulações: 2 com graduação, 14 com especialização, 55 com mestrado e 32 com doutorado ou pós-doutorado; com os seguintes regimes de contratação: 97 efetivos, dos quais 95, com Dedicação Exclusiva (DE), um de quarenta horas e um de vinte horas; e 6 substitutos.

Pela verticalização dos cursos oferecidos, o Campus Guanambi está entre os campi do IF Baiano cuja maioria dos docentes atua ao mesmo tempo em cursos dos níveis de educação básica e superior. Havia 103 docentes vinculados ao campus no semestre 2017.1, entre efetivos e substitutos, destes, 25 efetivos, cerca de 24,3% estavam afastados das atividades regulares por motivos diversos (qualificação, maternidade, saúde, entre outros) e não foram considerados como possíveis sujeitos da pesquisa.

Os quantitativos de docentes sob essa condição sofreram alterações nas mudanças dos semestres em que foi realizada a pesquisa de campo. Dentre os 78 que estavam em efetivo exercício em 2017.1, 57, cerca de 73%, estavam atuando em cursos dos dois níveis de ensino naquele semestre e 21, cerca de 27%, estavam atuando em cursos de apenas um nível. No semestre 2017.2, dos mesmos 103 docentes vinculados ao campus, havia 24 afastados e 79 em efetivo exercício. Destes, 62, cerca de 78%, estavam atuando em cursos dos dois níveis de ensino e 17, 22%, em cursos de apenas um nível.

Como nem só de dados, imagens e estudos terceiros se conhece um lugar, valho-me da recomendação de Tenti Fanfani[105] de que "[...] quando se quer estudar a 'condição docente', deve-se incluir, no objeto, também, certas dimensões de sua subjetividade, tais como as percepções, representações, valorações, opiniões, expectativas etc." para colocar uma referência subjetiva sobre o Campus Guanambi. Trata-se de uma imagem publicada em uma rede social do IF Baiano. A postagem apresentou definições sobre o campus

---

[103] IF BAIANO, 2019a.
[104] IF BAIANO CAMPUS GUANAMBI, 2017.
[105] FANFANI Tenti, 2010, p. 1.

desse IF inspirada em uma série de televisão que fez bastante sucesso entre os anos 2018 e 2019. Não é necessário conhecer a série para interpretar a referência que coube àquele campus, basta pensar nas palavras usadas para defini-lo: "Casa Guanambi: progresso, cultura, respeito".[106]

Quanto ao contexto social no qual o campus está inserido, importa dizer que o município de Guanambi é um polo regional no território de identidade do Sertão Produtivo[107], distante aproximadamente 800 km da capital baiana, Salvador, e 800 km da capital mineira, Belo Horizonte. Em 2014 Guanambi contava com uma população de pouco mais de 85 mil habitantes[108], sendo a grande maioria na zona urbana e uma pequena parte na zona rural.[109]

Segundo o *Atlas do Desenvolvimento Humano no Brasil* de 2013 do Programa das Nações Unidas para o Desenvolvimento (PNUD[110]), o Índice de Desenvolvimento Humano Municipal (IDHM) em 2010 era de 0,673 (em uma escala de 0 a 1), índice alcançado, inicialmente, graças ao componente "longevidade", seguido pela "renda" e por último pela "educação". O desempenho no desenvolvimento humano até o ano de 2010 foi considerado "médio", vindo, à época, em um contexto de melhoria desde o início dessa série de dados.

A região tem como bioma preponderante a caatinga, clima seco, semiárido e subúmido, com temperaturas em torno dos 23 graus em média, que variam dos 16 graus aos 45 graus. Economicamente, o município tem histórico de produção agrícola, especialmente algodoeira, fruticultura e pecuária, mas com atividades diversificadas entre o comércio, a administração pública, a exploração de argila e, mais recentemente, a geração de energia eólica.[111]

---

[106] IF BAIANO. IF of Thrones. *Instagram*: IF Baiano, 2019c.

[107] Dezenove municípios compõem esse Território de Identidade: Brumado, Caculé, Caetité, Candiba, Contendas do Sincorá, Dom Basílio, Guanambi, Ibiassucê, Ituaçu, Iuiu, Lagoa Real, Livramento de Nossa Senhora, Malhada de Pedras, Palmas de Monte Alto, Pindaí, Rio do Antonio, Sebastião Laranjeiras, Tanhaçu e Urandi, com uma população de aproximadamente 495 mil habitantes até 2014. Cf. BAHIA, Secretaria de Desenvolvimento Econômico, Superintendência de Estudos e Políticas Públicas. *Estudo de Potencialidades Econômicas*: Sertão Produtivo. Salvador: SDE, 2016. p. 1-55.

[108] BAHIA, 2016.

[109] PEREIRA, Sofia R. N. A cidade de Guanambi-BA: a constituição de um centro urbano e regional. *In*: V Simpósio Cidades Médias e Pequenas da Bahia. Anais [...]. Ilhéus: UESC: UESB, 2016. p. 1-2.

[110] PNUD. Perfil: Guanambi, BA. *Atlas do Desenvolvimento Humano no Brasil*, 2013.

[111] Cf. PEREIRA, Sofia R. N. A produção do espaço urbano em Guanambi. *In*: I CONGRESSO BRASILEIRO DE ORGANIZAÇÃO DO ESPAÇO E X SEMINÁRIO DE PÓS-GRADUAÇÃO EM GEOGRAFIA. *Anais* [...]. Rio Claro-SP: Unesp, 2010. p. 5.279-5.296.

2.2.2 Aproximações: os questionários

Nesta pesquisa, o questionário se fez pertinente e como auxiliar das entrevistas, atentando ao que sinaliza Brandão, Z.[112] quanto à possível integração desses instrumentos apesar das suas vinculações a pesquisas quantitativas. A elaboração e aplicação dos questionários teve como base estudos que tematizaram ou fizeram uso deles, como Chizzotti[113], Gil[114], Lapo e Bueno[115] e Reis, A. *et al.*[116], no que tange à organização do roteiro, ao necessário controle da subjetividade na formulação das perguntas, à organização gráfica e à realização de pré-teste do instrumento.

O questionário da pesquisa foi aplicado, quando da primeira ida a campo, proposto apenas aos docentes que estavam atuando concomitantemente nos cursos de educação superior e de EPTNM.

O instrumento contém 14 questões, organizadas em duas partes, com possibilidades de respostas abertas e fechadas. As respostas dos questionários foram elaboradas pelos próprios sujeitos sem a presença da pesquisadora. Ao responder ao questionário era possível deixar campos de resposta em branco, caso o desejassem, mas isso aconteceu muito pouco.

Foram entregues 62 questionários a todos os 57 docentes que estavam atuando em cursos dos dois níveis de ensino no campus naquele semestre letivo, e, a mais 5 docentes que estariam sob essa condição no período letivo seguinte e aceitaram contribuir com a pesquisa. Destes, foram recebidos 51 questionários, que corresponde a 82% de respostas obtidas, contra 11 não devolvidos, correspondente a 18% dos questionários entregues.

Com os dados obtidos foi possível caracterizar um perfil mais específico dos docentes que atuam em cursos dos dois níveis de ensino no Campus Guanambi, e obter uma visão geral das percepções sobre a sua condição de trabalho sob um tratamento quantitativo.

Além disso, adentrar no campo utilizando esse instrumento, além de ter permanecido nesse espaço por duas semanas, foi uma boa forma

---

[112] BRANDÃO, Zaia. Os jogos de escalas na Sociologia da Educação. *Educação & Sociedade*, Campinas, v. 29, n. 103, p. 607-620, maio/ago. 2008.

[113] CHIZZOTTI, 1995.

[114] GIL, Antonio C. *Métodos e técnicas de pesquisa social*. 6. ed. São Paulo: Atlas, 2008.

[115] LAPO, Flavinês R.; BUENO, Belmira O. Professores, desencanto com a profissão e abandono do magistério. *Cadernos de Pesquisa*, São Paulo, n. 118, p. 65-88, mar. 2003.

[116] REIS, Adriana T. *et al.* O questionário na pesquisa em educação: a complexa tarefa de construir um bom instrumento. *In*: XII CONGRESSO NACIONAL DE EDUCAÇÃO – Educere. Anais [...]. Curitiba: PUC-PR, 2015. p. 4.388-4.399.

de fazer-me conhecer entre os sujeitos da pesquisa e os demais docentes, o que contribuiu para a adesão à participação nas entrevistas até de docentes que atuavam em apenas um nível de ensino, o que inicialmente não foi pensado.

Para o tratamento e análise dos dados obtidos com os questionários, participei de um curso básico sobre pesquisas quantitativas, além da busca de estudos que orientam sobre o tema[117]. Após conhecimento introdutório das abordagens quantitativas de pesquisa em educação, o tratamento dos dados deu-se apenas por estatística descritiva, não abordando o trabalho, portanto, sob a estatística inferencial.[118]

Considerando os dados dessa pesquisa, os 51 docentes atuantes nos cursos dos dois níveis de ensino no IF Baiano Campus Guanambi em 2017 que responderam aos questionários da pesquisa foram em número quase igual entre os sexos feminino e masculino. A maioria dos sujeitos tinha relativamente pouco tempo desde o ingresso na instituição, sendo que, no momento da coleta dos dados, cerca de 51% tinham de zero (um ano incompleto) a cinco anos de serviço na instituição, seguidos de 27% que tinham entre seis e dez anos, 6% que tinham entre onze e quinze anos, 8% que tinham entre dezesseis e vinte anos e cerca de 8% que já possuíam entre vinte e um e vinte e cinco anos de serviço na instituição.

A maioria dos docentes (cerca de 51%) teve a formação inicial da graduação em bacharelado, seguido pelos que tiveram formação em licenciatura (35%) e em curso de tecnologia (6%). Interessa perceber um grupo de quatro docentes (8%) que tiveram formação com dupla habilitação de bacharelado e licenciatura ou complementação pedagógica.

As titulações desses docentes eram na maioria de mestres (47%), ainda que em proporção próxima a de doutores (43%), seguido de especialistas (8%) e uma pessoa (cerca de 2%) com formação apenas de graduação. Quanto ao regime de contratação, a grande maioria (cerca de 88%) pertencia ao quadro efetivo da instituição, contra uma parcela menor de docentes substitutos (12%).

---

[117] Cf. FERREIRA, Pedro L. *Estatística Descritiva e Inferencial*: breves notas – Material instrucional. Coimbra: Universidade de Coimbra, 2005.
SILVESTRE, António Luís. *Análise de dados e estatística descritiva*. Forte da Casa: Escolar, 2007.

[118] Basicamente, a estatística descritiva se pauta pela organização e descrição dos dados obtidos, situando os resultados apenas em relação à população estudada. A estatística inferencial busca generalizar os resultados obtidos em uma amostra para toda a população em geral.

2.2.3 Diálogos: as entrevistas

Dentre as diversas abordagens sobre o uso de entrevistas nas pesquisas qualitativas, o método da entrevista compreensiva chamou a atenção por propor combinar-se teoria e empiria, em que não deve ser somente a descrição direta da realidade, nem somente a formulação de um modelo no plano das ideias. Conforme Ferreira, V.[119], as entrevistas compreensivas buscam "[...] evitar quer o dirigismo do modelo de questionário aberto, quer o laisser-faire (*sic*) da entrevista não diretiva".

A perspectiva colocada por Kaufmann[120] desafia em ir além de um esquema simples e direto de pergunta-resposta-formulação de categoria (Figura 1), da condução de entrevistas como se estivesse administrando um questionário e da interpretação dos dados como se as respostas dos informantes fossem, elas próprias, a teoria.

Figura 1 – A lógica da entrevista administrada como um questionário

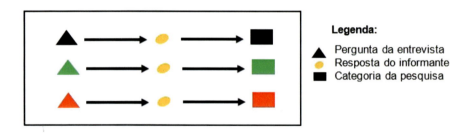

Fonte: Kaufmann (2013)[121]

Considerando o que Bourdieu[122] coloca, que o entrevistador deve proporcionar um contexto tranquilizador para a entrevista, a ponto que "[...] a interrogação e a própria situação tenham sentido para o pesquisado e também, e sobretudo, na problemática proposta", busquei criar um clima de franqueza e confiança com os entrevistados, mediante uma linguagem, por

---

[119] FERREIRA, Vitor Sérgio. Artes e manhas da entrevista compreensiva. *Saúde Soc.*, São Paulo, v. 23, n. 3, p. 979-992, 2014. p. 981, grifo do autor.
[120] KAUFMANN, Jean-Claude. *A entrevista compreensiva*: um guia para pesquisa de campo. Petrópolis: Vozes: Maceió: Edufal, 2013.
[121] KAUFMANN, 2013.
[122] BOURDIEU, 2008, p. 700.

vezes, mais informal, até porque se tratava também de uma conversa entre colegas de trabalho. A intropatia como princípio metodológico permitiu uma maior abertura intersubjetiva com os entrevistados, além de qualificar a compreensão da problemática.

Zago[123] assinala nesse método uma maneira diferenciada de pensar a relação social no ato de encerramento da entrevista, para além da relação com a interpretação dos dados. Como a entrevista é conduzida como uma conversa, o entrevistador conhece o roteiro previamente e vai, junto com o entrevistado, fazendo o seu rumo – a partir das respostas que recebe, coloca novas perguntas, refaz antigas, vincula a perguntas de outro eixo de questões etc.

Ilustro essa relação de interdependência entre as unidades de sentido extraídas dos relatos e a minha interpretação teórica em duas imagens complementares (Figura 2). Na primeira, "Unidades de sentido", cada ponto representa um aspecto dos relatos que foi considerado relevante de ser analisado, constituindo "[...] quase um oceano sem fim" de dados, como aponta Kaufmann[124]. Na segunda, "A organização das categorias", cada linha representa as conexões entre as unidades de sentido, construídas na conjugação de análise do material e reflexão teórica. As categorias representam a seleção que a pesquisadora faz sobre os depoimentos para apreender os seus sentidos e expressam a interdependência entre pesquisador e entrevistados; são uma interpretação que alguém faz – em um dado momento, com as lentes teóricas que dispõe – sobre o que outro alguém pensou e disse sobre seu próprio processo de vida e de trabalho.

---

[123] ZAGO, Nadir. A entrevista e seu processo de construção: reflexões com base na experiência prática de pesquisa. *In*: ZAGO, N; CARVALHO, M. P. de; VILELA, R. A. T. (org.). *Itinerários de pesquisa*: perspectivas qualitativas em Sociologia da Educação. Rio de Janeiro: Lamparina, 2011. p. 287-309.

[124] KAUFMANN, 2013, p. 150.

Figura 2 – Relação entre as unidades de sentido e a organização das categorias

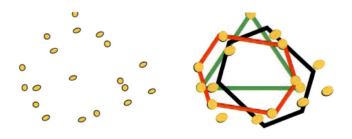

[As unidades de sentido]   [A organização das categorias]

Fonte: dados da pesquisa (2019)

O ato de entrevistar é, portanto, não linear e cada entrevista, mesmo contemplando as mesmas questões, tem uma sequência diferente da outra, porque é realizada conforme o rumo da conversa que também é dado pelos entrevistados. Na interpretação dos relatos e produção dos dados, as unidades de sentido retiradas dos discursos são vinculadas às categorias emergentes e não simplesmente às perguntas que foram feitas – sob o necessário compromisso em vincular as falas ao contexto da enunciação. Significar esse processo como uma teia demonstra a interdependência entre os sentidos que os indivíduos dão aos temas.

As inter-relações implicadas no processo de entrevista compreensiva expressam-se como uma rede ou teia, com interconexões entre seus pontos nodais. Extrapolando essa percepção para o processo metodológico da presente pesquisa, a interdependência entre as categorias nativas (os relatos dos entrevistados) e as categorias teóricas (a interpretação da pesquisadora) amplia-se e complexifica-se como uma rede de muitos níveis. Nesse constructo, as categorias centrais não são apartadas entre si, nem mutuamente excludentes: profissionalização, desprofissionalização e reprofissionalização expressam um mesmo processo – a condição do trabalho docente na carreira de magistério do EBTT (Figura 3).

Figura 3 – As relações entre as categorias da pesquisa

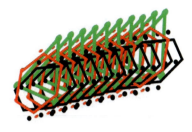

Fonte: dados da pesquisa (2019)

Coloca-se aí a potência da entrevista compreensiva e seu princípio da teorização assentada nos fatos: é uma abstração forjada na concreticidade; é um enunciado teórico no qual se espera que as pessoas não deixem de reconhecer sentidos de si e das suas vidas.

Essa foi uma decisão acertada para a pesquisa, pois abarcou nuances outras da condição do trabalho nos IFs sob o olhar de quem estava "de fora" dela – ou seja, de quem não estava atuando em cursos dos dois níveis de ensino, ao mesmo tempo, naquela instituição. Após esses ajustes, chegou-se a um modelo final de roteiro com o seguintes temas-eixos:

1 - Trajetória de formação e atuação profissional;

2 - Processo de mudança institucional – de Escola Agrotécnica Federal para IF;

3 - Sentidos da atuação nos dois níveis de ensino e Organização do trabalho pedagógico;

4 - A carreira de magistério do Ensino Básico, Técnico e Tecnológico.

A par de cada um desses eixos havia um corpo de questões possíveis a abordar, caso o tema não fosse explicitado, com perguntas que contemplavam as especificidades dos perfis dos entrevistados nas seguintes variações:

- Atuação: cursos dos dois níveis de ensino x cursos de um nível de ensino;

- Ingresso na instituição: anterior x posterior à transformação da EAF em IF Baiano Campus Guanambi;

- Regime de contratação: efetivos x substitutos;

- Atuação na gestão.

Assim, a condução das entrevistas resultou da combinação das questões dos temas-eixos com as especificidades do perfil docente apontadas acima.

Com o tema-eixo 1 havia a expectativa de conhecer os entrevistados a partir de sua(s) localidade(s) de origem, trajetórias escolares e profissionais, motivações pelas quais tenha se tornado um docente e como chegou à docência no IF Baiano.

O tema-eixo 2 questionava, junto aos docentes cujo ingresso na instituição se deu quando ainda era a Escola Agrotécnica Federal de Guanambi, como se deu a mudança institucional de autarquia a campus de um IF e o que se alterou na dinâmica de trabalho com a nova instituição – se possível, comparando as formas de trabalho antes e depois da ampliação dos níveis de ensino a atuarem. Neste mesmo tema-eixo, junto aos docentes que ingressaram no IF Baiano após a sua transformação institucional, as questões exploravam os conhecimentos sobre a instituição antes de nela ingressarem e o que pensavam sobre a institucionalidade dos IFs.

Nas questões do tema-eixo 3, aos docentes que atuavam em cursos dos dois níveis foram indagadas as suas reações quando provocados a iniciarem essa atuação, se já tinham atuado assim em outras instituições, como organizavam suas dinâmicas de trabalho para atender às especificidades dos níveis de ensino, se havia formas de integração entre os estudantes dos dois níveis de ensino. Já aos docentes que atuavam em cursos de apenas um nível de ensino, a conversa pautava-se sobre o que achavam da docência nos dois níveis de ensino e sobre como percebiam as reações dos colegas que estavam nessa condição.

As questões do eixo-tema 4 abordavam sobre a carreira de magistério do EBTT, com uma avaliação da própria carreira, entre os docentes do quadro efetivo e com indagações se haveria interesse de integrar a carreira, entre os docentes substitutos. Também foi perguntado sobre a responsabilidade de atuação em cargos de gestão e a implicação disso sobre as atividades docentes – quer fossem ocupantes de cargos de gestão à época ou não.

As entrevistas foram realizadas no segundo semestre letivo do ano de 2017. Todos os 79 docentes em efetivo exercício no campus no período receberam convite individual para participação nessa segunda etapa da pesquisa, dos quais 26, cerca de 33% do total, concordaram em participar.

As entrevistas totalizaram 1.503 minutos, um pouco mais de vinte e cinco horas, de gravação. Em cada uma delas foi apresentado o objetivo da pesquisa, o interesse com os depoimentos e o compromisso ético com o tratamento dos dados; os entrevistados receberam, leram e assinaram o Termo de Consentimento Livre e Esclarecido (TCLE) – o qual já havia sido previamente analisado e aprovado pela Comissão de Ética em Pesquisa da Faculdade de Educação da Universidade de São Paulo (Feusp). Para garantir o anonimato dessas fontes, neste texto não foi indicado o sexo dos informantes e seus nomes foram substituídos pelo termo "Docente" e mais uma numeração aleatória, de modo a serem mencionados como "*Docente 1*", "*Docente 2*" ... "*Docente 26*".

Novata na técnica da entrevista foi interessante perceber o *jogo* do diálogo entrevistador-entrevistado e as marcas dos discursos. Em alguns momentos foram flagradas atitudes como dispersão, "fugas" do tema, aos quais foram usadas algumas técnicas como o relançamento de questões, envolvimento reflexivo, escuta ativa e metódica pela comunicação não violenta; enfim, como bem define Bourdieu[125], "[...] uma espécie de mimetismo mais ou menos controlado" tendo em vista chegar a depoimentos mais precisos, sinceros e pertinentes quanto possíveis.

Após realizadas as entrevistas, debrucei-me sobre o material coletado a fim de ter conhecimento sobre o conteúdo das falas dos docentes, rememorar as condições nas quais elas foram colocadas e assim construir a interpretação sobre a condição do trabalho docente no IF Baiano. A seleção dos dados relevantes foi feita pela leitura dos trechos transcritos e também pela escuta atenta das gravações.

Embora Kaufmann defenda que as análises sejam realizadas pela escuta dos discursos, calcada também nos estudos de Bardin[126] sobre o método de análise de conteúdo, optei em realizar os dois movimentos simultaneamente. Assim, ouvindo e lendo continuamente o material, os discursos julgados pertinentes foram marcados no texto transcrito, desconsiderando partes que pudessem levar à pronta identificação dos docentes e que não atendiam ao objetivo do trabalho.

Aprofundando o contato com os áudios e as transcrições dos relatos, foram selecionados trechos menores – unidades de sentido – sobre um tema emergente e organizados em colunas correspondentes, com observações e possíveis interpretações que suscitavam. Depois de selecionadas as unidades de sentido em todas as entrevistas, novas análises foram feitas, visando reinterpretá-las e reorganizá-las em relação às demais falas dos informantes. Ao

---

[125] BOURDIEU, 2008, p. 695.

[126] BARDIN, Laurence. *Análise de conteúdo*. Lisboa: Edições 70, 2011.

analisar as unidades de sentido destacadas no enquadramento, foi possível observar regularidades e diferenças nos discursos e definiram-se melhor os contornos das categorias principais – profissionalização, desprofissionalização e profissionalidade docente nos IFs – e das categorias secundárias. Com o avanço sobre a organização e estudo do material coletado, análises dos dados e referenciais teóricos foram fundindo-se, consolidando a definição das categorias emergentes.

Seja confirmando, seja divergindo das posições encontradas na revisão da literatura e nos referenciais teóricos sobre o tema, a interpretação da problemática foi-se constituindo em um ir e vir constante às falas e transcrições das entrevistas. No material, o que antes era uma profusão de relatos e ideias-chave soltas, fios de histórias de vida emaranhados com trajetórias sociais e institucionais, foi-se configurando uma trama de sentidos da condição do trabalho docente nos Institutos Federais.

Concluídos os processos de análise do material, teorização e estabilização do levantamento das categorias emergentes e a consolidação das respostas às questões colocadas à entrevista, as unidades de sentido extraídas dos relatos foram organizadas sob três categorias principais de análise, sendo profissionalização, desprofissionalização e reprofissionalização, ou, profissionalidade docente nos IFs. Desse material selecionado, estabeleci como critério de relevância que no mínimo 50% dos relatos, ou seja, 13 dos 26 docentes entrevistados, deveriam ter feito referência a um tema para que ele fosse considerado para análise.

De forma geral, esse levantamento reportou que os docentes do IF Baiano aludiram a sentidos de profissionalização da docência, em referências às condições de trabalho e à carreira, à ampliação da formação e a um sentimento de valorização da sua atividade; a sentidos de desprofissionalização, quando apontaram para elementos de racionalização, de intensificação e autointensificação do trabalho, além de mudanças do referencial identitário profissional nesta atividade; e, finalmente, a sentidos de reprofissionalização, de uma especificidade da profissionalidade docente nos IFs, quando consideraram a atuação em cursos dos dois níveis de ensino e a carreira e, ainda, quando referiram a sua atividade vinculada aos princípios institucionais dos IFs.

Após a análise e construção das categorias interpretativas da problemática, a preocupação do trabalho deu-se sobre a apresentação da pesquisa e o fechamento dos conceitos. Aqui o essencial foi valorizar a elaboração

CONTEXTOS, (IN)DEFINIÇÕES E SENTIDOS DO TRABALHO DOCENTE NOS INSTITUTOS FEDERAIS

teórica e as articulações internas que constituíam a problemática investigada: as relações entre as categorias emergentes e as categorias centrais e como elas se inserem no campo de estudos sobre o trabalho docente em geral e nos IFs.

Em face do desafio em apresentar os entrevistados, considerando a sua não identificação direta, lancei mão de duas formas: uma mais geral, de modo a contemplar as características do grupo; e outra mais personalizada, selecionando uma frase a fim de sintetizar a opinião do docente quanto à atuação (sua ou dos colegas) em cursos dos dois níveis de ensino.

Quanto às características do grupo, tem-se um perfil próximo daqueles que responderam aos questionários – até porque, obviamente, diversos deles participaram das duas etapas da pesquisa. Os entrevistados foram quase o mesmo número entre os sexos feminino (12 pessoas) e masculino (14 pessoas). A maioria deles tinha formação inicial em cursos de bacharelado ou de tecnologia (14 pessoas), seguido por docentes formados em licenciatura (9 pessoas) e docentes com formação em bacharelado e licenciatura ou complementação pedagógica (3 pessoas).

As titulações dos entrevistados foram quase equiparadas entre mestres (12 pessoas) e doutores (11 pessoas), com um número menor de especialistas (3 pessoas) ouvidos. Quanto aos regimes de contratação, foram entrevistados mais docentes efetivos (23 pessoas) do que substitutos (3 pessoas). E considerando o problema da pesquisa, os docentes entrevistados foram em sua maioria os que atuavam mais em cursos dos dois níveis de ensino (19 pessoas) do que os que atuavam em cursos de um nível de ensino (7 pessoas).

Os docentes que participaram da pesquisa atuam em diferentes áreas de conhecimento, têm diferentes histórias de vida e trajetórias profissionais e compartilham de diferentes opiniões sobre a atuação em cursos dos dois níveis de ensino. Em comum, pertencem à comunidade acadêmica do IF Baiano Campus Guanambi e compõem o mosaico de percepções que ajudou a investigar essa condição do trabalho docente, em suas dimensões de profissionalização e desprofissionalização e da constituição de uma profissionalidade específica da carreira de magistério do EBTT.

Trata-se de profissionais com trajetórias de vida bastante diferentes, que ingressaram na docência por motivos distintos, tanto por reconhecerem uma tradição familiar na docência, quanto por circunstâncias oportunizadas a partir da oferta de vagas em concurso público. Alguns com experiências docentes anteriores ao ingresso na instituição, desde o curso normal de nível médio; outros que tiveram a primeira atuação docente profissional em uma instituição da Rede Federal de Educação Profissional, Científica e Tecnológica (RFEPCT). Também há trajetórias de iniciação na vida profissional em espaços públicos não escolares, instituições privadas e no chamado terceiro setor.

Essas trajetórias pessoais, no caso do IF Baiano, matizam a construção da identidade institucional, bem como da carreira de magistério do EBTT. Como discutido por Melo[127], sobre os professores não licenciados, há características comuns aos indivíduos, entre "[...] trajetórias de vida semelhantes, origem de famílias da classe trabalhadora, formação em curso técnico e experiência profissional de trabalho em empresas ou em indústrias na sua área de formação inicial", e, ainda, a aprendizagem da docência no contexto da própria atividade de trabalho, visto que não acessam uma formação inicial específica para a profissão.

Além das percepções dos docentes que estão vivenciando – e, portanto, também constituindo – a política de organização do trabalho docente nos IFs, foi possível realizar outra entrevista, desta vez com alguém que participou da elaboração dessa política no âmbito da Setec-MEC, permitindo ampliar os prismas de análise da problemática. A realização dessa entrevista visou averiguar diretamente da fonte como se deu o processo de organização da docência na carreira de magistério do EBTT, no bojo da formulação da política dos IFs.

Mediante buscas e contatos a entrevista ocorreu no segundo semestre de 2018. A expectativa era aprofundar um pouco mais sobre o conhecimento do papel dos docentes no projeto de organização dos Institutos Federais e como teve início a condição de atuação docente nos cursos dos dois níveis de ensino, na carreira de magistério do EBTT.

Para isso foi utilizado também o método da entrevista compreensiva, com questões sobre os Institutos Federais e a organização do trabalho docente nos IFs, com 11 questões principais. A entrevista teve duração de uma hora e vinte minutos e conseguiu lograr seus objetivos. Salvaguardando sua identificação quanto ao nome, cargo específico e gênero, o sujeito entrevistado foi nominado como "ex-gestor da Setec/MEC". Seus resultados serão tratados no corpo do texto no que tange aos temas abordados.

---

[127] MELO, 2010, p. 4.

2.3 Princípios Éticos

A pesquisa atende aos princípios éticos previstos nos "Padrões éticos na pesquisa em educação: primeiro documento"[128] a partir do consentimento livre e esclarecido das pessoas que se dispuseram a contribuir com a pesquisa, respondendo ao questionário e/ou concedendo entrevista, mediante assinatura de termo específico para esse fim. A essas pessoas foram explicitados os prováveis ônus, riscos e benefícios de participação na pesquisa e assegurados o caráter voluntário do assentimento, a confidencialidade e privacidade dos dados, garantindo o anonimato, bem como o retorno sobre os resultados da pesquisa.

O modelo de Termo de Consentimento Livre e Esclarecido e súmula da pesquisa foram submetidos à avaliação e aprovados pela Comissão de Ética em Pesquisa da Feusp, antecipadamente à entrada e pesquisa de campo.

Após realizada a pesquisa de campo, foi enviado aos e-mails dos participantes, individualmente, um relatório-síntese com os resultados da pesquisa.

---

[128] Cf. COMITÊ DE ÉTICA NA PESQUISA DA FEUSP. *Padrões éticos na pesquisa em educação*: primeiro documento. São Paulo: Faculdade de Educação da Universidade de São Paulo, 2008.

3

CONTEXTOS

No hiato das respostas é que construímos as histórias.

(Valquíria Lima da Silva)[129]

A docência da carreira de magistério do EBTT é exercida em contexto, isto é, tem uma história e acontece em um lugar. Discutir essas duas dimensões perseguindo os "hiatos das respostas", como disse a poeta, permite compreendê-la melhor. Primeiro, nos antecedentes da carreira, são investigadas as formas como a docência já foi organizada nas instituições federais de educação profissional brasileiras até se chegar às definições atuais, para, posteriormente, contextualizar sobre os IFs e o IF Baiano – local que recebeu as atenções da pesquisa.

3.1 Antecedentes

Os docentes da carreira de magistério do EBTT dos IFs, que podem vir a ter que atuar em cursos dos dois níveis de ensino, enquanto categoria social (não os mesmos indivíduos, obviamente), já foram docentes apenas da educação básica profissional de nível médio. Antes ainda, também já foram profissionais com baixa escolaridade, que ensinavam artes e ofícios aos jovens pobres das grandes cidades do país. Nesse sentido, como aconteceu essa mudança? O que fez com que essa categoria social chegasse a essa organização? Quais processos e configurações lhes antecederam? A investigação sobre os processos de desenvolvimento desse grupo profissional, vinculados às mudanças das instituições federais de educação profissional e tecnológica, permitiu formular algumas respostas.

Para Elias[130], uma nova profissão desenvolve-se na interdependência entre novas necessidades, invenções e as condições (os "meios especializados")

---

[129] SILVA, 2013, p. 77.
[130] ELIAS, 2006, p. 89-90.

disponíveis em cada tempo: "[...] É essencialmente um processo de tentativa e erro no qual as pessoas procuram combinar técnicas ou instituições e necessidades humanas".

Isso inspira pensar que a atuação dos docentes dos Institutos Federais, nos dois níveis de ensino, não se explica simplesmente pela imposição de legisladores e governantes, mas que essa definição deu-se porque *foi sendo gestada*[131] em um terreno social que já concebia essa atuação profissional mais polivalente e multitarefas, bem como nas manifestações particulares – de instituições e grupos sociais organizados – que permitiram, demandaram, ou ainda, criticaram e resistiram à mudança do seu trabalho.

No mesmo sentido, Nóvoa[132] aponta que a profissão docente foi sendo constituída a partir de um processo de longa duração das instituições escolares. Trata-se, portanto, de uma atividade profissional que não se descola dos contextos concretos que organizam seu espaço de atuação – seja uma escola, uma universidade, seja ainda um instituto federal. Como Garcia, Hypolito e Vieira[133] assinalam, a identidade da profissão docente não é única e total, cabendo melhor falar em "profissões docentes", dadas as diferentes configurações de como ela se apresenta.

Tomando o desafio colocado por Lenoir[134], de que as análises de um problema social devem perseguir "[...] o processo pelo qual se constrói e se institucionaliza", esta seção aborda, em uma síntese sobre mais de cem anos, as diversas institucionalidades[135] que permearam as instituições federais de educação profissional, científica e tecnológica brasileiras, a fim de entender as configurações de organização do trabalho dos seus profissionais docentes. O mapeamento a partir do estudo da legislação revela como, processualmente, essas instituições passaram de escolas de formação profissional para assistência social a instituições de educação técnica e tecnológica dos dois níveis de ensino. Também, como os seus docentes passaram de profissionais sem uma carreira estabelecida – alguns até mesmo sem exigência de escola-

---

[131] É importante destacar o caráter processual desta concepção, inclusive na linguagem.

[132] NÓVOA, 1991.

[133] GARCIA, Maria Manuela A.; HYPOLITO, Álvaro M.; VIEIRA, Jarbas S. As identidades docentes como fabricação da docência. *Educação e Pesquisa*, São Paulo, v. 31, n. 1, p. 45-56, jan./abr. 2005.

[134] LENOIR, Remi. Objeto sociológico e problema social. *In: Iniciação à prática sociológica*. Rio de Janeiro: Vozes, 1996. p. 59-107. p. 73.

[135] Por institucionalidade entendo as expressões do que é próprio de uma dada instituição, das identidades que a definem. Aí se incluem o seu nome, seus objetivos, normas, valores, expectativas sociais e as formas de atuação dos seus atores. Essa definição considera que as institucionalidades também são constituídas por conflitos de interesses e divergências em torno do que as instituições são ou devam ser.

rização prévia – a profissionais com uma carreira complexa e contraditória no magistério público federal.

Considerando o interesse dessa pesquisa, são destacadas três expressões da profissionalidade da docência nas instituições federais de educação profissional, científica e tecnológica: primeiro, como docentes sem uma carreira; segundo, da carreira de magistério de 1º e 2º graus; e, terceiro, da carreira de magistério do EBTT, sendo essas vinculadas a oito marcos de institucionalidades, os quais não dizem respeito à história de todas as instituições que vieram a compor os IFs de modo uniforme, mas são considerados pelo discurso oficial organizado pela Setec[136] da época da criação dos IFs, a saber: Escolas de Aprendizes Artífices, Liceus Industriais, Escolas Industriais e Técnicas, Escolas Técnicas Federais, Escolas Agrícolas e Agrotécnicas, Cefets, Universidade Tecnológica Federal do Paraná (UTFPR) e Institutos Federais de Educação, Ciência e Tecnologia.

A ilustração (Figura 4) apresenta essa relação entre marcos de profissionalidades docentes e institucionalidades, que será discutida a seguir.

Figura 4 – Marcos das profissionalidades docentes e institucionalidades nas Instituições Federais de Educação Profissional (Brasil, 1909-2008)

Fonte: dados da pesquisa (2019)

[136] SETEC. *Instituto Federal de Educação, Ciência e Tecnologia*: um novo modelo em educação profissional e tecnológica – concepção e diretrizes. Brasília: MEC, 2010.

3.1.1 A docência sem carreira

As Escolas de Aprendizes Artífices, criadas pelo Decreto n° 7.566, de 23 de setembro de 1909[137], foram as primeiras instituições federais urbanas de educação profissional, no Brasil. Seus primeiros docentes[138] eram, basicamente, "homens" das fábricas pouco ou não escolarizados, "professoras" formadas na escola normal e "professores"[139] de desenho.

Essas instituições remontam, de forma geral, às expectativas de legitimar a República então nascente – com apenas vinte anos desde a proclamação – e de ofertar alguma formação para o trabalho às pessoas desvalidas de riqueza nas grandes cidades do país, segundo Kunze[140], de modo a "[...] se transformarem em obreiros, em operariado útil incapaz de se rebelar contra a Pátria".

Há registros de especificidades em torno dessas escolas em alguns estados brasileiros que merecem ser pontuados. Tavares, F.[141], por exemplo, aponta que no Rio de Janeiro a primeira Escola de Aprendizes Artífices foi instalada em Campos, cidade natal do então presidente da república, segundo Gomes[142], não por nepotismo, mas por problemas políticos com o então presidente do estado do Rio de Janeiro. Soares[143] também aponta que no Rio Grande do Sul, ao invés de se criar uma escola própria, os investimentos da União foram para o Instituto Parobé, da rede estadual de ensino.

Essas escolas visavam formar operários e contramestres por meio de oficinas de trabalho manual e cursos noturnos de dois tipos: primário (incluindo a leitura, escrita e contas) e de desenho. Sob essa institucionalidade, atendiam a expectativas de uma formação profissionalizante que se pode chamar de assistencialista, pois era dirigida aos "desfavorecidos da

---

[137] BRASIL. Decreto n° 7.566, de 23 de setembro de 1909. Crêa [sic] nas capitaes [sic] dos Estados da Republica [sic] Escolas de Aprendizes Artifices [sic], para o ensino profissional primario [sic] e gratuito. *Diário Official* [sic], Rio de Janeiro, DF, p. 6.975, 26 set. 1909a.

[138] BRASIL. Decreto n° 7.649, de 11 de novembro de 1909. Crea [sic] nas Escolas de Aprendizes Artifices [sic], a que se refere o decreto n. 7.566, de 23 de setembro ultimo [sic], os logares [sic] de professores dos cursos primarios [sic] nocturnos [sic] e de desenho e da [sic] outras providencias [sic]. *Diário Official* [sic], p. 8.329, 13 nov. 1909b.

[139] A própria legislação demarca os gêneros de cada grupo profissional.

[140] KUNZE, Nádia C. O surgimento da rede federal de educação profissional nos primórdios do regime republicano brasileiro. *Revista Brasileira de Educação Profissional e Tecnológica*, Natal, v. 2, n. 2, p. 8-24, 2009. p. 15.

[141] TAVARES, Fábio L. de F. Ensino Técnico Federal no Brasil: das Escolas de Aprendizes Artífices ao Pronatec. *Revista Historiador*, Porto Alegre, n. 8, p. 77-88, fev. 2016.

[142] GOMES, Luiz Claudio G. Imagens e memórias da Escola de Aprendizes Artífices de Campos. *In*: 27ª Reunião Nacional da Anped. *Anais* [...]. Caxambu: Anped, 2004. p. 1-6.

[143] SOARES, Manoel de J. As Escolas de Aprendizes Artífices: estrutura e evolução. *Forum educ.*, Rio de Janeiro, v. 6, n. 2, p. 58-92, jul./set. 1982.

fortuna"[144], não ultrapassava o antigo ensino primário e, de acordo com Brandão, M.[145], não tinha "[...] uma preocupação efetiva de formação de uma força de trabalho qualificada".

Não tardou muito, todavia, para que as atribuições das Escolas de Aprendizes Artífices se complexificassem, tanto que em 1911 um novo regulamento[146] estabeleceu regras bastante detalhadas sobre como deveriam funcionar. Considerando o que interessa à discussão, foram definidas as obrigações funcionais dos docentes – professores e mestres de oficinas – e seus ajudantes, vinculadas a comportamentos necessários ao bom desempenho do trabalho, como frequência e assiduidade, manutenção da ordem na classe e na escola, obediência à chefia imediata, apresentação de resultados e auxílio à gestão da instituição.

Esse regulamento não detalhou muito sobre o conteúdo do trabalho dos professores dos cursos primários e de desenho, apenas prezou que deveriam ter competência comprovada. Porém, foi detalhista quanto ao trabalho dos mestres das oficinas, determinando a complexidade da aprendizagem do ofício que os mestres deveriam propiciar aos estudantes; possibilitou a contratação de mestres estrangeiros; definiu as responsabilidades para com as oficinas e os artefatos nelas produzidos; bem como, estabeleceu as condições de instalação e limpeza que as oficinas deveriam ter.

Pesquisas históricas sobre as Escolas de Aprendizes Artífices, dentre outras, as de D'Angelo[147] e Candido *et al.*[148], contribuem para compreender um pouco sobre o trabalho dos seus docentes. Uma consideração comum nos estudos são as diferenças entre os docentes dos cursos noturnos – primário e de desenho – e os das oficinas, sendo que os primeiros eram chamados de "professores" e havia claros requisitos de que tivessem alguma formação escolar, mas faltavam-lhes conhecimentos sobre a educação profissional. Os segundos eram chamados de "mestres de ofícios"; porém, não havia exigência de formação escolar prévia e ainda lhes faltava conhecimento pedagógico.

---

[144] BRASIL, 1909a.

[145] BRANDÃO, Marisa. Cefet Celso Suckow e algumas transformações históricas na formação profissional. *Trabalho necessário*, Rio de Janeiro, n. 9, p. 1-22, 2009a. p. 3.

[146] BRASIL. Decreto n° 9.070, de 25 de outubro de 1911. Dá novo regulamento as [sic] escolas de aprendizes artífices [sic]. *Diário Oficial da União*: seção 1, Rio de Janeiro, DF, p. 13.927, 27 out. 1911.

[147] D'ANGELO. Márcia. *Caminhos para o advento da Escola de Aprendizes Artífices de São Paulo (1910-1930)*: um projeto das elites para uma sociedade assalariada. 2000. Dissertação (Mestrado em História Econômica) – Faculdade de Filosofia, Letras e Ciências Humanas, Universidade de São Paulo, São Paulo, 2000.

[148] CANDIDO, Francineuma G.; et al. Educação para o trabalho: a Escola de Aprendizes Artífices do Ceará. *Educação*: UFSM, Santa Maria, v. 44, p. 1-22, 2019.

Araújo, Denise, Sá e Brzezinski[149] identificam que a formação de muitos docentes dos cursos noturnos da Escola de Aprendizes Artífices de Goiás era maior que a mínima requerida em lei, havendo diversos bacharéis com formação em nível superior. A mesma situação foi referida por Queluz[150] sobre a Escola de Aprendizes Artífices do Paraná e de Sousa, F.[151] sobre a Escola do Rio Grande do Norte, mas Teodoro[152] aponta condição bem discrepante sobre a Escola do Pará, uma vez que o estado contava com rara mão de obra especializada e mesmo os estudantes egressos dessa escola eram mais bem remunerados no ofício aprendido do que no seu ensino.

Pandini[153] destaca indícios de más condições de trabalho e de qualificação dos mestres e contramestres das oficinas na Escola de Aprendizes Artífices do Paraná, ratificados por Queluz[154], que também destaca as tentativas de introdução do método intuitivo nessa escola.

Nos primeiros anos das Escolas de Aprendizes Artífices, os docentes – professores e mestres das oficinas – eram responsáveis por fixarem os programas curriculares dos cursos primário, de desenho e das oficinas, em concordância com os diretores gerais[155], o que poderia representar alguma possibilidade de maior atuação na definição do seu trabalho – ainda que limitada, neste caso, pelas suas condições de qualificação em geral e de formação pedagógica. Mas isso não durou muito. Mais especificamente, até o ano de 1926, de acordo com o levantamento de Souza, A.[156], quando uma "Consolidação dos dispositivos concernentes às Escolas de Aprendizes Artífices" criou um currículo único e um Serviço de Inspeção do Ensino Profissional Técnico, encarregado de garantir-lhes a uniformidade.

---

[149] ARAÚJO, Denise Silva; SÁ, Helvécio G. M. de; BRZEZINSKI, Iria. Trabalho e formação docente na Escola Técnica de Goiânia: política, ideologia e produtividade. *Revista Brasileira de Política e Administração da Educação*, Goiânia, v. 34, n. 2, p. 523 - 542, maio/ago. 2018.

[150] QUELUZ, Gilson Leandro. Escola de Aprendizes Artífices do Paraná (1909-1930). *Tecnol. e Hum.*, n. 39, p. 40-113, jul./dez. 2010.

[151] SOUSA, Francisco Carlos O. de. A educação escolar de aprendizes de artífices (Rio Grande do Norte, 1910-1936). *In*: VII CONGRESSO BRASILEIRO DE HISTÓRIA DA EDUCAÇÃO. *Anais* [...]. Cuiabá: UFMT, 2013. p. 1-15.

[152] TEODORO, Elinilze G. Docentes na Escola de Aprendizes Artífices do Pará: diacronia dessa atuação. *Revista Histedbr* On-line, Campinas, n. 24, p. 26-39, dez. 2006.

[153] PANDINI, Silvia. A Escola de Aprendizes Artífices. *In*: X ENCONTRO ESTADUAL DE HISTÓRIA. *Anais* [...]. Porto Alegre: ANPUH-RS, 2010.

[154] QUELUZ, 2010.

[155] BRASIL, 1911.

[156] SOUZA, Ana Cláudia R. de. A legislação federal para o ensino profissional e a Escola de Aprendizes e Artífices do Amazonas: diálogos possíveis. *In*: XXVII SIMPÓSIO NACIONAL DE HISTÓRIA. *Anais* [...]. Natal: UFRN: ANPUH, 2013. p. 1-9.

Esse mesmo documento, segundo Soares[157], expressou também uma maior preocupação do governo federal com a qualidade do trabalho dos docentes, sendo elaboradas "[...] rígidas exigências e numerosas normas burocráticas". Determinou-se, entre outras coisas, a realização de concursos de provas – escritas, orais e práticas – para os cargos docentes das Escolas de Aprendizes Artífices, com exames diferenciados entre os cargos, conforme sistematizado a seguir. É válido considerar aqui uma referência para a profissionalidade docente nas instituições federais de educação profissional, em uma dimensão ambivalente. Em relação à profissionalização, por meio da definição dos critérios de seleção para pertencimento ao quadro docente e em relação à desprofissionalização, a partir da perda de possibilidade de elaboração dos currículos dos seus cursos (Quadro 2).

Quadro 2 – Critérios de seleção para a docência nas Escolas de Aprendizes Artífices (Brasil, 1926)

Cargos	Temas	
Professor; Adjunto de professor [Cursos primário e de desenho]	Português	
	Aritmética prática	
	Geografia (em especial a do Brasil)	
	História do Brasil (noções)	
	Instrução moral e cívica	
	Caligrafia (somente para o curso primário)	
	Geometria prática (somente para o curso de desenho)	
Mestre; Contramestre [Oficinas]	Parte oral	Leitura corrente
		Geometria prática
		Geografia (noções)
		História pátria (noções)
	Parte escrita	Aritmética prática
		Escrita (ditado)
		Escrituração mercantil
		Desenhos relativos à oficina
	Avaliação prático-técnica de oficina	

Fonte: Fonseca (1961)[158]

---

[157] SOARES, 1982, p. 80.

[158] FONSECA, Celso S. da. *História do ensino industrial no Brasil.* v. 1. Rio de Janeiro: Tip. da Escola Técnica Nacional, 1961.

Em que pese o aumento da complexidade para a seleção dos docentes, que confere um ar de especialidade à profissão, o conhecimento sobre as suas condições de contratação e de remuneração é de que, "[...] embora tivessem uma contribuição a prestar ao desenvolvimento embrionário da indústria brasileira, [...] não eram bem remunerados"[159], o que amplia o quadro da sua desprofissionalização.

Teodoro[160] calculou que os salários dos professores, na Escola de Aprendizes Artífices do Pará, "[...] eram 20% menores que o escriturário e 25% maiores que o porteiro embora todos fizessem jornada de cinco horas diárias, o que demonstra a desvalorização salarial docente", precariedade também identificada na Escola de Aprendizes Artífices da Paraíba, denunciada inclusive em relatório de inspetoria do governo federal, segundo Ferreira, A.[161].

Além do mais, pela legislação, os contratos de trabalho dos mestres das oficinas não poderiam durar mais de quatro anos[162]. Essa condição indefinida da contratação trabalhista do corpo docente, na legislação federal, perdurou até os anos 1970, quando se iniciaram os enquadramentos como funcionários públicos estáveis da União, para este público.

No final dos anos de 1930, a Lei n.º 378, de 13 de janeiro de 1937,[163] transformou as Escolas de Aprendizes Artífices em Liceus Industriais. Aqui, para além do valor simbólico com a mudança de nome, foi alterada a sua institucionalidade quanto à oferta dos cursos, não mais de nível primário, mas de pós-primário, o que, de acordo com Cunha[164], representou um incremento à complexidade do trabalho nessas instituições.

Talvez devido a pouca duração da institucionalidade dos liceus, de apenas cinco anos, não foram observadas mudanças na legislação sobre o trabalho docente. Como culturas institucionais não se transformam tão rapidamente, não é difícil supor que ainda tenham prevalecido a tônica

---

[159] GURGEL, Rita Diana de F. *A trajetória da Escola de Aprendizes Artífices de Natal:* República, Trabalho e Educação (1909 - 1942). 2007. Tese (Doutorado em Educação) – Faculdade de Educação, Universidade Federal do Rio Grande do Norte, Natal, 2007.

[160] TEODORO, 2006, p. 30.

[161] FERREIRA, Almiro de S. A Escola de Aprendizes Artífices no Estado da Paraíba: processos disciplinares e de reordenamento para o trabalho assalariado no Nordeste (1910-1940). *Série Documental/Relatos de Pesquisa*, n. 19, p. 25-37, jul. 1994.

[162] BRASIL, 1909a.

[163] BRASIL. Lei n.º 378, de 13 de janeiro de 1937. Dá nova organização ao Ministério da educação e Saúde Pública. *Diário Oficial da União*: seção 1, Rio de Janeiro, DF, p. 1.210, 15 jan. 1937b.

[164] CUNHA, Luiz Antônio. Professores e modelos estrangeiros para a Educação profissional brasileira. *Interseções*, Rio de Janeiro, v. 14, n. 2, p. 372-407, dez. 2012.

da formação como assistência social, inclusive porque a Constituição da República de 1937[165] manteve a educação profissional apenas aos desvalidos de fortuna. Na letra da lei: "[...] O ensino prevocacional [sic] profissional destinado às [sic] classes menos favorecidas é, em materia [sic] de educação, o primeiro dever de Estado".

Das institucionalidades das Escolas de Aprendizes Artífices e dos Liceus Industriais, portanto, a profissionalidade de seus docentes ainda estava sendo estabelecida e comportava uma diferenciação interna entre professores e mestres de oficinas, mas importa considerar que já se formava um conjunto de trabalhadores vinculados às instituições e às suas propostas educativas que atuavam na formação dos "desfavorecidos da fortuna"[166], pessoas que dificilmente conseguiriam galgar os bancos universitários – inclusive porque legalmente neste país, somente na década de 1940[167], via decreto e ratificada em lei nos anos 1950, seria admitida alguma articulação entre a educação profissional e o prosseguimento nos estudos de educação superior, ainda que parcial e com critérios limitantes, quando a Lei n.º 1.076, de 31 de março de 1950[168], assegurou "aos estudantes que concluírem curso de primeiro ciclo do ensino comercial, industrial ou agrícola, o direito à matrícula nos cursos clássico e científico".

Nos anos de 1940, os Liceus Industriais foram transformados em Escolas Industriais e Técnicas Federais[169], as quais, diferente das formas anteriores, se subordinavam ao Ministério da Educação. A essa altura o país já avançava no seu processo de industrialização e a educação profissional ganhou uma tônica mais forte de qualificação de mão de obra para esse setor e também de contenção das pressões de jovens trabalhadores por ampliação do acesso à universidade[170].

---

[165] BRASIL. Constituição da República dos Estados Unidos do Brasil, decretada pelo Presidente da República em 10.11.1937. *Diário Oficial da União*: Rio de Janeiro, DF, seção 1, p. 22.359, 10 nov. 1937a. art. 129.

[166] BRASIL, 1909a.

[167] BRASIL. Decreto-Lei n° 4.127, de 25 de fevereiro de 1942. Estabelece as bases de organização da rede federal de estabelecimentos de ensino industrial. *Diário Oficial da União*: seção 1, Rio de Janeiro, DF, p. 2.957, 27 fev. 1942. Art. 18, inciso III.

[168] BRASIL. Lei n.º 1.076, de 31 de março de 1950. Assegura aos estudantes que concluírem curso de primeiro ciclo do ensino comercial, industrial ou agrícola, o direito à matrícula nos cursos clássico e científico e dá outras providências. *Diário Oficial da União*: seção 1, Rio de Janeiro, DF, p. 5.425, 12 abr. 1950.

[169] BRASIL, 1942.

[170] TAVARES, Moacir G. Evolução da Rede Federal de Educação Profissional e Tecnológica: as etapas históricas da formação profissional no Brasil. *In*: IX ENCONTRO DA ASSOCIAÇÃO NACIONAL DE PESQUISA E PÓS-GRADUAÇÃO EM EDUCAÇÃO DA REGIÃO SUL (ANPEdSUL). *Anais* [...]. Caxias do Sul: UCS, 2012. p. 1-21.

Desse período também se destacou um marco pertinente às institui-ções de Educação Profissional voltadas às ruralidades: junto à decretação da Lei Orgânica do Ensino Agrícola, de 1946[171], em 1947[172] foi estabelecida a rede de ensino agrícola nacional, a partir do Decreto n° 22.470, de 20 de janeiro de 1947, sendo criados 10 estabelecimentos junto ao Ministério da Agricultura e mais 20 em parceria com governos estaduais, entre escolas agrotécnicas, agrícolas e de iniciação agrícola.

A institucionalização dessa rede representou um avanço para a cons-tituição da educação profissional brasileira, em que pese a formação pro-fissional ser considerada muito mais como uma pauta do desenvolvimento agrícola do que propriamente educacional para o país; sendo indicativo disso a vinculação dessas instituições ao Ministério da Agricultura e aos governos estaduais e não ao Ministério da Educação, como a essa altura já o eram as instituições de educação profissional do ramo industrial. Somente em 1973, dezesseis anos mais tarde, foi criada a Coordenação Nacional do Ensino Agrícola (Coagri) no âmbito do então Ministério da Educação e Cultura[173].

Retomando a cronologia dos acontecimentos em torno das instituições federais de educação profissional, em 1959 as escolas federais de ensino industrial passaram a ser chamadas como Escolas Técnicas Federais (ETFs), foram promovidas a autarquias, sendo geridas por um conselho de repre-sentantes e com autonomia legal para organizar seus quadros de pessoal docente e administrativo – respeitados alguns limites colocados em lei[174].

A organização como ETFs foi um marco importante porque abriu caminhos para essas instituições serem inseridas em processos de formação mais complexos, a exemplo da autorização oficial para início da oferta de cursos superiores de curta duração, dada pelo Decreto-Lei n.º 547, de 18

---

[171] BRASIL. Decreto-Lei n.º 9.613, de 20 de agosto de 1946. Lei Orgânica do Ensino Agrícola. *Diário Oficial da União*: seção 1, Rio de Janeiro, DF, p. 12.019, 23 ago. 1946.

[172] BRASIL. Decreto n° 22.470, de 20 de janeiro de 1947. Fixa a rede de estabelecimento de ensino agrícola no território nacional. *Diário Oficial da União*: seção 1, Rio de Janeiro, DF, p. 1.017, 23 jan. 1947.

[173] BRASIL. Decreto n.º 72.434, de 9 de julho de 1973. Cria a Coordenação Nacional do Ensino Agrícola – Coagri – no Ministério da Educação e Cultura, atribuindo-lhe [sic] autonomia administrativa e financeira e dá outras providências. *Diário Oficial da União*: seção 1, Brasília, DF, p. 6.652, 10 jul. 1973.

[174] BRASIL. Lei n° 3.552, de 16 de fevereiro de 1959. Dispõe sobre nova organização escolar e administrativa dos estabelecimentos de ensino industrial do Ministério da Educação e Cultura, e dá outras providências. *Diário Oficial da União*: seção 1, Rio de Janeiro, DF, p. 3.009, 17 fev. 1959.

de abril de 1969[175], como reportado por Brandão, M.[176] sobre a implantação do curso de Engenharia de Operação na antiga ETF do Rio de Janeiro. Sobre esse período, é preciso lembrar que havia um contexto nacional e educacional efervescente de pressões populares pela ampliação do direito à educação pública e tentativas de organização da classe trabalhadora em lutas por melhores condições de vida e de trabalho, acossadas pelo golpe civil-militar de 1964 e posteriormente ressignificadas pela longa ditadura dos anos 1960-1990, inclusive com centralidade sobre a educação profissional, como informam os estudos de Cunha e Góes[177], Reis, D.[178] e Cunha[179].

Quanto ao trabalho docente nas instituições federais de educação profissional nesse período, foi sob a institucionalidade das ETFs que se conseguiu o reconhecimento de seu estatuto profissional, como funcionários do estado. Conforme as análises de Nóvoa[180], no desenvolvimento da profissão docente europeia a funcionarização – quando um grupo profissional se torna funcionário do estado – significa também um processo de profissionalização; embora subordinados ao poder estatal, os docentes deixam de ser selecionados e controlados pela comunidade e, no caso em tela, pelos mandos e desmandos políticos locais.

3.1.2 A carreira de magistério de 1º e 2º Graus

Os primeiros arranjos – ainda que indiretos – que levaram à constituição de um corpo profissional estável nas instituições federais de educação profissional, remontam à Lei n° 3.780, de 12 de julho de 1960[181], que, em uma primeira classificação de cargos do serviço público brasileiro, previa que os de magistério seriam regulados por leis específicas.

---

[175] BRASIL. Decreto-Lei n.º 547, de 18 de abril de 1969. Autoriza a organização e o funcionamento de cursos profissionais superiores de curta duração. Diário Oficial da União: seção 1, Brasília, DF, p. 3.377, 22 abr. 1969.

[176] BRANDÃO, Marisa. O Curso de Engenharia de Operação (anos 1960/1970) e sua relação histórica com a criação dos Cefets. Revista Brasileira da Educação Profissional e Tecnológica, Natal, v. 2, n. 2, p. 55-77, 2009b.

[177] CUNHA, Luiz Antônio; GÓES, Moacyr de. O golpe na educação. 11. ed. Rio de Janeiro: Jorge Zahar, 2002.

[178] REIS, Daniel A. Ditadura militar, esquerdas e sociedade. 3. ed. Rio de Janeiro: Jorge Zahar, 2005.

[179] CUNHA, Luiz Antônio. O legado da ditadura para a educação brasileira. Educação & Sociedade, v. 35, n. 127, p. 357-377, abr./jun. 2014.

[180] NÓVOA, 1991.

[181] BRASIL. Lei n° 3.780, de 12 de julho de 1960. Dispõe sôbre [sic] a Classificação de Cargos do Serviço Civil do Poder Executivo, estabelece os vencimentos correspondentes e dá outras providências. Diário Oficial da União: seção 1, Brasília, DF, p. 10.101, 12 jul. 1960.

Não obstante, segundo Bomfim[182], essa legislação foi ineficaz porque lhe faltou flexibilidade para "[...] acompanhar as mutações que o progresso tecnológico irá impondo ao serviço público". Conforme Rosa[183] e Mattos[184], a partir da Constituição de 1967 é que se passou a requerer mais formalmente a aprovação em concursos para ingresso em quaisquer cargos do funcionalismo público federal[185].

Nos anos 1970, a Lei n.º 5.645, de 10 de dezembro de 1970[186], outra legislação do funcionalismo público federal, previu que os cargos federais de magistério de todos os níveis de ensino deveriam integrar uma carreira, o que veio a ser estabelecido a primeira vez pelo Decreto n.º 74.786, de 29 de outubro de 1974[187], com as definições do chamado "Grupo-Magistério", que incluía, entre as categorias funcionais desse grupo, a de "professor de ensino de 1º e 2º graus". Até então os docentes eram contratados pela legislação trabalhista comum.

Conforme esse decreto, poderiam ser enquadrados na Categoria Funcional "professor de ensino de 1º e 2º graus" os docentes contratados que possuíssem as condições de formação inerentes ao cargo – ou seja, aqueles com formação em 2º grau ou em curso superior de licenciatura de 1º grau deveriam atuar apenas nos cursos de 1º grau; outros com formação em licenciatura plena poderiam atuar nos cursos de 1º e 2º graus – e se naquele período estivessem ministrando aulas ou exercendo funções técnico-administrativas e pedagógicas nas próprias instituições. Docentes que já atuavam nessas instituições, mas não atendiam a esses critérios teriam que prestar concurso público para serem efetivados na carreira.

No total, foram enquadrados 17 cargos docentes que já existiam na carreira de professor de ensino de 1º e 2º graus: professor de Ensino

---

[182] BOMFIM, Edson R. O plano de classificação de cargos. *R. Dir. adm.*, Rio de Janeiro, n. 26, p. 631-651, out./dez. 1976. p. 638.

[183] ROSA, Dênerson D. O concurso público como princípio constitucional e a promoção interna para cargos organizados em carreira. *Direito constitucional*, 30 ago. 2002.

[184] MATTOS, Fernando Augusto M. de. Trajetória do emprego público no Brasil desde o início do século XX. *Ensaios FEE*, Porto Alegre, v. 36, n. 1, p. 91-122, jun. 2015.

[185] Ainda que, no caso das carreiras docentes das instituições federais de educação, possa ser observado na legislação o enquadramento de profissionais que estavam a ocupar esses cargos até o final dos anos 1980.

[186] BRASIL. Lei n.º 5.645, de 10 de dezembro de 1970. Estabelece diretrizes para a classificação de cargos do Serviço Civil da União e das autarquias federais, e dá outras providências. *Diário Oficial da União*: seção 1, Brasília, DF, p. 10.537, 11 dez. 1970.

[187] BRASIL. Decreto n.º 74.786, de 29 de outubro de 1974. Dispõe sobre o Grupo-Magistério do Serviço Civil da União e das Autarquias federais, a que se refere o artigo 2º da Lei n.º 5.645, de 10 de dezembro de 1970, e dá outras providências. *Diário Oficial da União*: seção 1, Brasília, DF, p. 12.301, 30 out. 1974.

Segundário [sic]; professor de Ensino Comercial; professor de Ensino Agrícola Técnico; professor de Ensino Industrial Técnico; professor de Práticas Educativas (Música, Canto Orfeônico e Educação Física); professor de Ensino Especializado; professor de Ensino Agrícola Básico; professor de Ensino Industrial Básico; professor de Ofícios; professor de Cursos Isolados; professor de Ensino Completar [sic]; professor de Música; professor de Dança; instrutor de Dança; professor de Arte Dramática; instrutor de Arte Dramática; professor de Ensino Pré-Primário e Primário.

Anos depois, essas definições da carreira foram complementadas em leis específicas, tendo sido fixados os regimes de trabalho em contratações de vinte ou quarenta horas semanais, com o Decreto n.º 85.712, de 16 de fevereiro de 1981[188] e determinados novos enquadramentos de "[...] Professores Colaboradores [...] mediante processo seletivo específico" para integrar o quadro efetivo das instituições, com o Decreto-Lei n.º 1.858, de 16 de fevereiro de 1981[189].

A prerrogativa de autonomia institucional e a oferta de cursos de graduação curta de Engenharia de Operação, nas ETFs, contribuíram para gestar-se uma institucionalidade diferenciada junto a três delas[190], as quais, pela Lei n° 6.545, de 30 de junho de 1978[191], foram transformadas nos Cefets do Rio de Janeiro, Minas Gerais e Paraná. Estes centros foram caracterizados em torno da oferta de Educação Profissional Técnica e Tecnológica de graduação, pós-graduação, cursos técnicos de nível médio e de formação continuada. Apostava-se no sucesso dessa institucionalidade pela verticalização do ensino sem aumento de custos. De acordo com o projeto de lei[192] que os criou, expectava-se "[...] um novo tipo de estabelecimento de ensino tecnológico, que proporcionará uma integração vertical entre os vários níveis de formação, com a otimização do aproveitamento dos recursos materiais e humanos já existentes".

---

[188] BRASIL. Decreto n.º 85.712, de 16 de fevereiro de 1981. Dispõe sobre a Carreira do Magistério de 1º e 2º Graus do Serviço Público Civil da União e das Autarquias Federais, e dá outras providências. *Diário Oficial da União*: seção 1, Brasília, DF, p. 3.311, 17 fev. 1981a.

[189] BRASIL. Decreto-Lei n.º 1.858, de 16 de fevereiro de 1981. Reestrutura a carreira do Magistério de 1º e 2º Graus do Serviço Público Civil da União e da [sic] Autarquias Federais, e dá outras providências. *Diário Oficial da União*: seção 1, Brasília, DF, p. 3.309, 16 fev. 1981b. art. 7°.

[190] Cf. BRANDÃO, M., 2009b.

[191] BRASIL. Lei nº 6.545, de 30 de junho de 1978. Dispõe sobre a transformação das Escolas Técnicas Federais de Minas Gerais, do Paraná e Celso Suckow da Fonseca em Centros Federais de Educação Tecnológica e dá outras providências. *Diário Oficial da União*: seção 1, Brasília, DF, p. 10.233, 4 jul. 1978a.

[192] BRASIL. *Projeto de Lei n° 4.977, de 4 de maio de 1978*. Dispõe sobre a transformação das Escolas Técnicas Federais de Minas Gerais, do Paraná e Celso Suckow da Fonseca em Centros Federais de Educação Tecnológica e dá outras providências. Brasília: Câmara dos Deputados, 1978b. p. 1-77. p. 16.

Entretanto, com relação ao trabalho docente nesses três primeiros Cefets, abrigaram-se duas carreiras distintas para atender à diversidade dos cursos ofertados, de magistério de 1º e 2º graus e de magistério superior, evidenciando que sob esse tipo de instituição a verticalização teve mais sentido quanto à oferta de cursos para os estudantes e ao uso dos espaços formativos do que quanto à utilização de uma mesma força de trabalho docente.

Na regulamentação posterior desses três primeiros Cefets, como o Decreto n.º 87.310, de 21 de junho de 1982[193], no que tange ao então ensino de 2º grau, sua atuação voltou-se muito mais para a formação apenas técnica e tecnológica do que para a educação profissional integrada à formação básica propedêutica, o que ficou explícito nas suas características de "[...] integração do ensino técnico de 2º grau com o ensino superior", "[...] ensino superior como continuidade do ensino técnico de 2º grau, diferenciado do sistema de ensino universitário" e "[...] atuação exclusiva na área tecnológica".

Lima Filho[194] analisa nessa transformação institucional dos primeiros Cefets uma tentativa de expandir o ensino superior público não universitário no Brasil com cursos de menor duração e diferenciados dos tradicionalmente ofertados nas universidades, em acordo com tendências apontadas pela Reforma Universitária de 1968 e pela agenda de organismos internacionais como o Banco Interamericano de Desenvolvimento (BID), o Banco Internacional para Reconstrução e Desenvolvimento (BIRD) e o Fundo Monetário Internacional (FMI) para a educação na América Latina, nesse período.

Para refletir sobre a criação dessa institucionalidade tomo de Elias[195] a ideia de que atos individuais interdependentes moldam processos sociais, ainda que os indivíduos, ao fazê-lo, não tenham consciência direta das implicações desses seus atos. No contexto em discussão, percebe-se que a criação dos Cefets do Rio de Janeiro, Minas Gerais e Paraná abriu possibilidades para se pensar uma institucionalidade verticalizada, transversal aos dois níveis de ensino no país, a partir da oferta tanto de cursos técnicos de nível médio quanto de educação superior em uma mesma instituição; porém, à

---

[193] BRASIL. Decreto N.º 87.310, de 21 de junho de 1982. Regulamenta a Lei n.º 6.545, de 30 de junho de 1978, e dá outras providências. *Diário Oficial da União*: seção 1, Brasília, DF, p. 11.496, 23 jun. 1982. Art. 3º, incisos I, II e IV.
[194] LIMA FILHO, Domingos L. Condicionantes do financiamento internacional do ensino técnico: a história dos Cefets e a origem do modelo alternativo de ensino superior não-universitário. *In*: III CONGRESSO BRASILEIRO DE HISTÓRIA DA EDUCAÇÃO. *Anais* [...]. Curitiba: PUC-PR: SBHE, 2004. p. 1-21.
[195] ELIAS, 2006.

época, com um corpo docente separado por carreiras distintas, consoantes aos níveis de ensino em que atuavam. Assim, os IFs só representam uma inovação no contexto educacional brasileiro por terem conseguido verticalizar também o trabalho do seu corpo docente.

Outra experiência da institucionalidade dos três primeiros Cefets veio a influenciar a criação dos IFs, desta vez pela contradição. Dada a forma como essas instituições foram sendo organizadas no "chão da escola", foram distanciando-se da oferta do Ensino Médio Técnico Integrado à Educação Básica[196], de modo que essa separação se ampliou nos anos de 1990 com a chamada "cefetização" e algumas instituições chegaram aos anos 2000 sem mais ofertar o ensino médio integrado, salvo exceções de resistência que a mantiveram, a exemplo do antigo Cefet de Santa Catarina, segundo Moraes, G. e Kipnis[197]. No processo histórico, os IFs retomam essa oferta como expressão fundamental da sua institucionalidade.

Retomando ao trabalho dos docentes, em 1987 a carreira de magistério de 1º e 2º graus foi reformulada com o Plano Único de Classificação e Retribuição de Cargos e Empregos (PUCRCE), a partir do Decreto nº 94.664, de 23 de julho de 1987[198], incluindo as carreiras dos docentes do ensino superior e dos servidores TAEs das IFEs. A criação desse plano contou com a pressão de organizações representativas dos servidores dessas categorias mediante uma intensa greve de quarenta e quatro dias, segundo Monte[199].

Importa à presente discussão que, por meio dessa legislação, foram definidas como atividades próprias da carreira de magistério de 1º e 2º graus as de ensino, pesquisa, cursos e serviços à comunidade, com prioridade da primeira sobre as demais, bem como atividades relacionadas à gestão das instituições. Nos regimes de trabalho, foi acrescentada a possibilidade de contratação sob o regime de DE, que não existia anteriormente. Quanto ao ingresso na carreira, manteve-se a determinação da legislação anterior de necessidade de concurso público; porém, logo depois, o Decreto n.º

---

[196] DOMINGOS SOBRINHO, Moisés. *Universidade Tecnológica ou Instituto Federal de Educação, Ciência e Tecnologia?* Brasília: Setec/MEC, 2008.

[197] MORAES, Gustavo Henrique; KIPNIS, Bernardo. Identidade de Escola Técnica *vs* Vontade de Universidade nos Institutos Federais: uma abordagem histórica. *Linhas Críticas*, Brasília, DF, v. 23, n. 52, p. 693-716, jun./set. 2017.

[198] BRASIL. Decreto nº 94.664, de 23 de julho de 1987. Aprova o Plano Único de Classificação e Retribuição de Cargos e Empregos de que trata a Lei n.º 7.596, de 10 de abril de 1987. *Diário Oficial da União*: seção 1, Brasília, DF, p. 11.768, 24 jul. 1987a.

[199] MONTE, Emerson D. A política salarial da carreira docente unificada nas Universidades Federais: estagnação ou avanços? *In*: VIII JORNADA INTERNACIONAL POLÍTICAS PÚBLICAS. *Anais* [...]. São Luís: UFMA, 2015. p. 1-13.

94.916, de 18 de setembro de 1987,[200] permitiu que fossem admitidos novos enquadramentos de docentes contratados que estivessem em exercício nessas instituições até o dia 1º de abril de 1987.

Em relação a essa legislação, é possível observar que houve uma complexificação tanto da carreira quanto da condição do trabalho docente nessas instituições. Mas os anos posteriores ainda trariam novidades.

Com a consolidação dos primeiros Cefets, outras proposições institucionais vieram a acontecer. Em 1989 e 1993, respectivamente, as ETFs do Maranhão e da Bahia também foram transformadas no Cefet Maranhão[201] e Cefet Bahia[202]. E entre os anos 1994 e 1999, em meio a um período que Tavares, M.[203] define como de "[...] estagnação da Rede Federal de Educação Profissional", a partir da Lei n° 8.948, de 8 de dezembro de 1994,[204] deu-se um amplo processo de "cefetização", ou seja, de novas transformações institucionais que criaram o Sistema Nacional de Educação Tecnológica e tornaram em Cefets todas as antigas ETFs e algumas EAFs[205].

Os Cefets criados nos anos 1990 diferenciavam-se dos três primeiros criados em 1978. Segundo Otranto[206], os mais antigos gozavam de um "[...] status, considerado superior dentro da educação profissional". Para Campello[207], essas diferenças diziam respeito à concepção de instituição, às finalidades de oferta e à qualidade dos cursos superiores em umas e outras instituições. Uma expressão importante – e polêmica – dessa institucionalidade nos anos 1990, foi a determinação no art. 47 da Lei n.º 9.649, de 27

---

[200] BRASIL. Decreto n.º 94.916, de 18 de setembro de 1987. Dá nova redação ao artigo 52 do Plano Único de Classificação e Retribuição de Cargos e Empregos, aprovado pelo Decreto n.º 94.664, de 23 de julho de 1987. *Diário Oficial da União*: seção 1, Brasília, DF, p. 15.293, 21 set. 1987b.

[201] BRASIL. Lei n° 7.863, de 31 de outubro de 1989. Dispõe sobre a transformação da Escola Técnica Federal do Maranhão em Centro Federal de Educação Tecnológica. *Diário Oficial da União*: seção 1, Brasília, DF, p. 19.777, 1 nov. 1989.

[202] BRASIL. Lei n.º 8.711, de 28 de setembro de 1993. Dispõe sobre a transformação da Escola Técnica Federal da Bahia em Centro Federal de Educação Tecnológica e dá outras providências. Diário Oficial da União: seção 1, Brasília, DF, p. 14.533, 29 set. 1993b.

[203] TAVARES, M., 2012, p. 7-8.

[204] BRASIL. Lei n° 8.948, de 8 de dezembro de 1994. Dispõe sobre a instituição do Sistema Nacional de Educação Tecnológica e dá outras providências. *Diário Oficial da União*: seção 1, Brasília, DF, n. 233, p. 18.882, 9 dez. 1994.

[205] Para estas, somente se fossem aprovadas em avaliação de desempenho do MEC.

[206] OTRANTO, Celia Regina. A política de educação profissional do governo Lula. *In*: 34ª REUNIÃO ANUAL DA ANPEd. *Anais* [...]. Natal: UFRN: Anped, 2011. p. 1-17. p. 6, grifo da autora.

[207] CAMPELLO, Ana Margarida. "Cefetização" das Escolas Técnicas Federais: projetos em disputa, nos anos 1970 e nos anos 1990. *Educ. Tecnol.*, Belo Horizonte, v. 12, n. 1, p. 26-35, jan./abr. 2007.

de maio de 1998[208], da impossibilidade de expandir a oferta de educação profissional nessas instituições, a não ser por meio de parcerias com outras instituições públicas e/ou privadas.

Arcary[209] retrata que esse foi um período de grandes enfrentamentos políticos nas instituições federais de educação, com arrochos salariais aos servidores e denúncias de corrupção na gestão da secretaria então responsável pela educação profissional no MEC. Esse contexto encontrou, por parte de servidores e estudantes, resistências organizadas ao modelo de gestão como fundações privadas, havendo greves quase anuais nas IFEs.

A partir da metade dos anos 2000, com mudanças na correlação de forças sobre os rumos das instituições federais de educação profissional e tecnológica, duas novas institucionalidades foram gestadas.

A primeira, de universidade especializada, materializada na transformação do antigo Cefet do Paraná na UTFPR, cujos objetivos, por lei[210], abarcam a oferta de cursos de graduação (inclusive licenciaturas), pós-graduação (inclusive licenciaturas), cursos técnicos de nível médio – prioritariamente na forma integrada à educação básica – e de formação continuada, além do desenvolvimento de pesquisas aplicadas e atividades de extensão.

Com a criação da UTFPR foi colocado em expectativa a transformação dos demais Cefets da época a esse modelo. Foram realizados eventos e publicados trabalhos acadêmicos sobre o tema, como informam Lima Filho e Tavares[211], Pacheco, Caldas e Domingos Sobrinho[212]. Os Cefets do Rio de Janeiro (Cefet-RJ) e de Minas Gerais (Cefet-MG) se mobilizaram pela transformação em Universidades Tecnológicas Federais – o primeiro chegou a encaminhar Projeto de Lei[213], que seguia arquivado até o final

---

[208] BRASIL. Lei n.º 9.649, de 27 de maio de 1998. Dispõe sobre a organização da Presidência da República e dos Ministérios, e dá outras providências. *Diário Oficial da União*: seção 1, Brasília, DF, n. 100, p. 5-13, 28 maio 1998.

[209] ARCARY, Valério. Uma nota sobre os Institutos Federais em perspectiva histórica. *Esquerda online*, 23 mar. 2015.

[210] BRASIL. Lei n° 11.184, de 7 de outubro de 2005. Dispõe sobre a transformação do Centro Federal de Educação Tecnológica do Paraná em Universidade Tecnológica Federal do Paraná e dá outras providências. *Diário Oficial da União*: seção 1, Brasília, DF, n. 195, p. 1-2, 10 out. 2005.

[211] LIMA FILHO, Domingos L.; TAVARES, Adilson Gil (org.). *Universidade tecnológica*: concepções, limites e possibilidades. Curitiba: Sindocefet-PR, 2006.

[212] PACHECO, Eliezer M.; CALDAS, Luiz; DOMINGOS SOBRINHO, Moisés. Institutos federais de educação, ciência e tecnologia: limites e possibilidades. *In*: PACHECO, Eliezer M.; MORIGI, Valter (org.). *Ensino técnico, formação profissional e cidadania*: a revolução da educação profissional e tecnológica no Brasil. Porto Alegre: Tekne, 2012, p. 15-31.

[213] BRASIL. *Projeto de Lei n° 4.661/2004*. Dispõe sobre a transformação do Centro Federal de Educação Tecnológica de Nilópolis em Universidade Tecnológica do Rio de Janeiro. Brasília: Câmara dos Deputados, 2004.

desta pesquisa e o segundo organizou um projeto inicial[214] – e, por isso, de acordo com Mol[215], não aderiram à chamada ifetização.

A materialização da institucionalidade "Universidade Tecnológica", ou seja, a forma como a política de criação da UTFPR foi interpretada e construída pelos sujeitos implicados, permeou um debate sobre a(s) identidade(s) das instituições de educação profissional e tecnológica brasileiras e a que projeto educacional deveriam servir. A análise de Ciavatta[216], feita no calor da aprovação desse modelo de institucionalidade, contribui com ressalvas quanto a essa transformação e problematiza questões pertinentes, como a concepção de educação e de formação humana que esse projeto encerra, a expectativa de uma "diferenciação para cima" com a priorização de uma educação "superior" em detrimento da educação "técnica", entre outros aspectos.

A docência nas instituições federais de educação profissional e tecnológica também passou por mudanças importantes nos anos 2000. Houve uma primeira reestruturação da carreira e da remuneração, com a Lei n° 11.344, de 8 de setembro de 2006[217], que confirmou determinações anteriores de ingresso somente por concurso público de provas e títulos, porém, com requisitos ampliados, de formação em cursos de licenciatura plena ou equivalente, especialização, mestrado ou doutorado. Também foram mantidos o nome da carreira, como de magistério de 1° e 2° graus e as definições quanto aos regimes de trabalho e à atuação nos cursos de 1° e 2° graus. Mas essa reestruturação não durou muito tempo, só o necessário para a nova institucionalidade dos Institutos Federais ser colocada em cena, como se verá adiante.

Observando os antecedentes dos IFs e da carreira de magistério do EBTT, é de notar-se que foram constituídos sob um processo histórico de demandas de formação profissional, inicialmente, como assistência social às pessoas mais pobres das capitais dos estados, depois como qualificação

---

[214] CEFET-MG. *Projeto de transformação do Centro Federal de Educação Tecnológica de Minas Gerais - CEFET-MG em Universidade Tecnológica Federal de Minas Gerais – UTFMG.* Belo Horizonte: CEFET-MG, 2009.

[215] MOL, Vanessa. "Já temos estrutura e funcionamento de uma universidade": entrevista com Prof.ª Maria Rita Neto Salles Oliveira. *Cefet-MG é notícia*, p. 8, mar. 2010.

[216] CIAVATTA, Maria. Os Centros Federais de Educação Tecnológica e o ensino superior: duas lógicas em confronto. *Educação & Sociedade*, Campinas, v. 27, n. 96 - Especial, p. 911-934, out. 2006. p. 914.

[217] BRASIL. Lei n° 11.344, de 8 de setembro de 2006. Dispõe sobre a reestruturação das carreiras [...] de Magistério de Ensino Superior e de Magistério de 1° e 2° Graus e da remuneração dessas carreiras [...], e dá outras providências. *Diário Oficial da União*: seção 1, Brasília, DF, n. 174, p. 1-8, 11 set. 2006b.

da força de trabalho da indústria então nascente até as demandas mais complexas da sociedade contemporânea.

A criação dos IFs, em especial aqueles cuja criação remonta às primeiras Escolas de Aprendizes Artífices de 1909, não significou uma ruptura total com as institucionalidades precedentes, ao contrário, carregam em suas identidades o acúmulo dessas mudanças institucionais, que não deixam de ser uma expressão de vários projetos de educação profissional, científica e tecnológica da sociedade brasileira – com todas as suas contradições.

Com isso não estou significando que a cultura institucional dos IFs permanece a mesma que a das institucionalidades anteriores, mas que cada instituto possui um processo histórico de constituição e, portanto, seria coerente falar, no limite e forçosamente, até de uma transformação institucional, mas não de uma "revolução"[218], como talvez tenham querido os seus idealizadores. Argumento para tal, que a identidade institucional de cada um dos IFs carrega em si as identidades que lhes antecederam, o que não anula a existência de conflitos, entre uma adesão à nova e um apego à antiga institucionalidade.

A ilustração a seguir traz a interdependência entre essas diversas institucionalidades que compuseram os IFs, talvez mais concretamente para algumas delas do que para outras, mas sem perder de vista que se trata de um mesmo arcabouço de orientação das políticas para a educação profissional, científica e tecnológica brasileira (Figura 5).

Figura 5 – A interdependência entre as institucionalidades que constituíram os IFs

Fonte: dados da pesquisa (2019)

---
[218] PACHECO, Eliezer M. *Os Institutos Federais*: uma revolução na Educação Profissional e Tecnológica. Natal: IFRN, 2010.

Da mesma forma, a profissionalidade dos docentes dessas instituições também carrega, entre movimentos de profissionalização e de desprofissionalização, as diferentes configurações históricas que lhe antecederam. Inicialmente como docentes sem uma carreira e contratados conforme a legislação trabalhista geral. Porém, com muitas lutas desses próprios sujeitos, após sessenta e cinco anos dessas instituições, passaram a docentes estatutários do funcionalismo público federal. E, depois, com atividades mais complexas a realizar.

Olhando para a história, a atuação desses profissionais docentes foi sendo alterada conforme mudaram os objetivos institucionais: quando das Escolas de Aprendizes Artífices, atuação de nível educacional primário e formação profissional para o trabalho manual; quando das instituições como os Liceus Industriais, Escolas Técnicas e Industriais, Escolas Agrícolas e Agrotécnicas e as Escolas Técnicas Federais, com mais complexidade de cursos ofertados, atuação na educação profissional dos vários ramos e graus, equivalentes à época ao 1º e 2º graus; quando das Escolas Técnicas e Agrotécnicas Federais e Cefets, atuação com prioridade para o ensino, mas que também já incluía realizar pesquisas, ofertar cursos e serviços e participar da gestão institucional.

Sob essas mudanças institucionais, os docentes passaram de contratações inicialmente como horistas para, posteriormente, trabalhadores efetivos no Serviço Público Federal, em regimes de vinte ou quarenta horas semanais de trabalho e, finalmente, no final dos anos de 1980, com possibilidade de contração pelo regime de Dedicação Exclusiva (Quadro 3).

Quadro 3 – Configurações da docência nas instituições federais de educação profissional (Brasil, 1909-2008)

1. Da Docência sem carreira (1909-1974)					
Institucio-nalidade	Marco Legal	Forma de Ingresso	Requi-sitos de formação	Regi-mes de trabalho	Atuação
Escolas de Aprendizes Artífices	Criação das Escolas e previsão do pessoal docente (1909)	Contratação	Curso Normal ou de Desenho; Experiência profissional	Horista (não-estatu-tário)	Ensino nos cursos primário e de desenho; Oficinas de trabalho manual
	"Consolidação dos dispositivos concernentes às Escolas de Aprendizes Artífices" (1926)	Seleção pública			
Liceus Industriais; Escolas Técnicas e Industriais; Escolas Agrícolas e Agrotécnicas; Escolas Técnicas Federais	Transformação em Liceus Industriais (1937)				Ensino profissional dos vários ramos e graus

2. Da carreira de Magistério de 1º e 2º Graus (1974-2008)				
Institu-cionali-dade	**Marco Legal**	**Forma de Ingresso**	**Requisitos de formação**	**Regi-mes de trabalho**	**Atuação**
ETFs	Plano de Carreira do "Grupo-Magistério" (1974)	Enquadra-mento;	2º grau; Licenciatura de 1º grau; Licenciatura plena	-	Ensino de 1º e 2º graus, básico e profissional
	Decreto que complementa a Carreira (1981a)	Concurso ou seleção pública		20h / 40h	
ETFs; EAFs; Cefets	PUCRCE (1987)	Concurso Público; Enquadra-mento (até 01/04/1987)		20h / 40h / DE	Ensino (prioritário); Pesquisa; Cursos e serviços à comunidade; Gestão
	Reestrutura-ção da carreira (2006)	Concurso Público de provas e títulos	Licenciatura plena ou equivalente; Especialização, Mestrado ou Doutorado		

Fonte: Brasil (1909a; 1909b; 1911; 1937b; 1974; 1981a; 1987; 2006)[219]

Ao chegar a 2008, as instituições federais já contavam com um reconhecimento social da sua qualidade e um corpo docente com qualificação superior às demais escolas de educação básica profissional brasileiras. Esses antecedentes, dentre outros, constituíram as condições para se poder pensar na política dos Institutos Federais.

---

[219] BRASIL, 1909a; 1909b; 1911; 1937b; 1974; 1981a; 1987; 2006.

3.2 Os IFs

Afinal, o que são os IFs?

Quando do meu ingresso no IF Baiano, notava que as expectativas sobre o que seriam os recém-criados Institutos Federais eram bastante diversas. Contando somente entre os docentes no Campus Catu, havia quem às vezes até trocava os nomes e se referia ao IF como "essa universidade"; quem não abria mão de continuar a ser a Escola Agrotécnica Federal e se referia a "essa escola" – e aqui, sob disputa, se da educação propedêutica ou da formação profissional –; e havia ainda quem, retornando da pós-graduação, queria constituir referência em pesquisas aplicadas e se referia como "meu campo / meu laboratório [de pesquisa]".

Eram muitos projetos para uma só instituição e um mesmo corpo docente. Eu assistia a um grupo de colegas maravilhado com as possibilidades de trabalho e com o incremento dos salários e a outro grupo para quem a estabilidade funcional, que instituições privadas não garantiam, confirmava a permanência na rede pública. Havia também um outro grupo de colegas, que já integravam a instituição, vislumbrando apenas o cumprimento do tempo para a aposentadoria.

Esses dilemas certamente não assaltavam docentes das universidades, nem de escolas de educação básica profissionalizante – seus espaços de atuação profissional são bem mais demarcados. Com o tempo, as feições institucionais dos IFs foram se delineando e passei a ver que muitas dúvidas que a minha geração teve ao ingressar na carreira os colegas dos concursos posteriores não traziam: os próprios editais dos concursos passaram a deixar bem claro que docentes podem vir a ter que atuar em cursos dos dois níveis de ensino.

Os IFs são o lugar em que o trabalho docente da carreira de magistério do EBTT, em sua maioria, acontece. O relato pessoal acima reflete isso, e mais, que os sentidos sociais e históricos dessas instituições expressam projetos diversos e por vezes conflitantes. É por isso que não pude me furtar a discutir essa institucionalidade e, nesse ensejo, apresentar o IF Baiano, antes de problematizar o seu trabalho docente.

A institucionalidade dos IFs insere-se em contextos complexos. No plano social, de uma hegemonia neoliberal na organização do Estado, ainda que seja necessário cuidado para discutir como essa relação colocava-se no período de criação dessa institucionalidade.

O neoliberalismo, conforme a clássica definição de Anderson[220], para além da agenda econômica de fortalecimento do capital financeiro, pressupõe a redução da atuação direta e dos investimentos do Estado nas políticas sociais, dentre elas a educação, em favor de interesses mais privatistas. Nesse ponto os estudos de Ball[221] fundamentam a problematizar o neoliberalismo para além da adesão direta a um receituário predeterminado de políticas desestatizantes e a pensar as políticas educacionais como feitas por pessoas concretas, reais, em um campo de disputas e conflitos. Esse autor acena para a ideia de uma "racionalidade neoliberal", como uma ordem de governo das pessoas e, de certa forma, independente dos governos em si.

Assim, no Estado brasileiro após os anos 1990, as políticas públicas educacionais, embora abrigadas sob uma mesma plataforma econômica, comportam diferenças entre a condução dada pelos governos do Partido dos Trabalhadores (PT) – principalmente nos seus dois primeiros mandatos – e a condução dos governos anteriores, do Partido da Social Democracia Brasileira (PSDB) e dos governos posteriores, do Movimento Democrático Brasileiro (MDB) e Partido Social Liberal (PSL).

As políticas que gestaram os IFs, ainda que com suas diversas contradições, problematizaram um processo histórico de uma educação nacional voltada unicamente para atender a um modelo de capitalismo periférico e dependente, como define Florestan Fernandes[222], marcado por desigualdades social e racial, como confirmam estudos do Instituto de Pesquisa Econômica Aplicada (Ipea[223]) e pelo reforço à dualidade estrutural da educação[224], com baixos índices de qualidade principalmente – mas não somente – entre as pessoas mais pobres[225].

No plano institucional, enfrentaram uma problemática imediata de desvalorização das instituições federais de educação profissional e do traba-

---

[220] ANDERSON, Perry. Balanço do neoliberalismo. *In*: SADER, Emir; GENTILI, Pablo (org.). *Pós-neoliberalismo*: as políticas sociais e o Estado democrático. Rio de Janeiro: Paz e Terra, 1995.

[221] BALL, Stephen. Redes, neoliberalismo e mobilidade de políticas. *In*: *Educação global S. A.*: novas relações políticas e o imaginário neoliberal. Ponta Grossa: UEPG, 2014. p. 23-44.

[222] FERNANDES, Florestan. *Nova República?* Rio de Janeiro: Jorge Zahar, 1986.

[223] IPEA. *Texto para Discussão*: O Brasil em 4 décadas, n. 1.500. Rio de Janeiro: Ipea, 2010.

[224] Expressão que designa as diferenças de escolas e de projetos de formação e sociabilidade humanas conforme as diferenças de classe, na sociedade brasileira. Cf. KUENZER, Acácia Z. Exclusão includente e inclusão excludente: a nova forma de dualidade estrutural que objetiva as novas relações entre educação e trabalho. *In*: SAVIANI, D.; SANFELICE, J.L.; LOMBARDI, J.C. (org.). *Capitalismo, trabalho e educação*. 3. ed. Campinas: Autores Associados, 2005. p. 77-96.

[225] CASTRO, Jorge Abrahão de. Evolução e desigualdade na educação brasileira. *Educação & Sociedade*, Campinas, v. 30, n. 108, p. 673-697, out. 2009.

lho dos seus servidores[226] e de consequências da cefetização sobre algumas instituições, entre elas a dissociação da educação técnica da formação propedêutica[227] e uma drástica redução das vagas dos cursos de nível médio. A esse respeito, de acordo com Gariglio[228], por força da chamada política de cefetização em 1998, de um ano para o outro as vagas do ensino médio do Cefet de Minas Gerais foram reduzidas de 1.200 para 120.

Havia ainda um contexto interno mais forte entre os primeiros Cefets do Paraná, Rio de Janeiro e Minas Gerais, cujo corpo docente mais qualificado pressionava pela ampliação *para cima* do seu campo de atuação, ou seja, para a oferta da educação superior[229]. Como aponta o relato do ex-gestor da Setec/MEC[230]:

> *Nós precisávamos criar alguma coisa que não fosse nem Escola Técnica nem Universidade, só que isso não existe em lugar nenhum no mundo, não é? [risos]. Mas isso já era reflexo de um momento que o país começava a pensar por si próprio, né, de deixar de copiar modelos estrangeiros e criar um modelo próprio.*

A criação dos IFs veio a problematizar também diversos aspectos no campo educacional, começando pelo nome "Instituto", que não cabia no enquadramento tradicional entre escola ou Universidade/Faculdade[231]; pela intransigência na retomada dos cursos de EPTNM integrados à educação básica; pela ampliação dos níveis de ensino em uma mesma instituição; e, finalmente, por essa ampliação comportar um mesmo corpo docente.

Em uma avaliação dos quinze anos dos IFs, Pacheco[232] reafirma os princípios e a importância política e pedagógica dessas instituições, entendidas como "o inédito viável" na história da educação brasileira, tal qual aponta como desafios, dentre outros, "consolidar a compreensão e implantação dessa nova institucionalidade sem precedentes" e buscar a "integração

---

[226] Cf. ARCARY, 2015.

[227] Cf. MORAES, Laurinda Ines S. de; PILLOTTO, Silvia S. D.; VOIGT, Jane Mery R. Políticas Públicas para Educação Profissional: década de 1990 e a desvinculação do Ensino Médio e técnico. *RPGE – Revista* Online *de Política e Gestão Educacional*, v. 21, n. 1, p. 108-124, 2017.

[228] GARIGLIO, José Ângelo. A reforma da educação profissional e seu impacto sobre as lutas concorrenciais por território e poder no currículo do Cefet-MG. *In*: 25ª REUNIÃO ANUAL DA Anped. *Anais [...]*. Caxambu: Anped, 2002. p. 1-13.

[229] DOMINGOS SOBRINHO, 2008.

[230] EX-GESTOR DA SETEC/MEC, 2018.

[231] DOMINGOS SOBRINHO, 2008.

[232] PACHECO, Eliezer. Breves anotações sobre os Institutos Federais. *In*: PACHECO, Eliezer; FIORUCCI, Rodolfo (org.). *15 anos dos Institutos Federais*: história, política e desafios. Foz do Iguaçu: Editora Parque Itaipu, 2023, p. 61-73.

com a sociedade em todas as atividades dentro do conceito de Território Educativo, com ênfase na relação com as Redes Públicas de Educação. O *campus* é o território"[233].

Os 38 IFs foram criados pela Lei nº 11.892, de 29 de dezembro de 2008[234], a partir de 78 instituições, entre Cefets, EAFs, ETFs e Escolas Técnicas vinculadas a Universidades. Estão presentes em todas as regiões do Brasil, havendo pelo menos um em cada estado e no Distrito Federal – com exceção de Minas Gerais, com cinco; o Rio Grande do Sul, com três; e a Bahia, Goiás, Pernambuco, Rio de Janeiro e Santa Catarina, com dois IFs cada um.

Conforme dados, após os dez anos desde a sua criação, observa-se um crescimento expressivo dos IFs. Em 2018 havia 593 unidades; 11.055 cursos dos dois níveis de ensino; 888.231 matrículas e 40.762 docentes – dos quais 90% efetivos, e desses, 95% em regime de DE, segundo a Setec[235].

A mesma lei que criou os IFs organizou a Rede Federal de Educação Profissional, Científica e Tecnológica (RFEPCT), composta pelos próprios institutos, mais a UTFPR, os Cefets do Rio de Janeiro e de Minas Gerais, as Escolas Técnicas vinculadas às Universidades Federais e o Colégio Pedro II. Tendo por princípio a interiorização da oferta educacional *multicampi*, a capilaridade dessa rede nos diversos cantos do país demonstra o espaço da política de expansão da Educação Profissional Científica e Tecnológica.

Todos os IFs ofertam cursos de Educação Básica Profissional e de Educação Superior, presenciais e a distância, em suas várias formas. Conforme dados da Setec[236], os IFs ofertam cursos presenciais e a distância de Formação Inicial e Continuada (sem escolarização prévia ou de formação profissional em nível de ensino fundamental), de ensino médio propedêuticos (sem formação profissional), de EPTNM (organizados nas modalidades integrado, concomitante e subsequente, bem como os vinculados ao ProEJA nas modalidades integrada e concomitante), de graduação (em cursos de tecnologia, de licenciatura e de bacharelado) e programas de pós-graduação (tanto programas lato sensu, de especialização, quanto stricto sensu, de mestrado, mestrado profissional, doutorado e doutorado profissional).

---

[233] PACHECO, 2023. p. 71.

[234] BRASIL. Lei nº 11.892, de 29 de dezembro de 2008. Institui a Rede Federal de Educação Profissional, Científica e Tecnológica, cria os Institutos Federais de Educação, Ciência e Tecnologia, e dá outras providências. *Diário Oficial da União*: seção 1, Brasília, DF, n. 253, p. 1-3, 30 dez. 2008a.

[235] SETEC. *Plataforma Nilo Peçanha – PNP 2019* (Ano Base 2018). Brasília: MEC, 2019b.

[236] SETEC, 2019b.

Ainda segundo os dados da Setec[237], no ano de 2018 os IFs responderam por 92,08% das matrículas da RFEPCT, seguidos pelos Cefets (3,75%), as Escolas Técnicas vinculadas às Universidades Federais (2,41%) e o Colégio Pedro II (1,76%), o que demonstra a sua importância na realização da política de Educação Profissional Científica e Tecnológica.

Uma das críticas ao modelo dos IFs, reportada por Azevedo, Shiroma e Coan[238], avalia que esse não representou uma mudança das políticas educacionais anteriores e que os Cefets – e a própria Universidade Tecnológica – já atenderiam aos seus objetivos. Araújo, Jair e Hypolito[239] comparam os pormenores das legislações sobre os Cefets e os IFs e, em que pesem algumas diferenças menores, também defendem essa conclusão. Para esses autores, a determinação do percentual de vagas significou uma restrição à autonomia dos IFs.

Porém, com um olhar atento sobre as minúcias da legislação e a materialização da política, nota-se uma diferença marcante que, afirmo, define essa institucionalidade, sendo a obrigatoriedade da oferta das suas vagas de no mínimo 50% para cursos de EPTNM em suas diversas formas – com pelo menos 10% das vagas no âmbito do ProEJA, definidos legalmente em período anterior[240] – e de no mínimo 20% para cursos de formação de professores para a educação básica, sobretudo nas áreas de Ciências, Matemática e para a Educação Profissional[241]. As demais vagas podem ser destinadas aos outros tipos de cursos que essas instituições podem abarcar, além dessas, obrigatórias.

A entrevista com um ex-gestor da Setec/MEC elucidou que essa vinculação de percentuais de vagas visou resguardar a oferta da EPTNM na educação profissional federal brasileira, que poderia estar ameaçada, caso fosse adotado o modelo em voga na época, de Universidades Tecnológicas:

> *Deixa eu te dizer por que que nós chegamos na proposta desse formato dos Institutos Federais.*

---

[237] SETEC, 2019b.

[238] AZEVEDO, Luiz Alberto; SHIROMA, Eneida O.; COAN, Marival. As políticas públicas para a educação profissional e tecnológica: sucessivas reformas para atender a quem? *B. Téc. Senac: a R. Educ. Prof.*, Rio de Janeiro, v. 38, n. 2, p. 27-39, maio/ago. 2012.

[239] ARAÚJO, Jair J.; HYPOLITO, Álvaro M. Institutos Federais de Educação, Ciência e Tecnologia: inovações e continuidades. *In*: 33ª REUNIÃO ANUAL DA ANPEd. *Anais* [...]. Caxambu: Anped, 2010. p. 1-13.

[240] BRASIL, 2006a.

[241] BRASIL, 2008a.

> *A nossa primeira hipótese foi a Universidade Tecnológica. [...]*
> *Quando nós fomos estudar a Universidade Tecnológica Federal*
> *do Paraná – que é uma excelente Universidade, por sinal – vimos*
> *que eles acabaram com os cursos técnicos. Eles têm no interior*
> *alguma coisa... acabaram com o ProEJA e enveredaram para a*
> *graduação, a pós-graduação, doutorado, na área tecnológica, que*
> *é muito importante, mas, em cima desse discurso da autonomia*
> *da Universidade em 10 anos nós vamos estar precisando de novo*
> *formar gente como técnicos...*
>
> *Nós precisávamos discutir uma outra coisa, que colocasse no*
> *DNA dele a distribuição das vagas. Então, está lá na lei, 50%*
> *técnico, 20% graduações de licenciaturas, 10% para o ProEJA e o*
> *resto, as outras graduações. [...] Mas garantimos que metade das*
> *vagas tinha que ser do ensino técnico, porque se isso não tivesse*
> *acontecido hoje nós já não teríamos 10% de ensino técnico.*[242]

Apurando a informação apontada nesse relato, dados da própria UTFPR[243] sobre a sua oferta educacional – que por lei deve incluir cursos dos dois níveis e diversas modalidade de ensino –, apontam que, até o ano de 2019 dentre os diversos cursos ofertados em 13 campi, constavam na modalidade da Educação a Distância (EaD), 18 cursos de pós-graduação lato sensu; e na modalidade presencial, 165 cursos de pós-graduação (sendo 95 lato sensu, 58 de mestrado e 12 de doutorado), 48 de graduação e 2 cursos de EPTNM integrados à educação básica, ofertados nos campi Pato Branco e Campo Mourão.

As construções dos argumentos em torno da reserva legal de vagas dos IFs expressam diferentes projetos para essas instituições. Por exemplo, da perspectiva de docentes vinculados a um Cefet que não conseguiu lograr a transformação para Universidade Tecnológica Federal[244], tratou-se de uma política "[...] a favor dos interesses que corroboram a reprodução da miséria", sendo por isso uma melhor opção a transformação em Universidade Tecnológica.

Para uma docente de um IF que já foi Cefet[245], a nova institucionalidade veio a barrar a ampliação da oferta de cursos superiores "[...] apesar de a expansão do Ensino Superior nos Cefetinhos dar evidências de que

---

[242] EX-GESTOR DA SETEC/MEC, 2018.
[243] UTFPR. *Estude na UTFPR.* Curitiba: UTFPR, 2019.
[244] AZEVEDO, L.; SHIROMA; COAN, 2012, p. 33.
[245] FLORO, 2016, p. 42.

esta experiência estava sendo exitosa". Já para um docente da UTFPR[246], com o "[...] abandono do nível médio" e priorização da Educação Superior estar-se-ia "[...] elitizando muito mais a instituição, quer do ponto de vista social, quer do ponto de vista intelectual".

Para compreender essa diversidade de posicionamentos há que considerar-se que, quando se trata de processos sociais interdependentes, como da política dos Institutos Federais, nada escapa à possibilidade de contradição. Não há movimento que se firme sem uma reação dos atores envolvidos. Dito à moda de Elias[247], os movimentos da sociedade – e aqui se incluem as políticas públicas – são o resultado não planejado, não determinado intencionalmente, de ações individuais interdependentes dos indivíduos ou grupos sociais. Ball[248] também adverte que as políticas têm seus espaços de manobra e resistências, nem sempre progressistas, quando são traduzidas na prática social.

Esses fundamentos são pertinentes para entender que a tradução da política dos IFs também é pautada por contestações à configuração definida pela lei. Por exemplo, no total das instituições até o ano de 2018, dos percentuais de vagas obrigatórios, apenas o que se refere aos cursos da EPTNM vinha sendo atendido, com uma taxa de 62,2% das vagas. O percentual de atendimento do ProEJA, que deveria ser de 10%, era de 2,4%; o atendimento dos cursos de formação de professores, que deveria ser de 20%, era de 11,9%[249].

Além disso, em que pese a clara determinação legal de 50% de vagas para a EPTNM nos IFs, a própria lei que os criou continha meios que, sem alterá-la, conseguiram relativizá-la, ao definir que os percentuais das vagas obrigatórias seriam regulamentados posteriormente pelo MEC sob o conceito de "aluno equivalente"[250].

---

[246] Cf. TREVISAN, Nilo F. Universidade tecnológica: a evolução ou o fim da escola técnica? *In*: LIMA FILHO, Domingos L.; TAVARES, Adilson G. (org.). *Universidade tecnológica*: concepções, limites e possibilidades. Curitiba: Sindocefet-PR, 2006. p. 81-85. p. 84.

[247] ELIAS, 2014.

[248] BALL, Stephen. Sociologia das políticas educacionais e pesquisa crítico-social: uma revisão pessoal das políticas educacionais e da pesquisa em política educacional. *Currículo sem Fronteiras*, Porto Alegre, v. 6, n. 2, p. 10-32, jul./dez. 2006.

[249] SETEC, 2019b.

[250] BRASIL, 2008a, Art. 8°, § 1°.

Anos depois, o Plano Nacional de Educação 2014-2024[251] definiu, nas Estratégias 11.11 e 12.3, respectivamente, metas de alcançar-se uma RAP na proporção de 1:20, nos cursos de EPTNM e de 1:18 nos cursos de graduação presenciais. Logo em seguida, as Portarias do MEC n.º 818[252] e da Setec n.º 25[253], ambas de 13 de agosto de 2015, estabeleceram Fatores de Equiparação de Nível de Curso (FENC) que realizam um ajuste entre as metas de RAP que são diferentes na seguinte proporção (Quadro 4):

Quadro 4 – Valores do Fator de Equiparação de Nível de Curso (FENC, 2015)

Curso	FENC
Formação Inicial e Continuada	20/20
Ensino Técnico / Médio	20/20
Graduação	20/18
Pós-graduação *lato sensu*	20/12
Pós-graduação *stricto sensu*	20/8

Fonte: Setec (2015)[254]

Assim, para o cálculo dos percentuais de atendimento educacional dos IFs, 20 estudantes da EPTNM ou de cursos FIC equivalerão a 8 estudantes de mestrado ou doutorado, 12 de especialização ou 18 de graduação.

Há duas implicações da RAP e do FENC sobre o atendimento dos objetivos dos Institutos Federais. Por um lado, com a diferenciação entre os cursos segundo os níveis de ensino intensifica-se menos – e torna-se mais atraente – a docência na educação superior. Porém, assim, desconsidera-se que a atividade docente na EPTNM, de acordo com as entrevistas desta pesquisa, tem um outro nível de intensidade, porque requer mais dedicação pessoal às aprendizagens específicas, além de condutas de formação mais

---

[251] BRASIL. Lei nº 13.005, de 25 de junho de 2014. Aprova o Plano Nacional de Educação – PNE e dá outras providências. *Diário Oficial da União*: seção 1, Brasília, DF, n. 120-A, Edição Extra, p. 1-7, 26 jun. 2014.

[252] MEC. Portaria nº 818, de 13 de agosto de 2015. Regulamenta o conceito de Aluno-Equivalente e de Relação Aluno por Professor, no âmbito da Rede Federal Educação Profissional, Científica e Tecnológica. *Diário Oficial da União*: seção 1, Brasília, DF, nº 155, p. 17, 14 ago. 2015b.

[253] SETEC. Portaria nº 25, de 13 de agosto de 2015. Define conceitos e estabelece fatores para fins de cálculo dos indicadores de gestão das Instituições da Rede Federal de Educação Profissional, Científica e Tecnológica. *Diário Oficial da União*: seção 1, Brasília, DF, n. 162, p. 28, 25 ago. 2015.

[254] SETEC, 2015, Art. 8º.

comportamental para com os estudantes, que são ainda jovens ou adultos com menos tempo de escolarização.

Por outro lado, com o FENC atrelado à RAP e essa atrelada aos indicadores que justificam a ampliação do corpo docente institucional, a própria política favorece que sejam ofertados cursos de pós-graduação em detrimento aos de EPTNM e mesmo de graduação. Assim, os IFs que ofertem mais cursos de pós-graduação, principalmente os stricto sensu, poderão ter maior número de docentes, portanto, uma maior força de trabalho em detrimento a IFs cuja oferta priorize a atuação na EPTNM ou mesmo na graduação. Os dados do IF Baiano[255], por exemplo, já prenunciam uma tendência de maior oferta de cursos de EPTNM, que é a obrigatória, e de pós-graduação, sendo o número de cursos deste tipo (31) maior do que o de cursos de graduação (19).

Com esses dispositivos, se por um lado media-se a intensificação do trabalho por estabelecer um parâmetro para a complexidade da docência em cursos de diferentes níveis e tipos de ensino, por outro confirma-se a tônica de valorização da educação superior sobre a educação básica, sendo justamente o que os discursos que organizaram os IFs problematizaram. Essa hierarquização, todavia, é uma construção social histórica, principalmente sobre a educação profissional, como apontam Escott e Moraes[256] e Kunze[257], e não uma criação dos IFs.

Outra polêmica em torno da institucionalidade dos IFs é sobre seus princípios de integração e verticalização da EPTNM à superior, que consistem na oferta de cursos, em um mesmo campo de conhecimentos, desde a educação básica profissional à superior, em uma mesma instituição e com um mesmo corpo docente. Assim, em tese, um mesmo estudante tem condições de estudar desde o ensino médio profissionalizante até a graduação e pós-graduação na mesma instituição.

Esses princípios comportam uma clara diretriz de redução de custos. Na letra da própria lei, a verticalização deve funcionar "[...] otimizando a infraestrutura física, os quadros de pessoal e os recursos de gestão"[258].

---

[255] IF BAIANO, 2019a.

[256] ESCOTT, Clarice M.; MORAES, Márcia A. C. de. História da educação profissional no Brasil: as políticas públicas e o novo cenário de formação de professores nos institutos Federais de Educação, Ciência e Tecnologia. IX SEMINÁRIO NACIONAL DE ESTUDOS E PESQUISAS "HISTÓRIA, SOCIEDADE E EDUCAÇÃO NO BRASIL". *Anais Eletrônicos...* João Pessoa: Universidade Federal da Paraíba, 2012. p. 1492-1508.

[257] KUNZE, 2009.

[258] BRASIL, 2008a, Art. 6°, inciso III.

Somente nos textos de fundamentação sobre a política é que outros sentidos possíveis lhe foram dados. Por exemplo, no documento da Setec[259], a verticalização coloca-se como possibilidade de superação de um modelo educacional disciplinar, o que requer também um perfil docente diferenciado: "[...] Significa pensar um profissional da educação capaz de desenvolver um trabalho reflexivo e criativo e promover transposições didáticas contextualizadas que permitam a construção da autonomia dos educandos".

Variadas críticas aos IFs reportam-se à sua verticalização. Reuni apenas algumas, expressivas das divergências entre os pontos de vista. Dal Ri e Floro[260], referindo-se ao IF do Ceará, associam a verticalização à democratização do acesso à educação da RFEPCT, mas também ao aumento da produtividade e dos mecanismos de controle do trabalho dos docentes, por orientação do Banco Mundial. Otranto[261], discutindo a legislação, apresenta receios quanto ao comprometimento da qualidade dos cursos oferecidos nessas instituições. Oliveira, B.[262], considerando a materialidade do IF de Brasília, aponta a verticalização como um objetivo muito mais administrativo – reduzir custos e otimizar recursos – do que pedagógico, inaugurando "[...] um hibridismo inédito no campo educacional ao unir educação básica e ensino superior com o mesmo corpo docente, no mesmo espaço físico".

Melo[263], considerando outro conjunto de autores, também mapeia polarizações contrárias e favoráveis à institucionalidade dos IFs ainda no início dessa política. A essa altura já existiam análises que sinalizavam para uma mudança da percepção de que "[...] os portadores de título de doutor só devam atuar na pós-graduação" e para uma melhoria da qualidade da educação básica profissional.

Para refletir sobre a verticalização do ensino, encontro um fundamento na pesquisa de Zago[264] sobre a necessidade de migração de jovens rurais para centros urbanos maiores para prosseguimento nos estudos de educação superior, o que valeria também para os oriundos de cidades que, de tão pouco desenvolvidas, igualmente não apresentam perspectivas de

---

[259] SETEC, 2010, p. 27.

[260] DAL RI, Neusa M.; FLORO, Elisângela F. Trabalho docente e avaliação de desempenho: o caso dos professores que atuam na carreira de educação básica, técnica e tecnológica. *Interfaces da Educação*, Paranaíba, v. 6, n. 16, p. 66-89, 2015.

[261] OTRANTO, 2011.

[262] OLIVEIRA, B., 2016, p. 134.

[263] MELO, 2010, p. 4.

[264] ZAGO, Nadir. Migração rural-urbana, juventude e ensino superior. *Revista Brasileira de Educação*, Rio de Janeiro, v. 21, n. 64, p. 61-78, jan./mar. 2016.

permanência com dignidade. Esses princípios dos IFs, e em especial a interiorização, afirmam a possibilidade de ampliação do atendimento educacional gratuito e de qualidade em lugares distantes dos grandes centros urbanos, de modo que pessoas sem maiores condições financeiras e mesmo físicas tenham acesso à educação básica profissional e superior sem deixar suas casas e famílias, como Oliveira, G.[265] identifica quanto à oferta da educação de jovens e adultos no contexto do IF Baiano Campus Santa Inês e também pode ser compreendido para os demais campi do IF Baiano.

Atendendo à provocação de Otranto[266] de que o debate sobre os IFs "[...] não pode estar descolado das reflexões a respeito de nossa história social e educacional e da construção de um projeto de nação para a sociedade brasileira", a interiorização e a verticalização do ensino podem significar que a importância dessas instituições não deve ser pensada somente comparando seu número de vagas e de campi em relação a outras instituições – notadamente as de educação superior –, e sim considerando a importância do atendimento educacional nas suas regiões e territórios de identidade.

A verticalização da educação básica profissional à superior expressa melhor seu sentido nos diversos cantos desse país junto aos desassistidos de condições para acessar uma educação – principalmente a superior – gratuita e de qualidade.

O perfil do público que acessa essas instituições atesta o seu caráter inclusivo. Conforme dados de 2018 divulgados pela Setec[267], entre os estudantes que se autodeclararam em todos os IFs, havia:

- quanto à cor/raça: a maioria (50%) da cor/raça chamada de parda, em seguida, branca (36%), preta (11%), amarela (2%) e indígena (quase 1%);

- quanto à renda familiar por pessoa: a maioria (cerca de 59%) com renda familiar entre zero e um salário mínimo por pessoa, face a uma minoria (cerca de 30%) com renda familiar entre um e 2,5 salários mínimos por pessoa e a uma parcela ainda menor (cerca de 11%) com renda acima de 2,5 salários mínimos;

---

[265] OLIVEIRA, Grace Itana C. de. *Pedagogia da Alternância*: a permanência e o desempenho escolar no curso Técnico em Agropecuária, ProEJA, IF Baiano Campus Santa Inês. 2015. Dissertação (Mestrado Profissional em Educação de Jovens e Adultos), Departamento de Educação, Universidade do Estado da Bahia, Salvador, 2015.

[266] OTRANTO, 2011, p. 13.

[267] SETEC, 2019b.

• quanto ao sexo: presença ainda majoritária de estudantes do sexo masculino (cerca de 52%), mas já quase paritária com o sexo feminino (cerca de 48%);

• quanto à idade: uma amplitude geracional que abarca desde menores de 14 anos (cerca de 3%), concentra-se no público entre 15 a 19 anos (cerca de 35%) a idosos, maiores de 60 anos. Este quesito também é um indicador da complexidade da docência nos IFs, dado o amplo leque geracional com o qual têm que atuar.

Outro elemento do perfil dos estudantes atesta o caráter inclusivo dessas instituições. Considerando que todos os IFs usam a nota dos candidatos no Exame Nacional do Ensino Médio (Enem) como critério de seleção para ingresso nos seus cursos de graduação por meio do Sistema de Seleção Unificada (Sisu), tomando apenas a Bahia e o ano de 2018 como referência, os dois IFs desse estado estiveram entre as três Instituições Públicas de Ensino Superior (IPES) com os menores escores das três categorias de pontuação, entre nota de corte média, menor nota de corte e maior nota de corte, em comparação com as universidades públicas que também adotam esse critério de seleção.

Nesse sentido, a despeito de suspeitas de que a política dos IFs tenha estabelecido uma concorrência com as universidades, os dados até aqui têm mostrado que isso não ocorre; os públicos estudantis de ingresso são diferenciados.

Cabe pontuar as informações que fundamentam essa análise. Considerando dados apenas entre instituições que utilizam o Sisu como processo seletivo para ingresso e possuem cursos de graduação também ofertados no IF Baiano[268] – a saber, o IF da Bahia, a Universidade Estadual do Sudoeste da Bahia (UESB), a Universidade Estadual de Santa Cruz (UESC), a Universidade do Estado da Bahia (UNEB), a Universidade Federal da Bahia (UFBA), a Universidade Federal do Recôncavo da Bahia (UFRB), a Universidade Federal do Oeste da Bahia (UFOB) e a Universidade Federal do Vale do São Francisco (Univasf) – os estudantes que acessam a educação superior nos IFs apresentam as menores notas, nas três categorias de classificação do Sisu, conforme destacado a seguir (Quadro 5).

---

[268] Por esses motivos não foram incluídas aqui a Universidade Estadual de Feira de Santana (UEFS), a Universidade Federal do Sul da Bahia (UFSB) nem a Universidade da Integração Internacional da Lusofonia Afro-Brasileira (Unilab). Porém, o resultado sobre a nota de corte média não se altera.

Quadro 5 – Notas de corte do SISU entre IPES baianas (2018)

Instituição	Nota de corte média	Menor nota de corte	Maior nota de corte
IF BAIANO	595,21	561	626
IFBA	631,97	582	705
UESB	657,00	606	782
UESC	654,61	599	778
UFBA	680,66	614	773
UFOB	654,70	584	780
UFRB	640,89	571	773
UNEB	648,74	593	771
UNIVASF	639,46	541	774

Fonte: Notas de corte... (2019)[269]

Vale assinalar, entretanto, que os perfis de ingresso com os menores escores educacionais não têm abafado os esforços por uma formação adequada para esses estudantes nos IFs. No que tange aos dados de saída do público atendido pelo IF Baiano, na avaliação de cursos de graduação do Inep[270] que calculou o Índice Geral de Cursos (IGC) no ano de 2017, em que pesem as variáveis que incidem sobre esses processos avaliativos, e mesmo que se reportem somente à educação superior, a instituição ocupou o quinto lugar entre as dez melhores instituições de educação superior do estado da Bahia[271].

De acordo com Ciavatta[272], a Educação Profissional pública brasileira foi construída sob um embate entre determinações oficiais e iniciativas contra-hegemônicas das pessoas envolvidas com essas instituições – estudantes, familiares, docentes e servidores TAEs –, as quais têm pressionado pela democratização desses espaços.

---

[269] NOTAS de corte do Sisu 2018: escolha uma faculdade. *Quero bolsa*, abr. 2019.

[270] INEP. *Indicadores de Qualidade da Educação Superior*: resultados. Brasília: MEC, 2017a.

[271] AQUINO, Carol. Ufba, Uesc e Ufob são melhores universidades baianas; veja *ranking*. *Correio da Bahia*, Salvador, 27 nov. 2017.

[272] CIAVATTA, Maria. A historicidade das reformas da educação profissional. *Cadernos de Pesquisa em Educação*, Vitória, v. 19, n. 39, p. 50-64, jan./jun. 2014.

Padilha e Lima Filho[273] indagam sobre qual a "novidade" em torno da oferta educacional verticalizada dos IFs e identificam que esse princípio, de fato, foi iniciado sob a institucionalidade dos Cefets nos anos 1970, mas contém diferenças quanto aos projetos políticos que os colocaram. Na primeira vez, a verticalização estava vinculada ao projeto ideológico da ditadura militar, um nacional desenvolvimentismo escudado na concentração de renda e repressão política; na segunda, vinculada ao projeto ideológico do segundo governo do Partido dos Trabalhadores, um nacional desenvolvimentismo escudado em um discurso de inclusão social e com possibilidade de ser disputado em favor de uma concepção mais democratizante da educação técnica, tecnológica e superior.

Enfim, retomando a proposta de debate dessa seção, tem-se que a institucionalidade dos IFs foi construída em um processo histórico não linear e marcado por disputas de projetos institucionais e formativos, em uma história que ainda não se encerrou. Essas discussões foram ampliadas quando o texto toma parte na materialidade do IF Baiano e do seu Campus Guanambi, nas seções seguintes.

3.2.1 O IF Baiano

O IF Baiano é uma das instituições criadas pela Lei n° 11.892/2008[274]. Sendo uma instituição de vocação agrária, com campi localizados em áreas rurais ou com espaço para práticas agrícolas, sua história é diferente da que remonta às escolas de aprendizes artífices. Vincula-se às determinações de criação de escolas agrícolas nos anos 1940[275] e às proposições educativas deste ramo de ensino que, como visto anteriormente, deram-se em separado das políticas de modelo urbano, no âmbito do Estado brasileiro.

Documentos da Setec[276] informam que a proposta inicial era de que se chamasse "Instituto Federal Agroindustrial da Bahia", explicitando sua vinculação ao ramo agropecuário; porém, o projeto passou por mudanças para ser aprovado e uma delas foi o seu nome. Trata-se, também, de uma instituição que não vivenciou as diversas mudanças institucionais daque-

---

[273] PADILHA, Rosana de Fátima S. J.; LIMA FILHO, Domingos L. A oferta de educação profissional verticalizada nos Institutos Federais de Educação, Ciência e Tecnologia, o que há de novo? *In*: XI REUNIÃO CIENTÍFICA REGIONAL DA Anped – Sul. *Anais* [...]. Curitiba: UFPR: Anped Sul, 2016. p. 1-15.

[274] BRASIL, 2008a.

[275] BRASIL, 1946, 1947.

[276] SETEC. Portaria n° 116, de 31 de março de 2008. Resultado da Chamada Pública MEC/SETEC n. 002/2007, de 12 de dezembro de 2007. *Diário Oficial da União*: seção 1, Brasília, DF, n. 68, p. 14-15, 9 abr. 2008.

las criadas em 1909 e, a priori, não vive sob o espectro de uma "[...] tensão entre identidade de escola técnica e vontade de universidade" que Moraes[277] identificou em outro IF, ainda que seja pertinente um estudo que interrogue a presença dessa tensão nas instituições mais recentes.

A composição do IF Baiano deu-se por integração, em tempos diferentes, de instituições que já existiam com outras que foram criadas sob essa institucionalidade. Sem maiores aprofundamentos sobre pormenores das culturas institucionais que havia em cada unidade, é possível identificar pelo menos três referências identitárias: de Escola Agrotécnica Federal (autarquias da educação profissional agrotécnica independentes, que se reportavam diretamente ao MEC); de Escolas Médias de Agropecuária Regional (Emarcs) (escolas de formação técnica de nível médio, que se reportavam à Comissão Executiva do Plano da Lavoura Cacaueira – Ceplac – e ao Ministério da Agricultura); e de Campus/Reitoria do IF (espaços que foram criados já sob a nova institucionalidade).

As primeiras instituições que compuseram esse IF em 2008 foram as quatro Escolas Agrotécnicas Federais (EAFs) que já existiam no estado da Bahia – EAF Catu, EAF Guanambi, EAF Santa Inês e EAF Senhor do Bonfim –, autárquicas, independentes e criadas em tempos diferentes umas das outras; a EAF de Catu, que já existia como espaço educacional agrícola vinculado ao Governo Federal, com certeza[278], desde 1918[279]; as de Guanambi, Santa Inês e Senhor do Bonfim, criadas em 1993[280], mas que começaram a funcionar em 1995, 1996 e 1999, respectivamente. Essas escolas não participaram do processo de cefetização das instituições de educação profissional dos anos 1990, apontado anteriormente, inclusive porque a essa altura apenas uma delas já existia.

Depois, em 2010 foram agregadas ao IF Baiano, como campi, mais quatro Escolas Médias de Agropecuária Regional (Emarcs), nos municípios de Uruçuca, Itapetinga, Valença e Teixeira de Freitas, que eram vinculadas à Comissão Executiva do Plano da Lavoura Cacaueira (Ceplac), órgão do

---

[277] MORAES, Gustavo Henrique. *Identidade de Escola Técnica vs Vontade de Universidade*: a formação da identidade dos Institutos Federais. 2016. Tese (Doutorado em Educação) – Faculdade de Educação, Universidade de Brasília, Brasília, 2016. p. 143.

[278] Embora o próprio campus remeta a sua criação à Lei nº 75, de 1895, a primeira referência que encontrei na legislação nacional reporta a 1918. Cf. IF BAIANO CAMPUS CATU. *Histórico*, 18 de maio 2011.

[279] Cf. BRASIL. Decreto nº 13.127, de 7 de agosto de 1918. Crêa [sic] uma Fazenda-Modelo de Criação no municipio [sic] de Catú [sic], no Estado da Bahia. Coleção de Leis do Brasil de 31/12/1918, v. 003, col. 1, p. 31, 1918.

[280] Cf. BRASIL. Lei n.º 8.670, de 30 de junho de 1993. Dispõe sobre a criação de Escolas Técnicas e Agrotécnicas Federais e dá outras providências. *Diário Oficial da União*: seção 1, Brasília, DF, n° 123, p. 8.929, 1 jul. 1993a.

então Ministério da Agricultura, Pecuária e Abastecimento (Mapa[281]) – as quais, claro, já tinham suas histórias particulares de criação e funcionamento, inicialmente voltadas para a produção cacaueira e depois para o desenvolvimento regional no sul e extremo sul do estado da Bahia.

A partir de 2011 foram criados mais cinco novos campi nas cidades de Alagoinhas, Governador Mangabeira, Itaberaba, Serrinha e Xique-Xique, além do Centro de Referência 2 de Julho, na cidade de Salvador, já sob a institucionalidade como IF, grupo no qual se inclui também a Reitoria, sediada na capital, Salvador[282]. À imagem da distribuição desses campi foram pontuadas as institucionalidades que os originaram – se EAFs, Emarcs ou campi/reitoria novos (Figura 6).

Figura 6 – Distribuição dos Campi do IF Baiano por institucionalidade originária (2018)

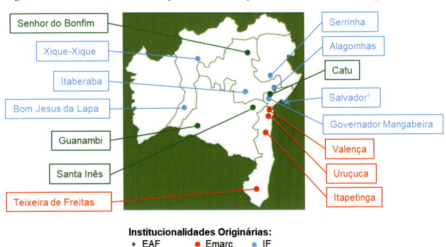

Fonte: G1 no Campo (2018)[283]. Adaptado pela autora

[1]Reitoria e Centro de Referência 2 de Julho.

---

[281] MAPA, Comissão Executiva do Plano da Lavoura Cacaueira. *Ensino técnico*. Brasília: Mapa, 2002.
[282] IF BAIANO, 2019a.
[283] G1 NO CAMPO. Instituto Federal Baiano abre inscrições para cursos técnicos gratuitos. *Bahia Rural*, 9 set. 2018.

CONTEXTOS, (IN)DEFINIÇÕES E SENTIDOS DO TRABALHO DOCENTE NOS INSTITUTOS FEDERAIS

Ao todo, esses 14 campi[284], o Centro de Referência 2 de Julho e a Reitoria compõem o IF Baiano, uma instituição complexa e com identidade heterogênea. A complexidade de sua identidade alude duplamente, tanto à sua característica de oferta de cursos dos dois níveis de ensino, como já havia pensado os trabalhos de Araújo, Daniel e Tamano[285] e de Oliveira, B.[286], quanto à integração das diferentes culturas institucionais que o permeiam, um campo de tensão, mas também de trocas e aprendizados mútuos, entre memórias e perspectivas diversas de instituição.

Essa segunda ideia se inspira no texto de Wood Jr.[287], com as devidas e necessárias ressalvas às diferenças contextuais, visto que o autor analisa organizações empresariais e, portanto, com uma cultura institucional bastante diferente da tratada aqui. Esse autor denomina como hibridismo o processo de constituição de identidades institucionais, sendo interessante porque pressupõe que as identidades já existentes não são anuladas no processo de constituição de novas organizações, elas se relacionam e se refazem de modo dinâmico, indeterminado e intrincado, como parece ter acontecido com a realidade analisada nessa pesquisa.

A ideia da complexidade da formação institucional do IF Baiano me pareceu ainda mais clara ao adentrar o Campus Guanambi para realizar esta pesquisa, o qual, inclusive, é novo se comparado à história da RFEPCT, pois teve a primeira mudança institucional quando da constituição do IF Baiano. Ao ter assumido essa nova institucionalidade, esse campus não apagou a identidade de Escola Agrotécnica da sua história, nem da memória dos seus servidores, ex-estudantes e da comunidade externa. Por outro lado, tampouco ele é a mesma escola de antes, porque, além dos que já estavam, novos sujeitos passaram a povoar aquele espaço e *outras* perspectivas começaram a ser traçadas *junto* às que já havia.

Mas a complexidade da transformação institucional do IF Baiano não se esgota no encontro entre culturas distintas. Ao contrário dos Cefets, que antes da criação dos IFs já ofertavam cursos de educação superior, as EAFs

---

[284] Em 2024, foram anunciadas as tratativas oficiais para a criação de mais quatro campi, nos municípios de Santo Estevão, Ribeira do Pombal, Remanso e Ruy Barbosa.
·CF. IF BAIANO. Instituto Federal Baiano terá novas unidades nas cidades de Santo Estevão, Ribeira do Pombal, Remanso e Ruy Barbosa. *Portal do IF Baiano*, 8 maio 2024.

[285] ARAÚJO, Daniel de M.; TAMANO, Luana T. O. Institutos Federais lutam para criar cultura institucional de pesquisa e pós-graduação. *Revista Ensino Superior Unicamp*, n. 14, jul./set. 2014.

[286] OLIVEIRA, B., 2016.

[287] WOOD JR. Thomaz. Organizações híbridas. *Revista de Administração de Empresas*, São Paulo, v. 50, n. 2, p. 241-247, abr./jun. 2010.

97

que originaram esse IF tinham experiência apenas na oferta de cursos da EPTNM. A educação superior de graduação e de pós-graduação foi mais um elemento somado aos desafios de sua constituição, especialmente no que tange à formação de professores da educação básica, que não era atendido pelo corpo docente da instituição. A oferta de cursos de nível superior ocasionou uma corrida para a adequação institucional, sob grandes receios, pela situação nova que se colocava, mas também sob grandes expectativas, pela possibilidade de expansão da oferta educacional nas regiões em que se situavam seus campi.

O ingresso de vários docentes na instituição entre fins de 2009 e meados de 2010, deu-se justamente nesse processo de transformação, e isso não ocorreu sem perplexidades, nem para os ingressantes, muito menos para os que já integravam a instituição[288]. Batista[289] registra um episódio que ilustra bem algumas reações a aquele novo cenário que se colocava: o depoimento de um professor do curso de Licenciatura em Ciências Agrárias (Lica) que já atuava na instituição antes de ela transformar-se no IF Baiano e, ao retornar de um afastamento para fazer o doutorado, teve que assumir a coordenação desse curso em pleno período de reformulação curricular e avaliação para reconhecimento pelo MEC: "[...] saí para fazer meu doutorado, era professor dos cursos de Técnico em Agropecuária e em Zootecnia, [...] quando retorno à instituição, não é mais Escola Agrotécnica, mas Instituto Federal, e eu sou professor de Lica, isso me assusta!!".

A ilustração a seguir demonstra a complexidade da institucionalidade do IF Baiano (Figura 7) por sua composição heterogênea de identidades institucionais e de níveis de ensino ofertados, as quais também se diferenciam. O todo é mais complexo do que as suas partes.

---

[288] Cf. SILVA, Estácio M. da; LEDO, Irma Márcia V.; MAGALHÃES, Lívia Diana R. Memória social institucional: o Instituto Federal de Educação, Ciência e Tecnologia Baiano. *In*: XII JORNADA DO HISTEDBR E X SEMINÁRIO DE DEZEMBRO. *Anais* [...]. Caxias: HISTEDBR-MA; CESC, 2014. p. 2.215-2.231.

[289] BATISTA, Hildonice de S. Formação inicial de professoras e professores: reflexões sobre os cursos de licenciatura no IF Baiano. *In*: SILVA, M. R. L. da. *Docência e educação básica*: diálogos de integração curricular e desenvolvimento pedagógico. Salvador: Edufba, 2017, p. 285-299. p. 287.

Figura 7 – As referências identitárias que constituíram o IF Baiano

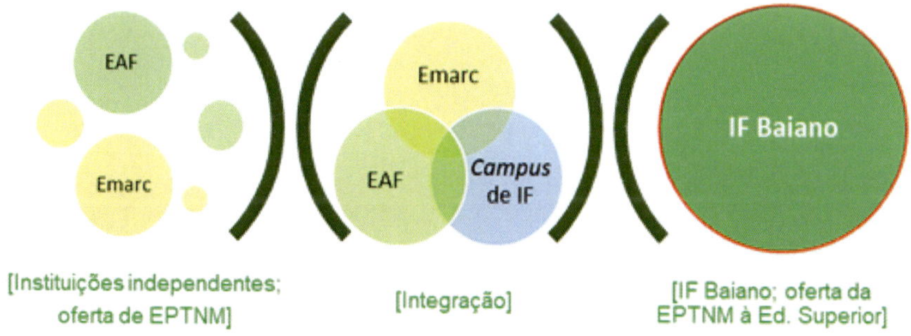

[Instituições independentes; oferta de EPTNM]

[Integração]

[IF Baiano; oferta da EPTNM à Ed. Superior]

Fonte: IF Baiano (2014)[290]

É nos seus campi que a instituição IF Baiano materializa a sua missão social de ofertar ensino, pesquisa aplicada e extensão de níveis superior e básico profissional; fortalecer arranjos produtivos locais e retribuir à sociedade brasileira os investimentos nele feitos. E é à luz dos contextos sociais e educacionais nos quais ele está situado que cabe ser recolocada a discussão sobre a pertinência dos princípios de verticalização e interiorização nos IFs.

Tomando como referência apenas o Campus Guanambi, situado em relação ao Território Sertão Produtivo, a oferta educacional do IF Baiano mostra sua pertinência e complementaridade à educação superior pública e gratuita já existente. Conforme dados da Plataforma e-MEC, da Secretaria de Educação Superior (Sesu[291]), nenhuma das IPES desse Território de Identidade – abrangidos pelos campi da Universidade do Estado da Bahia (UNEB) nas cidades de Brumado, Caetité e na própria Guanambi – oferta os mesmos cursos de graduação que esse campus. E mesmo em relação às instituições privadas existentes, apenas uma, oferta um curso superior de tecnologia de mesmo tipo. No que tange à pós-graduação stricto sensu, o cenário é ainda mais impactante: dentre as instituições públicas e privadas de educação superior de todo o Território de Identidade, há apenas dois cursos de mestrado. Um deles é o ofertado no IF Baiano Campus Guanambi.

---

[290] IF BAIANO. *Plano de Desenvolvimento Institucional 2015 – 2019*: Identidade e Gestão para a construção da excelência. Salvador: IF Baiano, 2014.

[291] SESU. *Cadastro Nacional de Cursos e Instituições de Educação Superior*: Cadastro e-MEC. 2019.

Os antecedentes da organização da docência na carreira de magistério do EBTT e a institucionalidade que lhe ampara compõem o pano de fundo da problemática da pesquisa.

Até aqui já é possível sustentar que a condição do trabalho em cursos dos dois níveis de ensino só pôde ser forjada porque havia esse contexto de instituições de educação profissional que vinham alterando seu escopo de atuação social, tanto fisicamente, com a criação de unidades de ensino no interior do país, quanto pedagogicamente, mediante a oferta de cursos de educação profissional de nível médio e de educação superior.

A ampliação institucional requereu expandir também a docência, em quantidade de profissionais e em complexidade de suas atribuições. Consequentemente, esses profissionais passaram a se organizar por melhores condições de trabalho e de estatuto profissional, que provocaram mudanças nas suas definições.

Essas mudanças, todavia, não aconteceram tão rapidamente nem exatamente como demandavam as reivindicações sindicais. Também a organização da carreira de magistério do EBTT passou por um processo interdependente de mudanças até se chegar às definições que se tem na contemporaneidade, como aborda o capítulo seguinte.

4

(IN)DEFINIÇÕES

Nas gavetas vazias da humanidade dormem os sonhos

daqueles que nunca tiveram coragem para arriscar.

(Valquíria Lima da Silva)[292]

"Professor" ou *"teacher"?*

Tradicionalmente a atividade docente é concebida em função do nível de ensino em que se atua. Essa divisão está dada socialmente a tal ponto que, por exemplo, a língua inglesa diferencia o *"professor"* (o docente de cursos de educação superior) do *"teacher"* (o docente de cursos do nível da educação básica).

A língua portuguesa não contempla essa divisão e nos nomina indiscriminadamente como "professor", "docente", "mestre", mas socialmente os espaços da docência na educação básica e da docência na educação superior são bem demarcados, em termos de exigência de formação, status, reconhecimento social, remuneração...

Com a institucionalidade inaugurada em 2008 na educação brasileira, qual definição caberia aos docentes dos IFs?

Já tendo abordado os antecedentes que levaram à constituição do trabalho docente nos IFs e os contextos em que ele se concretiza, neste capítulo pretendo discutir as (in)definições do trabalho docente na carreira de magistério do EBTT, no sentido de caracterizá-lo para melhor compreendê-lo. A expressão que nomeia o capítulo sinaliza que há tanto "definições" quanto "indefinições", aludindo às mudanças constantes das políticas para esse segmento, o que permite inferir que os profissionais da RFEPCT não têm um marco regulatório estável do seu trabalho e da sua carreira. As intencionalidades do Poder Executivo para a educação profissional e tec-

---

[292] SILVA, 2013, p. 20.

nológica são como "areia movediça" para a condição do trabalho docente nessas instituições, o que concorre para a desprofissionalização da categoria.

As (in)definições da docência nos IFs têm pelo menos duas questões de fundo. Por um lado, como considerar analiticamente um trabalho que não se enquadra nas definições tradicionais da docência conforme a posição social que ocupam, entre a educação básica e a educação superior – ou como na reflexão que abre esse capítulo, entre o "teacher" e o "professor"? Por outro, o que esses profissionais, enquanto categoria, vislumbraram alcançar para integrar essa condição de trabalho – tomando a inspiração da poeta, que "coragem" essas pessoas tiveram para "arriscarem" alterar a sua identidade profissional?

Assim como nos momentos anteriores, os estudos de Norbert Elias[293] e Elias e Scotson[294] pautam as interpretações. O trabalho docente na carreira de magistério do EBTT e no IF Baiano é visto como uma constituição social – não é expressão somente de vontades individuais dos professores, nem de desmandos de gestores e legisladores, mas de um processo, de uma relação entre essas forças, que engendrou a possibilidade da atuação em cursos dos diferentes níveis de ensino.

Essas considerações também convocam a uma outra forma de perceber as políticas educacionais. Se por um lado são comuns análises que visualizam apenas as ações do Estado como indutor e autor das políticas, apenas em um movimento de cima para baixo e estático, por outro, sob a perspectiva de um jogo de interdependências, como aqui intento, elas são consideradas em um movimento dialético e relacional, de diversas direções, inclusive de baixo para cima.

As políticas públicas são resultantes da relação entre forças de grupos em disputa – uma relação desigual, em uma balança que tende a pender mais para um lado que para outro, mas uma relação. No caso em debate, os sujeitos docentes não são somente vítimas das políticas educacionais; ao contrário, também participam da sua definição, ainda que não necessariamente alcancem os resultados que planejaram e como desejaram. Nos Institutos Federais e no IF Baiano o seu futuro será feito das configurações traçadas em interdependência entre os docentes e os agentes do Estado.

---

[293] ELIAS, 1994, 2006, 2014.

[294] ELIAS, Norbert; SCOTSON, John L. Os estabelecidos e os outsiders. Rio de Janeiro: Jorge Zahar, 2000.

4.1 A carreira

A carreira de magistério do EBTT foi criada para consolidar a institucionalidade dos IFs. A sua configuração resulta de embates diversos, da parte dos governos, em prol da assunção de mais uma responsabilidade por parte dos docentes – a educação superior; e, da parte dos docentes, em favor de suas condições de trabalho.

Cabe pontuar o processo de criação dessa carreira, imbricado ao processo de criação dos IFs, em uma cronologia rápida. Ainda em 2007 o Decreto n° 6.095[295] anunciou a reorganização e integração de instituições federais de educação básica profissional para constituírem Institutos Federais de Educação, Ciência e Tecnologia (à época, nominados como IFETs). Neste mesmo ano, com a Chamada Pública MEC/SETEC n° 002/2007[296], essas instituições foram convocadas a apresentarem propostas para essa reorganização. Em 2008, chegou-se a 33 propostas aprovadas[297].

Ainda em 2008 a partir da Lei n.º 11.784, de 22 de setembro de 2008,[298] os docentes que integravam a carreira de magistério de 1º e 2º graus nessas instituições e aceitaram a mudança de carreira, foram transpostos para a carreira de magistério do EBTT. No final deste mesmo ano, já reestruturado o corpo docente, criaram-se os IFs.

Importa também rememorar, sobre esse contexto, que nos Cefets já existia a verticalização de cursos da educação básica profissional à superior; porém, para garanti-la, até o ano de 2008 eram abrigados, no mesmo espaço de trabalho, docentes de carreiras distintas, do magistério de 1° e 2° graus e do magistério superior - situação que ainda perdura em algumas

---

[295] BRASIL. Decreto n° 6.095, de 24 de abril de 2007. Estabelece diretrizes para o processo de integração de instituições federais de educação tecnológica, para fins de constituição dos Institutos Federais de Educação, Ciência e Tecnologia – IFET, no âmbito da Rede Federal de Educação Tecnológica. *Diário Oficial da União*: seção 1, Brasília, DF, n. 79, p. 6-7, 25 abr. 2007.

[296] SETEC. Chamada Pública MEC/SETEC n° 002/2007. Chamada pública de propostas para constituição dos Institutos Federais de Educação, Ciência e Tecnologia – IFET. *Diário oficial da União*: Seção 3, Brasília, DF, n. 239, p. 38-39, 13 dez. 2007.

[297] SETEC, 2008.

[298] BRASIL. Lei n.º 11.784, de 22 de setembro de 2008. Dispõe sobre a reestruturação [...] do Plano de Carreira e Cargos de Magistério do Ensino Básico, Técnico e Tecnológico [...] e dá outras providências. *Diário Oficial da União*: seção 1, Brasília, DF, n. 184, p. 1-38, 23 set. 2008b.

instituições[299], problematizada por Costa, E.[300] e Rocha e Léda[301]; e que a antiga carreira de magistério de 1° e 2° graus havia passado recentemente por uma reestruturação, definida pela Lei n° 11.344, de 8 de setembro de 2006[302], que repôs defasagens salariais, melhorou a remuneração[303] e ampliou os requisitos de qualificação para ingresso.

A carreira, portanto, foi criada em um contexto de melhorias da sua estruturação e de busca de uma conformação do trabalho docente à institucionalidade dos IFs. Esses dois aspectos são importantes para compreender como a profissionalidade da docência na carreira de magistério do EBTT se define, a sua "cruz" e a sua "espada": a atuação em cursos dos dois níveis de ensino e consequentemente a perda de sua referência identitária, ou seja, a sua desprofissionalização como docente da educação básica profissional, deu-se sob o mesmo processo em que se ampliou a sua profissionalização, com a melhoria das condições de carreira e de remuneração.

Lima, J.[304] refere que a atuação em cursos de diferentes níveis de ensino foi um ponto de resistência dos docentes da antiga carreira de magistério de 1° e 2° graus nas negociações entre gestores, sindicatos e Governo Federal para constituição da carreira de magistério do EBTT. Por outro lado, de acordo com a entrevista com o ex-gestor da Setec/MEC, a idealização do modelo dos IFs não comportava que houvesse diferenciação entre carreiras para profissionais de uma mesma atividade em uma mesma instituição, e por isso o encaminhamento foi constituir uma política de pessoal docente que se adequasse à oferta educacional verticalizada. Conforme a argumentação sobre como surgiu a ideia de os mesmos docentes atuarem nos cursos dos dois níveis de ensino:

---

[299] Dados da CGU, divulgados no Portal da Transparência Federal, informam que até o ano de 2019 havia 174 docentes da carreira de Magistério Superior com lotação em IFs – 62 no IF da Bahia, 1 no IF Brasília, 95 no IF do Maranhão, 10 no IF do Rio de Janeiro, 4 no IF do Rio Grande do Sul e 2 no IF Sudeste de Minas Gerais. Cf. CGU. *Portal da Transparência Pública*: Detalhamento dos Servidores Públicos. Dados atualizados até: 06/2019. Brasília: CGU, 2019.

[300] COSTA, E., 2016.

[301] ROCHA, Luciana de Fátima S.; LÉDA, Denise B. Reflexões sobre o magistério superior no Instituto Federal de Educação, Ciência e Tecnologia. *In*: 37ª REUNIÃO ANUAL DA ANPED. *Anais* [...]. Florianópolis: UFSC: Anped, 2015.

[302] BRASIL, 2006b.

[303] ARCARY, 2015.

[304] LIMA, João M. B. de. *Criação dos Institutos Federais*: os impactos da negociação coletiva sobre o plano de carreira e cargos de magistério do ensino básico, técnico e tecnológico. 2010. 31 p. Trabalho de Conclusão de Curso (Especialização em Negociação Coletiva a Distância) – Escola de Administração, Universidade Federal do Rio Grande do Sul, Porto Alegre, 2010.

Isso está dentro da concepção... [Silêncio]... Porque isso aí, na verdade, é uma falsa hierarquia que se criou. É uma falsa hierarquia, porque o professor está ali, ele é concursado, ele tem formação. Se ele tem formação, a forma de ingresso no concurso é secundária.

[...] Imagina o preconceito que representa: ter, por exemplo, um professor Doutor no Campus *e impedir que esse Doutor dê aula para um aluno do ProEJA ou do curso profissional. Falar: '- Não pode'... Cria uma casta superior, entende?*[305]

A carreira de magistério do EBTT foi estruturada à primeira vez pela Lei n° 11.784/2008. Diferenciava-se da anterior, fundamentalmente, por ampliar o rol de atribuições docentes. Além da atuação nos dois níveis de educação – básica e superior –, deveriam também desenvolver atividades de ensino, pesquisa, extensão e administração[306].

No contexto inicial da carreira as condições de trabalho levaram os docentes dos IFs a mobilizações importantes. Considerando documentos da época, um Relatório de Auditoria da RFEPCT, organizado pelo Tribunal de Contas da União (TCU[307]) sobre IFs das cinco regiões do país, informa um quadro de condições de trabalho que impactavam diretamente sobre a qualidade dos serviços ofertados. Destacam-se o déficit de profissionais nessas instituições, nesse período, de cerca de 7.966 professores (quase 20% dos cargos existentes) e de 5.702 servidores técnicos; baixa atratividade da carreira; empecilhos burocráticos para contratação e movimentação (remoções, transferências); problemas de fixação de docentes nos campi mais distantes de centros urbanos; além de questões de ordem pedagógica, como a sobrecarga de trabalho para os docentes "[...] que são chamados a ministrar disciplinas em áreas diversas daquela para a qual foram contratados", aumento do número de estudantes por turma e incipiência de cursos de formação para atender à verticalização do ensino.

No plano salarial desse período, embora já se tivesse logrado valores remuneratórios equiparados aos da carreira de magistério superior federal, a carreira de magistério do EBTT não contemplava o cargo de professor titular – que dava um incremento significativo à renda – e, como essas car-

---

[305] EX-GESTOR DA SETEC/MEC, 2018.
[306] BRASIL, 2008b, Art. 111.
[307] TCU. *Relatório de Auditoria Operacional em ações da Rede Federal de Educação Profissional, Científica e Tecnológica*. Brasília: TCU, 2012. p. 47.

reiras respondiam a planos diferentes, ainda faltavam, segundo Lima, J.[308], garantias de "[...] permanência desta equiparação ao longo dos próximos anos".

Conforme apuração de Araujo, José[309], no início da carreira de magistério do EBTT os salários docentes da RFEPCT ocupavam o quinto lugar entre as menores remunerações do Serviço Público Federal com o mesmo nível de escolaridade e contavam com defasagem em relação ao crescimento do salário mínimo.

Os docentes dos IFs não desenvolveram a sua carreira necessariamente como queriam, podendo ser tidos como "[...] atores em uma peça teatral da qual conheciam apenas uma pequena cena", para usar os termos de Elias[310], mas isso não significou que não tensionaram a rede de interdependência em favor de sua condição profissional. A busca por melhores condições de trabalho e da organização da carreira mobilizou intensas greves e reivindicações políticas, com destaque aqui para as que alcançaram alterações na carreira, nos anos de 2011, 2012 e 2024.

Nos anos de 2011 e 2012, documentos do Sindicato Nacional dos Servidores Federais da Educação Básica, Profissional e Tecnológica (Sinasefe[311]) e da Federação de Sindicatos de Professores e Professoras de Instituições Federais de Ensino Superior e de Ensino Básico, Técnico e Tecnológico (Proifes[312]) trazem um retrato do processo de duas greves consecutivas, iniciado por aquele sindicato e considerado finalizado pelo governo mediante acordo com essa federação sindical. Doze anos depois, em 2024, deflagrou-se um novo movimento grevista, desta vez, tendo conseguido o governo firmar acordo com as representações do Sinasefe, Proifes e Sindicato Nacional dos Docentes das Instituições de Ensino Superior (Andes-SN).

---

[308] LIMA, J., 2010, p. 27.

[309] ARAUJO, José Valdir D. *A precarização do trabalho docente no Instituto Federal de Educação, Ciência e Tecnologia do Maranhão – IFMA*. 2011. Dissertação (Mestrado em Educação) – Faculdade de Educação, Universidade de Brasília, Brasília, 2011.

[310] ELIAS, 2006, p. 76.

[311] SINASEFE. *Boletim Especial de Greve*, Brasília, n. 1, 29 jul. 2011a.
·SINASEFE. *Boletim Especial de Greve*, Brasília, n. 13, 28 ago. 2011b.
·SINASEFE. *Boletim Especial de Greve*, Brasília, n. 16, 06 set. 2011c.
·SINASEFE. *Boletim Especial de Greve*, Brasília, n. 24, 24 out. 2011d.
·SINASEFE. *Boletim Especial de Greve*, Brasília, n. 001, 19 jun. 2012a.
·SINASEFE. *Boletim Especial de Greve*, Brasília, n. 11, 11 ago. 2012b.
·SINASEFE *Boletim Especial de Greve*, Brasília, n. 12, 17 ago. 2012c.
·SINASEFE *Boletim Especial de Greve*, Brasília, n. 14, 31 ago. 2012d.

[312] PROIFES. *Carreira e salários:* histórico e perspectivas. Brasília: ProIFEs, 2014.

No que toca aos IFs, a primeira dessas greves com maior expressão sobre as mudanças da carreira de magistério do EBTT durou cerca de 86 dias (de 29 de julho a 2 de outubro de 2011), com até 228 campi paralisados. Depois foi retomada no ano seguinte, junto à greve dos docentes das Universidades Federais[313], tendo durado cerca de 89 dias (de 13 de junho a 10 de setembro de 2012), com até 296 campi paralisados[314]. A terceira dessas greves durou cerca de 85 dias (de 3 de abril a 27 de junho de 2024) e alcançou até 562 campi paralisados[315].

As reformulações da carreira constam nas Leis nos. 12.702/2012[316], 12.772/2012[317], 12.863/2013[318] e, até o momento de conclusão deste texto, no Termo de Acordo do MEC com os Docentes da Rede Federal, de 2024[319].

Basicamente, a primeira Lei n° 12.702/2012, reorganizou a estrutura remuneratória das carreiras de magistério do EBTT e de magistério superior federais, que passou a contar com apenas duas linhas, Vencimento Básico (VB) e Retribuição por Titulação (RT), por ter incorporado a Gratificação Específica de Atividade Docente do Ensino Básico, Técnico e Tecnológico (GEDBT) ao VB. Isso representou um ganho para a categoria.

Ao final do mesmo ano, 2012, com a segunda Lei n° 12.772/2012, foi estabelecido um novo Plano de Carreiras e Cargos de Magistério Federal, composto pelas carreiras de magistério do EBTT e de magistério superior e pelos cargos isolados de professor titular-livre do magistério superior e de professor titular-livre do ensino básico, técnico e tecnológico.

---

[313] Cf. IASI, Mauro. A greve nacional dos professores das Universidades Federais. *Blog da Boitempo*, 30 maio. 2012.

[314] Para além das pautas específicas, os movimentos desse período também compuseram um expressivo conjunto de mobilizações nacionais com outras categorias do funcionalismo público nesse período, como anotado pelo Departamento Intersindical de Estatística e Estudos Socioeconômicos (Dieese). Dieese. Balanço das greves em 2010-2011. *Estudos e pesquisas*, São Paulo, n. 63, p. 1-35, nov. 2012.

[315] GREVE 2024: TERMOS DE ACORDO serão assinados em 27/06. *Portal do Sinasefe*, 26 jun. 2024.

[316] BRASIL. Lei n° 12.702, de 7 de agosto de 2012. Dispõe [...] sobre os ocupantes de cargos [...] das Carreiras de Magistério Superior e do Ensino Básico, Técnico e Tecnológico, [...] sobre as gratificações e adicionais que menciona; altera as Leis nos[...] 11.784, de 22 de setembro de 2008 [...]; e dá outras providências. *Diário Oficial da União*: seção 1, Brasília, DF, n. 153, p. 1-46, 8 ago. 2012a.

[317] BRASIL. Lei n.º 12.772, de 28 de dezembro de 2012. Dispõe sobre a estruturação do Plano de Carreiras e Cargos de Magistério Federal; [...] sobre o Plano de Carreira e Cargos de Magistério do Ensino Básico, Técnico e Tecnológico [...] e dá outras providências. *Diário Oficial da União*: seção 1, Brasília, DF, n. 251, p. 1-19, 31 dez. 2012b.

[318] BRASIL. Lei n.º 12.863, de 24 de setembro de 2013. Altera a Lei n° 12.772, de 28 de dezembro de 2012, que dispõe sobre a estruturação do Plano de Carreiras e Cargos de Magistério Federal; altera as Leis [...] 11.892, de 29 de dezembro de 2008 [...] ; e dá outras providências. *Diário Oficial da União*: seção 1, Brasília, DF, n. 186, p. 1-3, 25 set. 2013.

[319] BRASIL, Ministério da Gestão e da Inovação em Serviços Públicos. *Termo de Acordo 10/2024* [Reestruturação do Plano de Carreiras e Cargos de Magistério Federal]. Brasília, 2024.

Como visto anteriormente, essa não foi a primeira vez que as carreiras docentes federais das universidades e das instituições de Educação Profissional foram disciplinadas em conjunto, mas sempre foram delimitadas as diferenças entre elas[320].

Para o que importou à carreira de magistério do EBTT[321], prevaleceram diretrizes iguais às da carreira de magistério superior quanto às faixas salariais, regimes de trabalho, estrutura das classes e níveis de progressão funcional, cargos de professor titular-livre respectivo a cada carreira, requisitos para concessão de afastamentos para estudos de pós-graduação e a existência de uma Comissão Permanente de Pessoal Docente (CPPD), eleita por pares, em cada instituição, para assessorar as políticas de pessoal docente.

A carreira de magistério do EBTT comporta dois cargos: professor do ensino básico, técnico e tecnológico, com várias classes e níveis; e professor titular-livre do ensino básico, técnico e tecnológico, de classe e nível únicos. De acordo com essa legislação, para o cargo de professor do ensino básico, técnico e tecnológico, o ingresso na carreira deve se dar sempre na primeira classe e nível, independentemente da titulação do docente.

As progressões entre os níveis devem ocorrer a cada dois anos, mediante avaliação anual de desempenho. Essa estrutura representou uma mudança nas políticas de desenvolvimento da carreira até então. Antes os docentes já ingressavam na classe respectiva à sua titulação – por exemplo, docentes com título de especialização já ingressavam na classe DII e os com título de mestrado ou doutorado já na classe DIII. Conforme o desenho aprovado no Plano de Carreiras e Cargos de 2012, somente após o estágio probatório em três anos e comprovação da titulação pode ser feita aceleração da promoção entre classes.

Quando instituída, a classe titular foi uma novidade para a carreira de magistério do EBTT. Existia antes como cargo isolado, com ingresso apenas por concurso público próprio[322]. Com as alterações conquistadas após as mobilizações de 2011 e 2012, o cargo foi transformado em uma classe, acessível por progressão interna desde que o docente tenha alcan-

---

[320] Floro, 2016 historicizou o PUCRCE de 1987, que abrigava essas duas carreiras docentes e mais a dos servidores TAEs das Instituições Federais de Educação. Prevaleciam distinções de ordem salarial, previdenciária e de atribuição profissional entre elas.

[321] BRASIL, 2012b, 2013.

[322] BRASIL, 2008b.

çado o tempo mínimo de dois anos no nível 4 da classe D-IV; possua o título de doutor; submeta-se e seja aprovado à avaliação de desempenho no cargo; e seja aprovado em apresentação de memorial ou defesa de tese acadêmica inédita.

Cada IF organiza o próprio processo de ascensão à classe titular de seus docentes, o que no IF Baiano deu-se com a aprovação do *Regulamento para Ascensão à Classe Titular da Carreira de Magistério do Ensino Básico, Técnico e Tecnológico*[323]. O documento prevê as condições para a avaliação da trajetória profissional dos docentes, mediante apresentação de memorial que comprove o desempenho de atividades de ensino, pesquisa e/ou extensão e/ou gestão acadêmica ou defesa de tese acadêmica desenvolvida para este fim. A avaliação é realizada por uma Comissão Especial de Avaliação – composta em sua maioria de membros externos à instituição – e a CPPD.

A carreira conta ainda com o cargo de professor titular-livre do ensino básico, técnico e tecnológico, de apenas um nível, com ingresso por concurso público exclusivo e a melhor condição de remuneração da carreira. Não foi encontrada nenhuma referência de que tenha havido concurso para esse cargo, em nenhum IF, até o final desta pesquisa, mas a previsão legal de sua existência já sinaliza a ampliação da complexidade dessa carreira.

A terceira regulamentação sobre a carreira de magistério do EBTT, decorrente do acordo de greve do MEC com os docentes da Rede Federal de 2024, reorganizou classes e níveis tendo em vista torná-la mais atraente para os futuros ingressantes e os docentes com até oito anos no cargo. Com as alterações, as duas classes e quatro níveis iniciais foram aglutinados em apenas uma classe de entrada, possibilitando a aceleração no desenvolvimento na carreira. Inclusive, aprovou-se que os docentes posicionados na classe DII-nível 2 obteriam progressão para a classe D-III logo no início do ano de 2025 (Quadro 6).

---

[323] IF BAIANO. *Resolução n.º 23, de 18 de maio de 2016 – Conselho Superior/IF Baiano*. Regulamento para Ascensão à Classe Titular da Carreira de Magistério do Ensino Básico, Técnico e Tecnológico, no âmbito do Instituto Federal de Educação, Ciência e Tecnologia Baiano. Salvador: IF Baiano, 2016c.

Quadro 6 – Estrutura da Carreira de Magistério do Ensino Básico, Técnico e Tecnológico (Brasil, 2024)

Cargo	Classe	Nível
Professor Titular-Livre do Ensino Básico, Técnico e Tecnológico	-	Único
Professor do Ensino Básico, Técnico e Tecnológico	Titular	1
	D IV	4
		3
		2
		1
	D III	4
		3
		2
		1
	D II	2
		1
	D I	2
		1

Fonte: Brasil (2024)[324]

Essa reestruturação foi decorrente de uma intensa greve ocorrida no ano de 2024, mas também, da concepção do governo à época, de um olhar mais sensível à valorização do funcionalismo público federal do que os dois governos dos períodos anteriores.

Em perspectiva histórica, a organização da carreira de magistério do EBTT se dá vinculada a movimentos de reivindicação de seus trabalhadores e trabalhadoras por melhorias da sua condição profissional. Intensas greves, com mobilização e paralisação de atividades das diversas instituições, levaram esses profissionais a refletirem a sua condição trabalhista junto ao governo federal, pleitearem e alcançarem mudanças.

Nesse ponto é interessante retomar os conceitos de Elias[325] para pensar a constituição das profissões em uma interdependência entre as condições social e politicamente disponíveis em cada tempo histórico e as necessidades e anseios das pessoas que realizam e constituem a atividade. A carreira de magistério do EBTT é uma construção histórica e interdependente, forjada

---

[324] BRASIL, 2024, p. 4
[325] ELIAS, 2006.

no imbricamento entre interesses dos agentes do Estado, condições técnicas e socioeconômicas disponíveis e anseios dos sujeitos que a constituem.

A atuação dos docentes dos IFs nesses movimentos de greve demonstra também a complexidade de organização dessa profissão, no sentido de sua profissionalidade. Por serem docentes que atuam nos IFs mas integram uma carreira vinculada ao magistério federal, os movimentos paredistas dessa categoria geralmente se dão unificados com os servidores TAEs dos IFs e com os docentes das universidades federais.

A forma como a carreira de magistério do EBTT está estruturada força a um diálogo com profissionais que partilham o espaço de trabalho e inclusive a mesma organização sindical, mas não executam a mesma atividade com os servidores TAEs e também obriga a dialogar com profissionais que partilham a mesma atividade e mesma carreira do magistério federal, mas não partilham o mesmo espaço e as especificidades do trabalho. Colocam-se, aos docentes dos IFs, desafios quanto à organização sociopolítica e ao reconhecimento de suas pautas específicas que concorrem para sua desprofissionalização, no sentido da indefinição de seu espaço profissional e organização política próprios.

Entretanto, dialeticamente, esses sujeitos movimentam-se por uma reprofissionalização quando têm se colocado a fortalecer a luta política com outros trabalhadores no campo da educação e a buscar pautar o reconhecimento das especificidades de sua atividade dentro e fora dos IFs.

4.2 As especificidades

O trabalho docente da carreira de magistério do EBTT foi delineado por um processo histórico vinculado às institucionalidades dos IFs; porém, há algo que o define enquanto tal? O que ele tem que outros não têm? Dentre outras tantas, oito especificidades caracterizam o trabalho docente na carreira de magistério do EBTT em relação às demais carreiras na educação superior e na educação básica, especificidades essas que se interpenetram para que seja estabelecida essa condição do trabalho.

As especificidades da docência nessa carreira contemplam as condições especiais para aposentadoria, o desenvolvimento profissional, o enfrentamento a condicionantes externos, os mecanismos de controle e de ingresso, a organização sindical, o Reconhecimento de Saberes e Competências (RSC) e a atuação em cursos dos dois níveis de ensino; juntas, aludem a um emaranhado de políticas da RFEPCT, as quais incidem e definem o trabalho docente.

4.2.1 Condição especial para aposentadoria

Como os docentes da carreira de magistério do EBTT também atuam na educação básica, seguem enquadrados no direito à aposentadoria especial concedido pela Constituição Federal de 1988[326] aos professores da educação básica pública brasileira, em seu Art. 40, §5°, com cinco anos a menos de serviço do que os demais servidores públicos.

A manutenção desse dispositivo na definição da carreira atendeu à reivindicação do Conselho de Dirigentes dos Centros Federais de Educação Tecnológica (Concefet[327]), quando das discussões sobre a criação dos IFs, de que a reestruturação da educação profissional não implicasse a perda de direitos como esse. Por isso colocaram como um dos condicionantes para aderirem à criação dos IFs um plano de carreira e de cargos para a docência dessas instituições que fosse "[...] consoante com as prerrogativas da nova instituição, e que assegure os direitos hoje consignados em lei aos atuais quadros do ensino do 1° e 2° graus e do ensino superior dessas instituições".

4.2.2 Desenvolvimento Profissional

O perfil dos docentes dos IFs, composto por uma quantidade significativa de profissionais que não tiveram formação inicial para a docência, interpõe desafios ao desenvolvimento profissional e requer intervenções institucionais. Tomando as reflexões de Fartes e Santos[328], pensar essa dimensão faz-se importante em um contexto de dilemas e paradoxos da docência, que dizem respeito, no caso dos docentes das chamadas áreas técnicas, a uma constituição identitária distante de um reconhecimento como profissionais da educação e com um papel social que pode lhes parecer contraditório, entre o domínio e o ensino de conhecimentos técnicos e científicos e a formação humana.

---

[326] BRASIL. [Constituição (1988)]. *Constituição da República Federativa do Brasil de 1988.* Texto compilado. Brasília, DF: Presidência da República, 2019. Art. 40, § 5°.

[327] CONCEFET. Manifestação do Concefet sobre os Institutos Federais de Educação, Ciência e Tecnologia. *Revista Brasileira da Educação Profissional e Tecnológica*, Natal, v. 1, n. 1, p. 146-157, 2008. p. 151.

[328] FARTES; SANTOS, 2011, p. 384.

Alguns estudos problematizam o desenvolvimento profissional docente nos IFs. Carneiro, Cavalcante e Lopes[329] analisam a constituição do "ser professor" entre docentes bacharéis do IF do Ceará e identificam profissionais que aderiram à docência por habilidades pessoais – decorrentes de momentos de estudo entre colegas e atividades nos cursos de graduação, como seminários, projetos de pesquisa e extensão – e não viam como pertinente uma formação específica para lecionar, o que contraria perspectivas de profissionalização.

Os trabalhos de Silva, S. e Souza[330], no IF da Paraíba, e de Menezes e Rios[331], no IF da Bahia, chegam a conclusões semelhantes: embora reconheçam que tiveram dificuldades no início da carreira, docentes bacharéis e tecnólogos não julgam o conhecimento pedagógico sistematizado como tão importante para seu desenvolvimento profissional.

Conforme Imbernón[332], o desenvolvimento profissional pode ser tido como "[...] qualquer intenção sistemática de melhorar a prática profissional, crenças e conhecimentos profissionais, com o objetivo de aumentar a qualidade docente, de pesquisa e de gestão"; portanto, contempla, mas não se resume à formação.

Nesse sentido, foram observados alguns indícios de incentivo ao desenvolvimento profissional. No âmbito da carreira, identifica-se a retirada da exigência de cumprimento do estágio probatório para os docentes que desejam acessar o afastamento para qualificação em pós-graduação stricto sensu ou pós-doutorado[333].

No âmbito do IF Baiano, esses indícios são notados na *Regulamentação da Atividade Docente*[334] (RAD), que determina que cabe à instituição "[...] prover os meios necessários para o desenvolvimento das atividades docentes, tais como condições estruturais e de segurança e respeito à aderência profissional e à formação continuada, para garantir a qualidade dessas atividades" e, também, em programas e ações institucionais de incentivo à qualificação,

---

[329] CARNEIRO, Isabel Magda S. P.; CAVALCANTE, Maria Marina D.; LOPES, Fátima Maria N. Perspectivas para a formação didático-pedagógica de bacharéis e tecnólogos. *Cadernos GPOSSHE On-line*, v. 1, n. 1, p. 250-275, 2018.

[330] SILVA, S.; SOUZA, 2017.

[331] MENEZES, Graziela N. D.; RIOS, Jane Adriana V. P. Processos de vida-formação na constituição da docência na educação profissional técnica. *Revista Educação em Questão*, Natal, v. 54, n. 41, p. 86-110, maio/ago. 2016.

[332] IMBERNÓN, Francisco. *Formação docente e profissional*: formar-se para a mudança e a incerteza. 4. ed. São Paulo: Cortez, 2004. p. 45.

[333] BRASIL, 2012b, Art. 30.

[334] IF BAIANO. *Resolução n.º 351/2024 - OS-CONSUP/IFBAIANO, de 26 de abril de 2024*. Aprova a Regulamentação da atividade docente do IF Baiano. Salvador, 2024. Art. 7º.

como a concessão de bolsas de estudo e afastamentos remunerados para estudos de pós-graduação *stricto sensu*[335], apoio financeiro para servidores que estudam em instituições privadas[336] e concessão de licença curta para capacitação após o cumprimento de cinco anos de efetivo exercício da docência[337].

Entretanto, até o momento de conclusão desta pesquisa o IF Baiano não possuía uma política própria de formação continuada para o desenvolvimento profissional de seus docentes, havendo momentos pontuais e fragmentários de discussões ou palestras nas chamadas "semanas pedagógicas" nos inícios dos períodos letivos, que ocorrem por iniciativa e interesse das gestões dos campi.

Coloca-se como desafio para esse instituto, portanto, a criação de processos formativos que abarquem o campo profissional da docência entre os que tiveram formação inicial de bacharelado ou tecnologia e, também, de processos formativos para todos os docentes da instituição que atentem para as complexidades e as diversidades entre os níveis de ensino, as modalidades de oferta – presencial e a distância – e as modalidades de ensino, especialmente o ProEJA e as licenciaturas, que são cursos com especificidades próprias e de oferta obrigatória pela instituição.

4.2.3 Reconhecimento de Saberes e Competências (RSC)

O RSC, criado em 2012[338] e regulamentado pelas Portarias do Ministério da Educação[339] n° 491, de 10 de junho de 2013 e n° 1.392, de 20 de dezembro de 2018, também se deu por força das mobilizações grevistas de 2011 e 2012[340]. Trata-se de um benefício financeiro adicional que tem como

---

[335]   IF BAIANO. *Portaria n° 431, de 08 de abril de 2013.* [Diretrizes para concessão de afastamentos de docentes do IF Baiano]. Salvador: IF Baiano, 2013a.

[336]   IF BAIANO. *Programa de Apoio à Qualificação de Servidores.* Salvador: IF Baiano, 2019d.

[337]   IF BAIANO. *Requisitos básicos para a concessão da Licença para Capacitação.* Salvador: IF Baiano, 2019e.

[338]   BRASIL, 2012b, Art. 18.

[339]   MINISTÉRIO DA EDUCAÇÃO. Portaria n° 491, de 10 de junho de 2013. Cria o Conselho Permanente para o Reconhecimento de Saberes e Competências da Carreira do Magistério do Ensino Básico, Técnico e Tecnológico. *Diário Oficial da União*: seção 1, Brasília, DF, n° 110, p. 11, 11 jun. 2013.

MINISTÉRIO DA EDUCAÇÃO. Portaria n° 1.392, de 20 de dezembro de 2018. Altera a Portaria n.º 491, de 10 de junho de 2013, que cria o Conselho Permanente para o Reconhecimento de Saberes e Competências da Carreira do Magistério do Ensino Básico, Técnico e Tecnológico. *Diário Oficial da União*: seção 1, Brasília, DF, n° 245, p. 772-773, 21 dez. 2018.

[340]   Cf. FABRE, Larissa. *O Reconhecimento de Saberes e Competências no âmbito do Instituto Federal de Santa Catarina e as novas qualificações docentes.* 2017. Dissertação (Mestrado em Administração Universitária) – Centro Sócio Econômico, Universidade Federal de Santa Catarina, Florianópolis, 2017.

parâmetro a comprovação do domínio de algumas competências profissionais, podendo-se equiparar a percepção da Retribuição por Titulação (RT) com o nível de qualificação imediatamente superior.

Assim, os docentes que comprovarem o desempenho de atividades mais complexas que as expectadas para a sua titulação podem requerer equivalência remuneratória com a titulação superior à sua nos seguintes níveis: RSC I – docentes com formação de graduação que comprovem os saberes e competências correspondentes a esse nível podem perceber a RT equivalente à de especialização; RSC II – docentes com certificado de pós-graduação lato sensu que comprovem os saberes e competências correspondentes podem perceber a RT equivalente à de mestrado; e RSC III – docentes com titulação de mestre que comprovem os saberes e competências correspondentes podem perceber a RT equivalente à de doutorado[341].

Nos estudos sobre esse tema, debates acalorados colecionam posicionamentos os mais diversos. Brito e Caldas[342], por exemplo, apontam que o RSC se tornou um dispositivo "cobiçado" por docentes da carreira de magistério superior e pelos servidores TAEs.

Já um grupo de outros autores faz críticas a essa política. Santiago[343] relaciona a obtenção do RSC à intensificação da jornada de trabalho docente, no contexto do IF Sudeste de Minas Gerais, observada "[...] pelo aumento da carga horária e pela atuação em diferentes programas". Costa, E.[344], analisando a problemática no contexto do IF do Maranhão, que comporta docentes de duas carreiras distintas, considera que o RSC representou uma diferenciação interna que "[...] aponta a precarização da carreira MS [Magistério Superior] em comparação com a EBTT na RFEPCT", sendo "[...] este 'ganho' na carreira EBTT problemático", dadas as insatisfações que criou entre os docentes que integram a carreira de magistério superior e não podem acessar esse direito – impasse também relatado por Brito e Caldas. Na mesma esteira, Silva, P. e Melo[345] consideram o RSC como "[...] uma estratégia de contenção de gastos e [da] busca por formação continuada".

---

[341] BRASIL, 2012b.

[342] BRITO, D. S.; CALDAS, F. S. A evolução da carreira de Magistério de Ensino Básico, Técnico e Tecnológico (EBTT) nos Institutos Federais. *Revista Brasileira da Educação Profissional e Tecnológica*, Natal, n. 10, v. 1, p. 85-96, 2016. p. 93.

[343] SANTIAGO, 2015, p. 49.

[344] COSTA, E., 2016, p. 114.

[345] SILVA, Paula Francisca da; MELO, Savana D. G. O trabalho docente nos Institutos Federais no contexto de expansão da educação superior. *Educação e Pesquisa*, São Paulo, v. 44, e177066, p. 1-18, 2018. p. 9.

Dois outros estudos cogitam que o RSC pode levar à perda do interesse dos docentes por fazerem cursos de pós-graduação. Para Floro[346], o RSC "[...] pode se configurar, no futuro, em um estímulo para o docente postergar a decisão de ingressar em cursos de formação acadêmica, ou mesmo não fazê-lo". E nas palavras de Siqueira[347], com o RSC, os docentes "[...] podem gradativamente perder o interesse em cursar programas de pós-graduação, uma vez que já obtiveram o 'ganho financeiro' em suas carreiras".

Entretanto, em dois estudos que tratam dados concretos sobre o RSC, a saber, Fabre[348] e Lima, N. e Cunha[349], considerando, respectivamente, as realidades do IF de Santa Catarina e do Cefet de Minas Gerais, identifica-se que após a aprovação do RSC o número de docentes com doutorado continuou aumentando, bem como a procura para cursar pós-graduação.

No IF Baiano esses resultados também se confirmam: a obtenção do RSC não fez diminuir nem estagnar a busca por ampliação da qualificação. Ao contrário, houve grande aumento do número de docentes que obtiveram afastamento remunerado para cursar pós-graduação entre 2010 e 2017, saltando de 4 para 78 afastamentos (Gráfico 1), o que ainda não exclui casos de docentes que façam cursos de pós-graduação sem acessar o benefício do afastamento.

Gráfico 1 – Evolução do número de afastamentos docentes para pós-graduação (IF Baiano, 2010-2017)

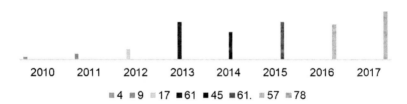

Fonte: IF Baiano (2017)[350]

---

[346] FLORO, 2016, p. 89.
[347] SIQUEIRA, Aline B. de. *Sofrimento, processo de adoecimento e prazer no trabalho*: as estratégias desenvolvidas pelos docentes do Instituto Federal de Educação, Ciência e Tecnologia de Pernambuco na (re)conquista da sua saúde. 2015. Tese (Doutorado em Ciências Humanas) – Centro de Filosofia e Ciências Humanas, Universidade Federal de Santa Catarina, Florianópolis, 2015. p. 122.
[348] FABRE, 2017.
[349] LIMA, N.; CUNHA, 2018.
[350] IF BAIANO. *Infográficos relativos à gestão de pessoas no âmbito do IF Baiano*. Salvador: IF Baiano, 2017a.

Confirmando o aumento da busca de qualificação dos docentes a despeito da política do RSC, outros dados dos relatórios de gestão do IF Baiano mostram que, à exceção do nível de aperfeiçoamento, houve aumento das titulações entre os anos de 2014 e 2017, especialmente de mestrado e doutorado[351] (Gráfico 2). Nota-se que entre 2014 e 2017 o IF Baiano passou de 94 para 114 docentes com titulação máxima de especialização, de 269 para 388 docentes com mestrado e de 137 para 202 docentes com doutorado.

Gráfico 2 – Número de docentes conforme o nível de qualificação (IF Baiano, 2014-2017)

Fonte: IF Baiano (2015, 2016, 2017, 2018)[352]

Mesmo considerando que apenas o aumento da remuneração seria o que incentiva a busca pela qualificação entre os docentes da carreira do magistério do EBTT, o que em si não é plausível, o RSC não anula essa busca, uma vez que a ascensão à classe titular, ponto mais alto das progressões e promoções, só é possível a portadores de título de doutor.

O RSC pode ser interpretado como um dispositivo que serve duplamente, de profissionalização, por ter reconhecido a especificidade do trabalho na Educação Profissional Científica e Tecnológica; e de desprofissionalização, por ter alterado um referencial de profissionalidade docente pautado no mérito dos títulos acadêmicos.

---

[351] Há que se considerar que nesse período também houveram novos ingressos de docentes na instituição, com os concursos públicos. Esses concursos, nas últimas edições, tiveram como requisito apenas a graduação, por isso também aumentou o número de docentes graduados nos dados apresentados.

[352] IF BAIANO. *Relatório de gestão 2014*. Salvador: IF Baiano, 2015c.
IF BAIANO. *Relatório de gestão 2015*. Salvador: IF Baiano, 2016b.
IF BAIANO. *Relatório de gestão 2016*. Salvador: IF Baiano, 2017b.
IF BAIANO. *Relatório de gestão 2017*. Salvador: IF Baiano, 2018.

4.2.4 Organização Sindical

A organização sindical é mais um elemento que faz a docência nos IFs ser, diga-se, peculiar. Inicialmente a categoria se fez representar pelo seu local de trabalho, junto a profissionais de outra carreira, mas isso levantou posicionamentos contrários e constituiu-se uma representação a partir da categoria laboral. Porém, não se anulou a forma anterior de organização sindical, prevalecendo essas duas lógicas.

Explico melhor. Quando ainda não havia o direito à sindicalização do funcionalismo público brasileiro, a categoria docente, junto com os servidores TAEs, era representada pela extinta Federação Nacional das Associações de Servidores das Escolas Técnicas e Agrotécnicas Federais (Fenasefe), a qual, após a Constituição de 1988, foi transformada no Sinasefe[353]. A condição de um sindicato abrigar duas categorias diferentes provocava inquietações e isso levou, em 2005, à formação da Federação de Sindicatos Proifes, representando as carreiras de magistério do EBTT e de magistério superior de algumas IFEs.

Principalmente no contexto das greves de 2011 e 2012, a Proifes pautou a negociação que foi iniciada pelo Sinasefe e o Andes-SN e assinou o acordo com o governo federal para definição da carreira docente. Essa federação sindical vinha firmando-se como referência na representação docente das instituições da rede federal de educação, inclusive sob o discurso de salvaguardar a especificidade desse segmento, mas, contraditoriamente, vem abrindo-se para sindicatos que também representam duplamente docentes e servidores TAEs dos IFs[354].

A situação da representação política da categoria docente nos IFs, que em tese pode ser um instrumento de luta pelo reconhecimento profissional, como se vê, é complexa e concorre para a sua desprofissionalização. No Sinasefe, essa representação está junto ao segmento técnico-administrativo; na Proifes, junto ao segmento da carreira de magistério superior; nos dois cenários, está representada por organizações que não abarcam apenas a especificidade da carreira de magistério do EBTT. Mantendo as duas representações ao mesmo tempo, *disputando a base*, como se diria no jargão sindical, sua unidade política é ainda mais enfraquecida.

---

[353] SINASEFE. *Revista comemorativa dos 20 anos do Sinasefe*. Brasília: Sinasefe, 2008.
[354] Cf. SINDIEDUTEC-PR. *Nossa história*. Curitiba: Sindiedutec-PR, 2019.

A organização sindical docente no IF Baiano é mais particular ainda e concorre para o enfraquecimento da sua representação política. Este único local de trabalho, até o encerramento da pesquisa, é representado por três seções sindicais, do Sinasefe, pois não houve consenso em unificar as quatro seções que já existiam, vinculadas às EAFs, antes da criação do IF Baiano. A Seção IF Baiano foi criada da unificação das seções dos campi Senhor do Bonfim, Santa Inês e Reitoria e agrega mais cinco campi novos. As seções Catu e Guanambi não aderiram à unificação e permanecem independentes, representando os servidores respectivos a esses e também de outros campi do instituto[355].

4.2.5 Requisitos para ingresso

Os requisitos para ingresso na carreira de magistério do EBTT implicam especificidades quanto à formação mínima e ao notório saber. No que tange aos requisitos de formação, o Plano de Cargos e Carreiras do Magistério Federal colocado pela Lei n.º 12.772, de 28 de dezembro de 2012,[356] implicou dois movimentos que impactaram sobre a profissionalidade da docência nos IFs, no sentido da sua desprofissionalização. Primeiro, retirou a obrigatoriedade de formação específica para a docência em curso de licenciatura ou equivalente, revogando critério que estava definido desde a criação da carreira pela Lei n.º 11.784, de 22 de setembro de 2008[357]. Segundo, estabeleceu a titulação de graduação como requisito mínimo para ingresso na carreira de magistério do EBTT[358].

Alguns estudos, a exemplo de Costa, E.[359] e Floro[360] criticam a diferenciação dos níveis de titulação requeridos para o ingresso nas duas carreiras do Plano de Cargos e Carreiras do Magistério Federal[361], alegando que os IFs, no que tange aos cursos de educação superior, são avaliados como as universidades federais e, portanto, deveriam ter os mesmos parâmetros de ingresso. Por outro lado, segundo as reflexões de Fartes e Santos[362] e de Silva,

---

[355] Cf. SINASEFE. *Seções sindicais*. 2019.

[356] BRASIL, 2012b, Art. 50, inciso I.

[357] BRASIL, 2008b, Art. 113, §2°, inciso I – revogado.

[358] Logo no ano seguinte o Plano de Cargos foi alterado pela Lei n.º 12.863, de 24 de setembro de 2013 e resgatou, apenas para a carreira de Magistério Superior, a exigência de titulação mínima de doutorado para ingresso na carreira. Cf. BRASIL, 2013;

[359] COSTA, E., 2016.

[360] FLORO, 2016.

[361] BRASIL, 2012b.

[362] FARTES; SANTOS, 2011.

S. e Souza[363], a cultura profissional da docência na Educação Profissional Científica e Tecnológica é forjada em contextos de trabalho complexos, entre conhecimentos técnicos e formação humana, para o que devem contar também os saberes da experiência. Nesse sentido, a importância da qualificação deveria equiparar-se, sem se sobrepor, à da experiência.

Uma incursão sobre os concursos públicos para ingresso nessa carreira também mostra que os critérios para ingresso na carreira de magistério do EBTT carregam a marca do conflito entre as exigências acadêmicas de qualificação e a experiência profissional.

Tomando dados do IF Baiano[364] como referência, nos três primeiros concursos para provimento efetivo de docentes, nos anos de 2009, 2010 e 2012, a titulação mínima de mestrado foi requerida para a maioria das vagas, havendo menos cargos em que foi solicitada pós-graduação lato ou stricto sensu e menos ainda de graduação. Nos três últimos concursos, dos anos de 2015, 2016 e 2019, já sob a regulamentação da carreira, passou a ser requerida a titulação mínima de graduação para todos os cargos.

Aqui se poderia concluir que a legislação vem sendo atendida e, portanto, tem-se privilegiado um perfil voltado para a docência na educação básica profissional de nível médio, para o qual se requer apenas a graduação, em detrimento de um perfil voltado para a docência na educação superior, pautado na titulação. Mas é no contexto da prática que as traduções das políticas podem atentar para o complexo e o contraditório.

Aprofundando a análise dos dados sobre esses concursos, quando os requisitos de titulação foram maiores, a experiência profissional também teve algum peso na seleção, portanto, havia alguma equiparação entre titulação e experiência; quando a titulação mínima para todos os cargos passou a ser a de graduação, a experiência profissional foi reduzida a um

---

[363] SILVA, S.; SOUZA, 2017.
[364] IF BAIANO. Edital n° 01, de 12 de maio de 2009. *Diário Oficial da União*: Seção 3, Brasília, DF, n. 89, p. 37, 13 maio 2009.
·IF BAIANO. Edital n° 8 de 24 de março de 2010. *Diário Oficial da União*: Seção 3, Brasília, DF, n. 57, p. 41-48, 25 mar. 2010.
·IF BAIANO. Edital n° 90 de 23 de maio de 2012. *Diário Oficial da União*: Seção 3, Brasília, DF, n. 101, p. 45-52, 25 maio 2012.
·IF BAIANO. Edital n° 65, de 17 de setembro de 2015. *Diário Oficial da União*: Seção 3, Brasília, DF, n. 186, p. 49-55, 29 set. 2015a.
·IF BAIANO. Edital n° 70, de 31 de agosto de 2016. *Diário Oficial da União*: Seção 3, Brasília, DF, n. 169, p. 48-55, 1 set. 2016a.
·IF BAIANO. Edital n° 64, de 14 de maio de 2019. *Diário Oficial da União*: Seção 3, Brasília, DF, n. 104, p. 68-76, 31 maio 2019b.

peso quase insignificante, sendo construído um modo de atender à legislação sem perder a busca pelo atendimento ao critério acadêmico.

Conforme os indicadores demonstrados a seguir, em todas as séries de dados consideradas, a titulação acadêmica teve papel preponderante de seleção. Na única edição de concurso em que a experiência profissional e/ou docente esteve no mesmo patamar de exigência da titulação acadêmica, em 2009, os docentes em sua maioria, tinham que ter formação mínima de mestrado para ingressar na carreira. Posteriormente, somente no concurso de 2012 a experiência representou um terço da seleção e teve peso maior que as atividades técnico-científicas.

Nos concursos em que a formação mínima requerida para todos os cargos foi a de graduação, as atividades técnico-científicas tiveram peso esmagadoramente maior sobre a experiência profissional, chegando a ser mais do que seis vezes maior nos concursos de 2016 e 2019. Esses resultados são semelhantes aos da pesquisa de Cruz e Vital[365] sobre concursos públicos dos IFs da Região Centro-Oeste. Todavia, no dizer dessas autoras, as provas de títulos dos concursos "precarizam" a profissionalidade docente nos IFs por valorizarem mais atividades relacionadas a um perfil de pesquisador, tidas como critérios típicos de seleções para universidades, em detrimento de critérios relacionados à docência ou à experiência profissional, que estariam mais alinhados com a profissionalidade dos docentes dos IFs (Gráfico 3).

Gráfico 3 – Proporções dos pesos das provas de títulos nos concursos docentes (IF Baiano, 2009-2019)

Fonte: IF Baiano (2009, 2010, 2012, 2015, 2016, 2019)[366]

---

[365] CRUZ, S. P. S.; VITAL, T. R. S. A construção da profissionalidade docente para a Educação Profissional: análise de concursos públicos para docente. *Holos*, Natal, ano 30, v. 2, p. 37-46, 2014. p. 44.
[366] IF BAIANO, 2009, 2010, 2012, 2015a, 2016a, 2019b.

Entendo que isso pode expressar mais uma desprofissionalização do que propriamente uma precarização da profissionalidade, posto que a (in) definição dos elementos de seleção para ingresso dá-se muito mais pelas especificidades da docência nessa carreira, que abarca os dois níveis de ensino, do que pela deterioração de condições de trabalho – o que configuraria uma precarização.

Além da formação mínima, os requisitos que definem quem pode e quem não pode integrar a carreira de magistério do EBTT também englobam um dispositivo, criado recentemente, que implicou sobre a docência na educação profissional como um todo e vem suscitando polêmicas: o notório saber.

Cabe pontuar que esta não foi a primeira vez que esse termo rondou o trabalho dos docentes das instituições federais de educação profissional. Ainda nos anos 1980, com a Portaria n.° 330, de 4 de maio de 1981[367], o notório saber já significou "[...] a comprovação de capacidade adquirida de maneira autônoma, fora dos instrumentos de educação formal" e estava vinculado à ideia de valorização da produção técnico-científica ou do desempenho profissional dos docentes já integrantes da carreira, de modo que, mediante avaliação, ao invés de aguardarem o transcorrer do longo tempo, de vinte e cinco anos, poderiam prestar o concurso para acessar a classe de titular de ensino de 1º e 2º Graus[368].

A versão mais recente em que o notório saber é trazido à baila está disciplinada na Lei n.° 13.415, de 16 de fevereiro de 2017[369], da Reforma do Ensino Médio. Essa, alterou a Lei de Diretrizes e Bases da Educação Nacional (LDB) para incluir mais duas categorias no rol dos sujeitos que se pode considerar como profissionais da educação escolar básica:

> IV - profissionais com notório saber reconhecido pelos respectivos sistemas de ensino, para ministrar conteúdos de áreas afins à sua formação ou experiência profissional, atestados por titulação específica ou prática de ensino em unidades educacionais da rede pública ou privada ou das corporações

---

[367] MINISTÉRIO DA EDUCAÇÃO E CULTURA. Portaria n° 330, de 4 de maio de 1981. Expede normas para orientar a aplicação do Decreto n° 85.712, de 16 de fevereiro de 1981, que dispõe sobre a carreira de Magistério de 1º e 2º Graus. *Diário Oficial da União*: Seção 1, Brasília, DF, n. 84, p. 8.253-8.255, 1981. p. 8.253.

[368] BRASIL, 1981a.

[369] BRASIL. Lei n° 13.415, de 16 de fevereiro de 2017. Altera as Leis n.ºs 9.394, de 20 de dezembro de 1996, que estabelece as diretrizes e bases da educação nacional [...]; e institui a Política de Fomento à Implementação de Escolas de Ensino Médio em Tempo Integral. *Diário Oficial da União*: seção 1, Brasília, DF, n. 35, p. 1-3, 17 fev. 2017. Art. 6°, grifo nosso.

privadas em que tenham atuado, exclusivamente para atender ao inciso V do *caput* do art. 36 [que corresponde à docência na formação técnica e profissional];

V - profissionais graduados que tenham feito complementação pedagógica, conforme disposto pelo Conselho Nacional de Educação.

Esse dispositivo foi recebido com grandes críticas no campo educacional brasileiro, como se pode ver nos estudos de Gomide e Jacomeli[370], de Oliveira, S., Oliveira e Araújo[371] e de Santos, V.[372], apontando para um indício de desprofissionalização da docência, posto que o país vinha até então avançando em um processo de construção de políticas que garantiam a necessidade de uma formação específica em cursos de licenciatura ou de nível médio (curso normal) e, também, de respeito aos preceitos legais e constitucionais[373] que requerem aprovação em concursos públicos de provas e títulos para atuar na educação básica pública.

Essa questão tem diferentes prismas. Com efeito, desvincular a necessidade de uma formação específica para a docência dos requisitos para exercê-la, como parece acenar o ainda não regulamentado estatuto do notório saber, enfraquece a sua profissionalidade por deslegitimar a posse de um conhecimento profissional específico – o conhecimento pedagógico – e obtido em instituições e cursos próprios para isso. Preocupação semelhante é colocada por Costa, M., Silva e Lemos[374], de que com isso se legitime a docência como subocupação para profissionais sem formação específica.

Por outro lado, essa questão também requer problematizar que a docência é uma profissão complexa para à qual concorrem saberes de diversas ordens, inclusive, mas não somente, os da formação profissional em licenciatura ou curso de magistério. À luz do que apontam os estudos de

---

[370] GOMIDE, Denise C.; JACOMELI, Mara Regina M. Notório saber: desregulamentação da formação docente na Lei da Reforma do Ensino Médio. *In*: IX ENCONTRO BRASILEIRO DA REDESTRADO. *Anais* [...]. Campinas: Redestrado: Unicamp, 2017.

[371] OLIVEIRA, Sonia Maria S. de; OLIVEIRA, Antonio Ivanildo B. de; ARAÚJO, Fátima Maria L. Saberes, formação, profissionalização ou "notório saber": o que é preciso para ser professor? *Revista Expressão Católica*, v. 6, n. 1, p. 78-84, jan./jun. 2017.

[372] SANTOS, Vania Catarina M. dos. A Reforma do Ensino Médio e suas implicações no trabalho docente. *In*: XIII CONGRESSO NACIONAL DE EDUCAÇÃO EDUCERE. *Anais* [...]. Curitiba: PUC-PR, 2017. p. 1-11.

[373] Cf. BRASIL, 1988, Art. 206, V.

[374] COSTA, Maria Cledilma F. da S.; SILVA, Margareth N. da; LEMOS, Luiz Henrique de G. Reforma do Ensino Médio e formação de professores para a Educação Profissional: nova lei - velhos interesses. *In*: IV COLÓQUIO NACIONAL E I COLÓQUIO INTERNACIONAL A PRODUÇÃO DO CONHECIMENTO EM EDUCAÇÃO PROFISSIONAL. *Anais* [...]. Natal: IFRN, 2017. p. 1-12.

Tardif[375] e Tardif, Lessard, Lahaye[376], trata-se de uma profissão que não se desvincula do indivíduo que a desempenha, o que quer dizer que é forjada nos itinerários de vida pessoal e profissional dessas pessoas – com suas potencialidades e limites.

Tardif e Raymond[377] apontam cinco tipos de saberes que compõem a docência, adquiridos em diferentes espaços e formas de socialização, que podem fundamentar uma reflexão sobre a docência na educação profissional. São estes saberes: da formação docente, advindos da formação inicial e continuada e da socialização com formadores de docentes; dos instrumentos de trabalho, adquiridos no contato com os livros e materiais didáticos e nos processos de adequação destes à atividade pedagógica; da formação escolar, adquiridos na trajetória estudantil e na observação dos próprios mestres; da experiência profissional, advindos das práticas de trabalho e da socialização com colegas docentes; e saberes pessoais, adquiridos na convivência social e familiar e em outros ambientes de socialização. Trata-se de um leque ampliado e complexo de espaços e experiências, cada um com suas especificidades, mas igualmente importantes para constituir o profissional docente.

Reconhecer a complexidade desses saberes não significa esvaziar a importância de uma formação específica para essa profissão. Ao contrário, é defender, conforme Fartes e Santos[378], que as experiências, de diversas ordens, também sejam consideradas nos processos de formação, especialmente as dos docentes da EPCT, os quais em sua maioria, ao iniciarem a carreira com formação apenas sobre os conteúdos que ensinam, já contam com esses outros tipos de saberes para forjarem suas identidades profissionais.

Os estudos sobre saberes da docência nos IFs vêm ganhando espaço no contexto recente, um indicador de que o campo científico já vem atentando para a importância e a necessidade de estudar esse tema. No levantamento da literatura foram encontrados autores que pautam o aprendizado da

---

[375] TARDIF, Maurice. A profissionalização do ensino passados trinta anos: dois passos para a frente, três para trás. *Educação & Sociedade*, Campinas, v. 34, n. 123, p. 551-571, abr./jun. 2013.

·TARDIF, Maurice. *Saberes docentes e formação profissional*. 17. ed. Petrópolis: Vozes, 2014.

·TARDIF, Maurice. Saberes profissionais dos professores e conhecimentos universitários: elementos para uma epistemologia da prática profissional dos professores e suas consequências em relação à formação para o magistério. *Revista Brasileira de Educação*, Rio de Janeiro, n. 13, p. 5-24, jan./abr. 2000.

[376] TARDIF, Maurice; LESSARD, Claude; LAHAYE, Louise. Os professores face ao saber: esboço de uma problemática do saber docente. *Teoria e Educação*, Porto Alegre, n. 4, p. 215-232, 1991.

[377] TARDIF, Maurice; RAYMOND, Danielle. Saberes, tempo e aprendizagem do trabalho no magistério. *Educação & Sociedade*, n. 73, p. 209-244, dez. 2000.

[378] FARTES; SANTOS, 2011.

docência nas histórias de vida e experiências estudantis e profissionais, como Oliveira, R. et al.[379], Menezes e Rios[380], Silva, S. e Souza[381], Carneiro, Cavalcante e Lopes[382] e a construção de uma cultura profissional própria da EPCT, como em Fartes e Santos[383].

Enfim, a questão do notório saber problematiza os saberes que permeiam a docência na educação profissional, mas junto a ela há outros aspectos que não devem ser negligenciados, como a possibilidade de desvalorização da força de trabalho docente, porque dela se requer menos qualificação no bojo das flexíveis relações sociais contemporâneas.

Estudiosos desse tema, como Gomide e Jacomeli[384], Oliveira, S., Oliveira e Araújo[385] e Santos, V.[386], apontam também receios de que essa determinação, mesmo dita como específica para a educação técnica e profissional, abra precedentes para ser estendido às demais etapas e modalidades da educação básica.

Em que pese o MEC ter sido categórico em afirmar que não havia expectativa de que isso acontecesse[387] e, por meio do Conselho Nacional de Educação (CNE[388]), em reafirmar que o dispositivo caberia "[...] apenas no itinerário de formação técnica e profissional para ministrar conteúdos afins à sua formação ou experiência profissional, devidamente comprovadas", parece que a ratificação não foi suficiente para evitar o que se temia, pois, em 2016, quando a lei nacional ainda era medida provisória, um projeto de lei no estado de São Paulo[389], que estava arquivado até o momento de finalização desta pesquisa, confirmou aqueles receios, ao pugnar que "§ 2º – O certificado de Notório Saber terá validade por todo o Estado de São Paulo,

---

[379] OLIVEIRA, R. R.; SILVA, I. B.; CASTRO, D. S. P.; LIMONGI-FRANÇA, A. C. Qualidade de vida no trabalho (QVT): um estudo com professores dos Institutos Federais. *Holos*, v. 6, p. 432-447, 2015.

[380] MENEZES; RIOS, 2016.

[381] SILVA, S.; SOUZA, 2017.

[382] CARNEIRO; CAVALCANTE; LOPES, 2018.

[383] FARTES; SANTOS, 2011.

[384] GOMIDE; JACOMELI, 2017.

[385] OLIVEIRA, S.; OLIVEIRA; ARAÚJO, 2017.

[386] SANTOS, V., 2017.

[387] MEC. *Novo Ensino Médio:* perguntas e respostas. Brasília: MEC, 2017.

[388] CONSELHO NACIONAL DE EDUCAÇÃO, Câmara de Educação Básica. Resolução n.º 3, de 21 de novembro de 2018. Atualiza as Diretrizes Curriculares Nacionais para o Ensino Médio. *Diário Oficial da União*: Seção 1, Brasília, DF, ano 155, n. 224, p. 21, 22 nov. 2018. Art. 29, grifo nosso.

[389] SÃO PAULO (Estado). *Projeto de Lei n.º 839, de 2016*. Dispõe sobre reconhecimento e titulação de notório saber para os cargos de Professores no Estado de São Paulo e fixa outras providências. São Paulo: Assembleia Legislativa do Estado de São Paulo, 2016. Art. 2°, § 2°, grifo nosso.

nas escolas públicas e particulares que ofereçam cursos nos segmentos de ensino da educação básica, regular e/ou técnica", de modo que poderiam vir a ser contratados professores da educação básica regular.

Com efeito, o estatuto do notório saber abre precedentes que carecem atenção e vigilância por parte de quem defende a profissionalidade da docência, em todos os níveis de ensino, pautada em alguma formação que abarque as especificidades desse trabalho. Porém, Ferreti e Silva[390] também alertam que esse dispositivo ganhou a maior parte da pauta da mídia sobre a Reforma do Ensino Médio e acabou por escamotear aspectos tão ou mais importantes, que podem incidir sobre as definições da docência na EPCT, tais como "[...] a pretensão de alterar toda a estrutura curricular e de permitir o financiamento de instituições privadas, com recursos públicos, para ofertar parte da formação", tanto que o tema ainda segue sem uma regulamentação específica e sem ser observada a sua materialização, pelo menos nos IFs.

4.2.6 Condicionantes

Os condicionantes do trabalho referem-se a um conjunto de condições amplas, que inclui e vai além da infraestrutura material da instituição para a realização da docência, e concorre para (in)definir o trabalho docente nos IFs.

Considerando o IF Baiano, destacam-se condições decorrentes da nova institucionalidade, como a integração de múltiplas lógicas institucionais sob uma mesma organização, algumas das quais eram autarquias e passaram a ter que se reportar administrativa e pedagogicamente a uma Reitoria; a alteração das finalidades educativas; o atendimento a diversos perfis de estudantes, que têm tempos, objetivos, idades, níveis de ensino distintos.

A nova institucionalidade colocou diversas atribuições aos docentes do IF Baiano que não atinam apenas à esfera do ensino, pesquisa e extensão, mas também à produção de documentos normativos e orientadores institucionais e de cursos, como estatuto, regimento, Plano de Desenvolvimento Institucional (PDI), Projeto Político Pedagógico (PPP) dos campi, Projetos Pedagógicos de Curso (PPCs) e normativas internas de todos os cursos ofertados na instituição; à maior demanda de representação docente em grupos de trabalho, comissões institucionais e de cursos, como, por exemplo, a Comissão Permanente de Pessoal Docente (CPPD), que teve a demanda de

---

[390] FERRETI, Celso João; SILVA, Monica R. da. Reforma do Ensino Médio no contexto da Medida Provisória n° 746/2016: Estado, currículo e disputas por hegemonia. *Educação & Sociedade*, Campinas, v. 38, n. 139, p. 385-404, abr./jun. 2017. p. 387.

CONTEXTOS, (IN)DEFINIÇÕES E SENTIDOS DO TRABALHO DOCENTE NOS INSTITUTOS FEDERAIS

trabalho ampliada, com o aumento do número de docentes; à participação na gestão de cursos, que incluem, para além dos próprios cargos de coordenação e direção, conselhos de cursos de EPTNM, colegiados de cursos de graduação e de pós-graduação, Núcleos Docentes Estruturantes (NDEs) de cursos de graduação, pós-graduação e de EPTNM; e à participação em comissões de organização institucional para avaliação externa dos cursos de graduação e para credenciamento da instituição.

Há que se considerar também condições relacionadas à expansão e interiorização do conhecimento, incluindo desde estruturas incompletas ou por equipar, como prédios, laboratórios e equipamentos didáticos, bibliotecas, espaços de trabalho para o corpo docente, especialmente nos campi em início de instalação, a condicionantes relacionados à infraestrutura urbana das cidades que sediam os campi no interior do estado, como capacidade para acesso à internet, transporte e acessibilidade à instituição, distância em relação à cidade, uma vez que os campi do IF Baiano, em sua maioria estão localizados em áreas rurais.

Os condicionantes do trabalho docente, inaugurados com a institucionalidade dos IFs, também incluem o confronto entre lógicas diversas de profissionalidade docente e consequente deslocamento das relações de poder na instituição, com a chegada de novos servidores em quantitativo muito superior aos que já pertenciam às escolas agrotécnicas anteriores. Um docente do IF Baiano apontou essa problemática, do ponto de vista dos profissionais que já integravam a instituição antes da transformação institucional, em entrevista concedida a Silva, E., Ledo e Magalhães[391]: "[...] as pessoas traziam a mentalidade da universidade e queriam transformar isso como realidade do instituto, quando a gente sabe que o modelo de instituto é diferente do modelo das universidades".

Além disso, cabe pontuar as especificidades da multicampia, no extenso estado da Bahia que importam dificuldades de trocas de experiências, comunicação e integração entre colegas devido à condição geográfica, dada a distância entre os campi.

Por fim, um condicionante de ordem mais subjetiva: o distanciamento dos familiares e sentimento de não pertencimento e não integração à instituição, entre docentes que tiveram que mudar de cidade e de vida para

---

[391] SILVA, E., LEDO; MAGALHÃES, 2014, p. 2.222.

ocupar o seu posto de trabalho – o que também foi identificado na pesquisa de Medeiros e Torres[392], no IF do Rio Grande do Norte.

Dentre outros estudos sobre os IFs que também sinalizaram essa complexidade de condicionantes do trabalho, Santiago[393] aponta uma relação de "interdependência competitiva" entre os campi, e perda de autonomia administrativa das instituições que se integraram para compor o IF do Sudeste de Minas Gerais.

4.2.7 Organização e Controle

A organização das atividades docentes na jornada de trabalho é normatizada por cada IF desde que obedecidos parâmetros definidos pela Setec. Nesse quesito, observa-se uma tensão entre uma série de dispositivos visando à regulação e resistências à sua implementação.

Uma dimensão que historicamente é palco de enfrentamentos são os limites referenciais de carga horária de aulas. Esses limites são importantes porque expressam a concepção das políticas de organização da atividade docente quanto às atividades que lhe cabem, entre ensino, pesquisa, extensão, gestão e representação institucional – se favorecem mais um perfil de docente como pesquisador, extensionista ou ministrador de aulas. Pois bem, historicamente os documentos oficiais têm confirmado o aumento gradual da primazia da carga horária de ensino sobre as demais atribuições para os e as docentes da RFEPCT.

É interessante acompanhar diretamente o que dizem os documentos legais, para contemplar as direções de organização e controle, que confirmam uma expectativa sobre o perfil esperado para os e as docentes nessas instituições.

Quando ainda era vigente a carreira de magistério de 1° e 2° graus, com especificidades diferentes da carreira de magistério do EBTT, a Portaria MEC n.º 475, de 26 de agosto de 1987,[394] definia apenas limites máximos para a carga horária de ensino, de até 60% da jornada semanal conforme o regime de trabalho, isto é, até vinte e quatro horas de aulas semanais para o regime de tempo integral e até doze horas para o regime de tempo par-

---

[392] MEDEIROS, Jássio P. de; TORRES, Leonor L. Relações entre cultura organizacional e trabalho docente no Instituto Federal do Rio Grande do Norte. *Roteiro*, Joaçaba, Edição Especial, p. 241-272, dez. 2018.

[393] SANTIAGO, 2015, p. 123-124.

[394] MEC. Portaria n.º 475, de 26 de agosto de 1987. Expede Normas Complementares para a execução do Decreto n.º 94.664, de 23 de julho de 1987. *Diário Oficial da União*: seção 1, Brasília, 26 ago. 1987.

cial. Na legislação nacional, a regulamentação mais robusta sobre limites mínimos de carga horária era voltada para a docência em nível superior, prevista pela LDB, Lei n.° 9.394/1996[395], que em seu Art. 57 define que: "Nas instituições públicas de educação superior, o professor ficará obrigado ao mínimo de oito horas semanais de aulas".

Com a criação da carreira de magistério do EBTT, mesmo que a Portaria MEC n.° 475/1987 não mais atendesse às necessidades institucionais, posto que os docentes passaram a atuar também na educação superior por um período considerável, vários IFs se basearam nos limites referenciais existentes para essas duas carreiras, entre no mínimo oito horas e no máximo vinte e quatro horas semanais de aulas, conforme relatado por Silva, R. e Bodart[396].

Em 2016 a Portaria Setec n.° 17/2016[397], dentre outras regulamentações, ampliou esse tempo mínimo e reduziu o tempo máximo dedicado às aulas, fixando esses limites entre dez e vinte horas semanais para docentes em regime de tempo integral e entre oito e doze horas semanais para o regime de tempo parcial. Posteriormente, com a Portaria MEC n.° 983, de 18 de novembro de 2020[398], mais uma vez essa questão foi alterada, vale dizer, apenas para as atividades docentes no âmbito da RFEPCT. Foram fixados apenas limites referenciais mínimos para o ensino, de pelo menos quatorze horas semanais para docentes em regime de tempo integral e dez horas semanais para o regime de tempo parcial.

No IF Baiano, graças à intensa pressão do corpo docente pela aprovação dos documentos institucionais que regulam essa carga horária, na primeira Normatização da Atividade Docente (NAD)[399], em 2013 e na RAD[400], de 2019, esses limites semanais de aulas eram de no mínimo dez e

---

[395] BRASIL. Lei n° 9.394, de 20 de dezembro de 1996. Estabelece as diretrizes e bases da educação nacional. *Diário Oficial da União*: seção 1, Brasília, DF, ano 131, n. 248, p. 1-9, 23 dez. 1996.

[396] SILVA, R.; BODART, 2015.

[397] SETEC. Portaria n° 17, de 11 de maio de 2016. Estabelecer diretrizes gerais para a regulamentação das atividades docentes, no âmbito da Rede Federal de Educação Profissional, Científica e Tecnológica. *Diário Oficial da União*: seção 1, Brasília, DF, ano 153, n. 91, p. 50-51, 13 maio 2016. Art. 13.

[398] MEC. Portaria n° 98, de 18 de novembro de 2020. Estabelece diretrizes complementares à Portaria n.° 554, de 20 de junho de 2013, para a regulamentação das atividades docentes, no âmbito da Rede Federal de Educação Profissional, Científica e Tecnológica. *Diário Oficial da União*: seção 1, Brasília, DF, ano 158, n. 221, p. 58, 19 nov. 2020.

[399] IF BAIANO. *Resolução n.° 24, de 10 de setembro de 2013 – Conselho Superior/IF Baiano*. Normatização da Atividade Docente do Instituto Federal de Educação, Ciência e Tecnologia Baiano. Salvador, 2013b.

[400] IF BAIANO. Resolução n.° 22, de 18 de março de 2019 – Conselho Superior/IF Baiano. Regulamentação da Atividade Docente. Salvador: IF Baiano, 2019f.

no máximo dezesseis horas para docentes em regime de tempo integral e no mínimo oito e no máximo doze horas para docentes em regime de tempo parcial. Em adequação à Portaria n.° 983/2020, uma nova RAD em 2024[401] redefiniu esses limites entre quatorze e quinze horas semanais para os (as) docentes em regime de tempo integral e dez horas semanais para docentes em regime de tempo parcial.

Os dados por si só evidenciam uma tentativa de aumento do controle sobre o trabalho docente nos IFs, com a ampliação da carga horária mínima a ser ocupada com o ensino e consequente diminuição do tempo para as demais atividades que pertinem à carreira, o que pode levar à desprofissionalização. Em sentido mais amplo, essa tentativa representa uma intencionalidade de primazia da transmissão de conhecimento (ensino) sobre a sua produção (pesquisa) e comunicação com a comunidade (extensão). Mas isso não ocorreu sem resistências dos sujeitos. O termo de acordo firmado entre o MEC e representações sindicais da greve de 2024[402], dentre outras pautas, logrou a revogação da Portaria n.° 983/2020, com posterior formulação de uma diretriz para a definição dos limites referenciais de carga horária.

Outra dimensão que afeta a organização e controle sobre o trabalho docente nos IFs são os mecanismos para aferição do cumprimento da jornada de trabalho. A despeito do que comumente acontece com a docência da educação básica, que privilegia a presença física do docente na escola, ou com a docência da educação superior, que privilegia o cumprimento de metas, o trabalho na carreira de magistério do EBTT historicamente combinava frequência e produtividade, assiduidade e alcance de objetivos, controle de ponto e apresentação de resultados.

É histórica a luta dos docentes da carreira de magistério do EBTT pela revogação da obrigatoriedade de comprovar a frequência, por meio de folha de ponto ou mesmo ponto eletrônico, considerada em vários estudos sobre o tema.

Silva e Bodart[403] registram que, com a aprovação do Plano de Cargos e Carreiras de Magistério Federal de 2012, havia uma expectativa entre os próprios docentes dos IFs de que a atividade fosse controlada apenas como a carreira de magistério superior. Segundo Castro[404], a abolição do controle

---

[401] IF BAIANO, 2024.

[402] BRASIL, 2024.

[403] SILVA, R.; BODART, 2015.

[404] CASTRO, Celita M. de. Registro de ponto para a carreira EBTT: mesmas atribuições do Magistério Superior, mas um tratamento diferente. *SindProifes*, 2 ago. 2018.

de frequência tem pautado diversos movimentos do corpo docente dos IFs, inclusive com processos judiciais e reuniões das representações sindicais com o MEC. Já para Amorim Júnior, Schlindwein e Matos[405], o controle sobre o trabalho estabelecido no Regulamento de Atividade Docente do IF de Rondônia expressa a incorporação do modelo gerencial neoliberal no trabalho docente, "[...] evidenciando uma disparidade entre a exigência do capital e a possibilidade humana".

As regulamentações oficiais até o ano de 2024 ratificavam a obrigatoriedade de controle sobre o trabalho docente considerando as duas formas, da frequência e da produtividade, isto é, por comprovar a presença por controle de ponto eletrônico e por demonstrar o cumprimento de metas e objetivos em planos e relatórios individuais de trabalho. Somente com o termo de acordo da greve do ano de 2024 esse dispositivo finalmente foi superado, com a aprovação da "liberação do controle de frequência"[406] para a carreira de magistério do EBTT, uma pauta histórica e muito cara à categoria.

No IF Baiano, o controle sobre a produtividade do trabalho docente se dava por encargo das Pró-Reitorias de Ensino (Proen), Pesquisa e Inovação (Propes) e Extensão (Proex). Tal qual já vinham fazendo desde a NAD de 2012, os docentes devem apresentar Plano Individual de Trabalho (PIT) e Relatório Individual de Trabalho (RIT) semestrais, obedecendo aos parâmetros de dimensionamento de carga horária de atividades da RAD[407].

Esse instituto vem aperfeiçoando seus mecanismos de controle com a implantação de diversos sistemas eletrônicos de gestão da informação que incidem sobre o trabalho docente[408], como já observado em outros IFs[409]. Desses, cabe destaque o Sistema Unificado de Administração Pública (SUAP), que gerencia documentos e processos administrativos e pedagógicos da instituição, inclusive os planos e relatórios de trabalho dos docentes.

---

[405] AMORIM JÚNIOR, Jorge Washington de; SCHLINDWEIN, Vanderléia de L. D. C.; MATOS, Luís Alberto L. de. O trabalho do professor EBTT: entre a exigência do capital e a possibilidade humana. *RPGE – Revista on line de Política e Gestão Educacional*, Araraquara, v. 22, n. 3, p. 1217-1232, set./dez. 2018. p. 1.230.

[406] BRASIL, 2024, p. 2.

[407] Cf. IF BAIANO, 2024.

[408] Não estavam em uso no Campus Guanambi durante a pesquisa de campo.

[409] Cf. AMORIM JÚNIOR; SCHLINDWEIN; MATOS, 2018 e FLORO, 2016.

4.2.8 Da Educação Profissional Técnica de Nível Médio à Superior

O Plano de Cargos e Carreiras de Magistério Federal colocou as mesmas atribuições aos profissionais das carreiras que o compõem – magistério do EBTT e magistério superior. De acordo com a lei[410]:

> Art. 2º São atividades das Carreiras e Cargos Isolados do Plano de Carreiras e Cargos de Magistério Federal aquelas relacionadas ao ensino, pesquisa e extensão e as inerentes ao exercício de direção, assessoramento, chefia, coordenação e assistência na própria instituição, além daquelas previstas em legislação específica.
>
> [...]
>
> § 2º A Carreira de Magistério do Ensino Básico, Técnico e Tecnológico destina-se a profissionais habilitados em atividades acadêmicas próprias do pessoal docente no âmbito da educação básica e da educação profissional e tecnológica, conforme disposto na Lei n.º 9.394, de 20 de dezembro de 1996, e na Lei n.º 11.892, de 29 de dezembro de 2008.

Neste caso, a especificidade da carreira de magistério do EBTT está na minúcia. Embora as atribuições dos cargos e carreiras de magistério federal sejam as mesmas, o local onde elas serão realizadas lhes diferencia. Para os docentes dos IFs, os dizeres "na própria instituição" e "no âmbito da educação básica e da educação profissional e tecnológica" significam que poderão ter que atuar da educação básica profissional à pós-graduação stricto sensu, presenciais e/ou a distância, a depender da oferta educacional do campus de lotação e do atendimento dos parâmetros administrativos da RAP[411].

No IF Baiano[412], a possibilidade dessa atuação para todos os seus docentes foi claramente definida quando se determinou como atribuição, dentre outras, "[...] XII – atuar nos diversos níveis e modalidades da educação profissional, científica e tecnológica, presenciais ou a distância, regularmente ofertados pela instituição".

Outros autores que discutem a carreira de magistério do EBTT colocaram suas percepções sobre a ampliação do campo de atuação docente.

---

[410] BRASIL, 2012b, Art. 2°, grifo nosso.
[411] Cf. MEC, 2015b e SETEC, 2015.
[412] IF BAIANO, 2019f, Art. 4°, inciso XII.

Para Barbosa e Medeiros Neta[413], por exemplo, "[...] um dos problemas da carreira EBTT é que o professor transita por diversos níveis e modalidades de ensino, simultaneamente". Para Floro[414], essa reestruturação deu-se por um processo que "[...] almejou forjar a ideologia de que a categoria foi beneficiada com ganhos reais, quando na verdade não houve benefícios, mas a corrosão de direitos que a categoria conquistou antes da eclosão da crise econômica e das reformas educacionais".

Cruz e Vital[415] consideram que a docência da carreira de magistério do EBTT enseja uma profissionalidade "de fronteira", "[...] situada na fronteira entre ser professor da educação básica e ser professor do ensino superior", ou seja, algo que demarca limites, que é, mas ao mesmo tempo não é, nenhuma das duas coisas. Para tomar o mesmo jogo de palavras, ao invés de pensar em uma identidade fronteiriça seria mais coerente pensar em uma profissionalidade "de interseção", algo que representa uma zona ou ponto comum, que abarca duas coisas ao mesmo tempo – os dois níveis de ensino e suas diversas especificidades.

Ao invés de atuar "entre" os dois níveis de ensino, como disseram aquelas autoras, esses docentes atuam "nos" dois níveis de ensino: sua rotina de trabalho inclui da reunião de pais na EPTNM à reunião de colegiados de graduação e pós-graduação, do pensar itinerários de formação de profissionais técnicos à orientação de pesquisas de pós-graduação e atividades de extensão, e por isso não caberia se considerar como uma atividade fronteiriça (Figura 8).

À guisa de uma síntese sobre as (in)definições aqui tratadas, considera-se que o que define a carreira docente nos IFs não são apenas as políticas, tampouco apenas os indivíduos, mas as relações que se travam dos conflitos de interesses e das tensões frente às políticas de pessoal do Estado; nesse caso, frente aos legisladores e aos agentes de governo no Ministério da Educação, bem como as possibilidades de intervenção criadas por alguns indivíduos e grupos sociais.

---

[413] BARBOSA, Juliana Kelle da S. F.; MEDEIROS NETA, Olívia Morais de. As mudanças na carreira docente e o desenvolvimento profissional nos Institutos Federais: avanços e retrocessos. *Research, Society and Development*, v. 7, n. 9, p. 1-29, 2018.

[414] FLORO, 2016, p. 21.

[415] CRUZ; VITAL, 2014, p. 44.

Figura 8 – Comparação entre "docência de fronteira" e "docência de interseção"

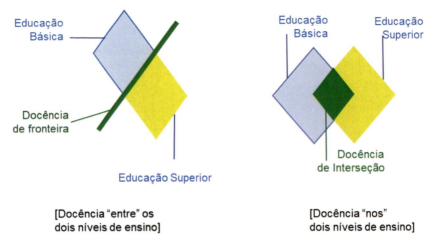

Fonte: elaborado pelo autor (2019)

As (in)definições da carreira e das especificidades da docência nos IFs expressam os aspectos de profissionalização e desprofissionalização que permeiam a sua profissionalidade.

Observam-se sentidos de profissionalização nas definições da carreira, nas condições de remuneração, na ampliação da qualificação, nas perspectivas pelo desenvolvimento profissional e no reconhecimento de especificidades, como a condição especial para aposentadoria e o RSC. Porém, esses aspectos são intrinsecamente vinculados a sentidos de desprofissionalização, quando da redução da titulação mínima exigida para ingresso na carreira, da ausência de uma política nacional de formação continuada para desenvolvimento profissional, da complexidade das condições de trabalho, dos dispositivos de organização e controle e da expansão do campo de atuação docente, que representou uma ruptura com a identidade profissional tradicionalmente pautada em apenas um nível de ensino.

A desprofissionalização da docência, a mudança do referencial identitário profissional vinculado a apenas um nível de ensino, é a outra face da melhoria das condições de qualificação, salário e carreira – da sua profissionalização. E ambas, em um processo de reprofissionalização que abarca a interdependência entre elas, definem a profissionalidade docente da carreira de magistério do EBTT.

5

SENTIDOS

Porque esperar e esperançar são especialmente diferentes.

(Valquíria Lima da Silva)[416]

Fragmentado(s)

No filme "Fragmentado" (no original, em inglês, *Split*[417]), o personagem principal, Kevin Wendell Crumb, diagnosticado com transtorno dissociativo de identidade, manifesta 23 diferentes personalidades e instiga terapeutas a compreenderem essa condição, tida como uma aberração humana. Ressalvadas as devidas proporções para uma comparação, por vezes também percebo em algumas pessoas certa perplexidade ao saberem da condição da docência nos IFs, de se lecionar desde a EPTNM à pós-graduação stricto sensu.

Assim como no filme a doença do personagem desafia os não-doentes, porque suplanta o entendimento da normalidade, penso que essas reações à docência em cursos dos dois níveis de ensino podem se dar por quem em sua trajetória profissional não se viu frente ao desafio de combinar diferentes itinerários profissionais. No filme, a multiplicidade de identidades do personagem permitiu a especialistas questionarem o estatuto de algumas doenças. No contexto educacional brasileiro, a carreira de Magistério do EBTT tem provocado discussões sobre o que se entendia por identidade docente, precarização do trabalho, valorização do magistério, entre outras questões. E, como no filme a especialidade da doença não se separa da psicopatia do personagem, discutir a docência nos IFs requer falar de flexibilidade, criatividade,

---

[416] SILVA, 2013, p. 7.

[417] Cf. SPLIT. Produção e Direção de M. *Night Shyamalan*. Philadelphia: Blinding Edge Pictures; Blumhouse Pictures, 2016.

mas também de intensificação, responsabilização e outros temas do contexto do trabalho em geral. Trata-se de uma organização do trabalho docente regida pelo contraditório, mas, hoje em dia, quem (ou qual categoria laboral) segue ileso à contradição?

Assim como no texto acima, redigido em meu diário de campo, a epígrafe deste capítulo inspira a pensar que a docência é feita de sentidos de espera (os seus limites, definidos externamente) e de esperança (as expectativas e práticas dos indivíduos). No pensamento elisiano[418], o "eu" é indissociável do "nós"; o indivíduo é constituído por uma rede de outras pessoas – a sociedade – e há que se entendê-lo à luz das relações interdependentes que o "modelam".

Hunger, Rossi e Souza Neto[419], pensando esse processo no contexto do trabalho docente, propõem que,

> [...] tudo o que ele (professor) se torna dá-se em relação aos outros. Logo, o *ser professor* adquire sua característica individual a partir da história de suas relações, de suas dependências e, por fim, da história de toda a rede humana em que convive.

Os sentidos do trabalho na carreira de magistério do EBTT foram indagados às pessoas que os constroem individual e coletivamente, nesse caso os docentes do IF Baiano. Para Tardif e Lessard[420], a profissão docente constitui-se sob aspectos heterogêneos, entre autodeterminação e racionalização (burocratização) das tarefas, objetivos educacionais genéricos, currículos e materiais didáticos rígidos. Essa polarização de dimensões foi o mote para analisar os dados dos questionários e entrevistas sob três sentidos: de profissionalização, nas condições de trabalho, ampliação da formação e sentimento de valorização; de desprofissionalização, sob a racionalização do trabalho, intensificação e autointensificação e mudanças no referencial identitário profissional; e de reprofissionalização, na carreira, na vinculação aos princípios institucionais e na docência nos dois níveis de ensino. Juntos, esses três aspectos, que também foram considerados nas seções anteriores, expressam o olhar dos sujeitos sobre a condição do trabalho docente na carreira de magistério do EBTT (Figura 9).

---

[418] ELIAS, 1994a, p. 30.
[419] HUNGER, Dagmar; ROSSI, Fernanda; SOUZA NETO, Samuel de. A teoria de Norbert Elias: uma análise do ser professor. *Educação e Pesquisa*, São Paulo, v. 37, n. 4, p. 697-710, dez. 2011. p. 708, grifo nosso.
[420] TARDIF; LESSARD, 2014.

Figura 9 – Sentidos da condição do trabalho docente na carreira de magistério do EBTT

Fonte: dados da pesquisa (2019)

5.1 Da Profissionalização

As percepções dos sujeitos da pesquisa que acenaram para uma melhoria da sua condição profissional foram interpretadas como sentidos de profissionalização, isto é, como afirmação da profissionalidade. No contexto do IF Baiano, aludiram às condições de trabalho; à ampliação da formação e ao sentimento de valorização profissional. A análise das entrevistas aponta concordâncias nas percepções consoantes ao tempo de serviço dos docentes na instituição.

5.1.1 Condições de trabalho

Em estudos sobre os IFs que remetem aos primeiros anos dessas instituições, as condições de trabalho dos docentes, compreendidas pelas instalações físicas, equipamentos e recursos didáticos, nem sempre são colocadas como um elemento de profissionalização. Destacam-se dois trabalhos sobre o IF do Maranhão, de Araujo, José[421] e Rocha[422], que apontam a elevada carga horária de aulas, atendimento a muitos alunos e turmas e riscos de doenças ocupacionais; e um sobre o IF de Brasília, de Oliveira, B.[423], que aponta dificuldades de infraestrutura nos campi criados com as políticas de expansão dos IFs. Nos estudos mais recentes não são observadas problematizações sobre esse aspecto, ao passo que na pesquisa de Oliveira, R. *et al.*[424], com docentes de diversos IFs do país, são apontadas satisfações com as condições organizacionais e adequação do ambiente de trabalho às atividades.

Considerando as respostas dos docentes do IF Baiano aos questionários da pesquisa, as condições de trabalho no Campus Guanambi foram consi-deradas adequadas pela maioria dos sujeitos, cerca de 51%, e não adequadas para cerca de 33%, contra 14% que não concordaram nem discordaram e 2% que preferiram não opinar. Na mesma circunstância, as condições salariais foram consideradas relativamente favoráveis por cerca de 56% dos sujeitos, contra cerca de 26% que não concordaram nem discordaram, 10% que discordaram e 8% que preferiram não opinar.

Essas percepções estão corroboradas nas entrevistas. A satisfação com as condições de trabalho oferecidas pela instituição foi apontada por docentes das diversas posições na carreira, o que indica uma estreita relação entre esse aspecto e a profissionalização docente. Entre os docentes com menos tempo de serviço na instituição, entre menos de um a cinco anos, as percepções das condições de trabalho apontaram para aspectos que vão além da infraestrutura material, englobando a receptividade aos professores ingressantes e a integração entre colegas: *"Eu fui muito bem recebida e tive apoio, tanto da coordenação, como da direção de ensino. [...] os colegas, aqui, um apoia o outro, trabalham em grupo"*[425]; as políticas de apoio à qualificação e às atividades de pesquisa e extensão: *"[...] tem o incentivo à pesquisa, à produção, tem o incentivo ao aperfeiçoamento profissional [...]. As condições de trabalho, pelo menos nesse campus, acabam suprindo as necessidades profissionais"*[426]; o apoio administrativo para a realização das atividades docentes: *"Eu sinto*

---

[421] ARAUJO, José, 2011.

[422] ROCHA, Luciana de Fátima S. *Estudo sobre os efeitos do processo de expansão do IFMA no trabalho e na saúde de seus docentes.* 2014. Dissertação (Mestrado em Psicologia) – Universidade Federal do Maranhão, São Luís, 2014.

[423] OLIVEIRA, B., 2016.

[424] OLIVEIRA, R. *et al.*, 2015.

[425] DOCENTE 8, 2017.

[426] DOCENTE 25, 2017.

que nós temos muito retorno da Direção, das Coordenações, para aquilo que a gente precisa para fazer um bom trabalho"[427].

Os depoimentos dos docentes com um tempo de serviço intermediário, entre seis e quinze anos, destacaram as condições de infraestrutura do campus e o dimensionamento de carga horária de aulas, como nesta avaliação sobre as possíveis razões para permanecerem na carreira de magistério do EBTT: *"A nossa carga horária de aulas não é alta. Eu já estive em três escolas; de 40 horas a gente trabalhava 36 aulas, não era igual hoje que o pessoal não pode ter 20 horas-aula"*[428]. Não obstante, essa satisfação já estava marcada por expectativas de mudanças na política educacional brasileira, como na percepção de que: *"Agora com essa crise a gente está tendo dificuldades para conseguir algumas coisas para os laboratórios, alguns equipamentos [....], mas... eu acho [a infraestrutura] boa, eu acho tranquilo"*[429].

Dentre os sujeitos que tinham mais tempo de serviço na instituição, de dezesseis a mais de vinte e cinco anos, os quais também experienciaram a mudança institucional para IF, foram apontadas as condições materiais de trabalho do IF Baiano Campus Guanambi em comparação a outras realidades de trabalho docente:

> São condições boas. Não é toda escola que tem um data-show na sala de aula, cada docente tem um computador, e isso facilita o trabalho do docente, eu acho. Então... se fosse comparar com outras realidades, são condições satisfatórias.[430]

Sobre a condição de remuneração inaugurada com a carreira de magistério do EBTT, os relatos dos sujeitos também expressaram sentidos de profissionalização. Entre docentes com mais tempo na instituição, a percepção foi de uma mudança substancial, quando as EAFs se tornaram IFs: *"Foi bem significativa! Eu vou te falar a verdade, bem significativa mesmo! [Risos]. No desenvolvimento da carreira, eu acho que houve um ganho, sim, com certeza"*[431].

Também entre docentes com tempo intermediário na instituição a maioria dos relatos acenou para uma condição de ampliação da profissio-

---

[427] DOCENTE 6, 2017.
[428] DOCENTE 17, 2017.
[429] DOCENTE 1, 2017.
[430] DOCENTE 14, 2017.
[431] DOCENTE 12, 2017.

nalidade, como na percepção sobre os critérios de atratividade da carreira, em comparação à remuneração docente na Educação Básica pública:

> *Quando você vem do Estado* [i.e., da rede estadual de ensino], *que a progressão é muito menor do que a do IF Baiano, você chega aqui e acha satisfatório, você acha positivo... A diferença é grande, dá uma diferença grande!*[432]

Entre os docentes com menos tempo na instituição, os relatos também indicaram para uma possibilidade de permanência na carreira mediante os seus níveis de progressão: *"Claro, todo mundo coloca no grupo do WhatsApp a tabela de remuneração, e aí isso incentiva [Risos]"*[433].

Dal Rosso[434] adverte que a melhoria das condições salariais e o atendimento a reivindicações trabalhistas têm sido instrumentos eficazes de obter consentimento dos trabalhadores sobre a intensificação do seu trabalho. Nas entrevistas da pesquisa essa relação também foi destacada por alguns sujeitos, sendo que o reconhecimento da melhoria da condição remuneratória não excluiu a percepção dos limites e da razão de ser dessa condição salarial, especialmente entre os docentes das posições do meio e do topo da carreira.

Esse depoimento sintetizou: *"Eu falo que vale o quanto pesa, o meu salário. Eu ganho bem, mas eu trabalho muito e pesa muito. Pesa, e pesa muito*[435]. Em outro, o valor dos salários foi ponderado à posição social do magistério público brasileiro, mas também a profissões socialmente mais privilegiadas:

> *Eu diria que o salário, quando você chega já no nível que a gente chegou, dentro da realidade do Brasil, dentro da realidade de outros docentes, ele condiz com o que você realiza. Mas eu acho que o professor continua desvalorizado, se você for comparar com outras funções na sociedade.*[436]

... ou, ainda, comparado à docência apenas em cursos de educação superior, em relação à exigência de atuação em cursos dos dois níveis de ensino: *"Eu acho que como está atualmente, com a equiparação salarial, foi justo,*

---

[432] DOCENTE 21, 2017.

[433] DOCENTE 24, 2017.

[434] DAL ROSSO, Sadi. *Mais trabalho!* A intensificação do labor na sociedade contemporânea. São Paulo: Boitempo, 2008.

[435] DOCENTE 11, 2017.

[436] DOCENTE 14, 2017

porque o professor universitário tem atuação nos cursos Superiores e na Pós-Graduação, [...] e nós temos ainda [i.e., além disso] *o nível Médio"*[437].

Os estudos encontrados apontam resultados concordantes de uma relação entre remuneração e profissionalização docente na carreira de magistério do EBTT. Para Oliveira, R. *et al.*[438], docentes de diversos IFs colocam-se como satisfeitos com a condição salarial, ainda que menos satisfeitos com relação aos valores fixados para auxílio transporte, auxílio pré-escolar e o valor do auxílio alimentação. Na pesquisa de Santiago[439] com docentes do IF Sudeste de Minas Gerais, a condição salarial é considerada dentre os elementos de satisfação com a profissão. Jardim[440], considerando docentes do IF de São Paulo, identifica uma relação semelhante entre a remuneração da carreira de magistério do EBTT e a profissionalização docente, quando comparada a outras realidades de trabalho, especialmente a docência em instituições privadas.

5.1.2 Ampliação da formação

Para uma parte significativa dos entrevistados, o incentivo à qualificação do corpo docente acenou para a sua profissionalização, sobretudo devido às ações de desenvolvimento profissional que lhes possibilitaram seguir nos estudos de pós-graduação stricto sensu. A consideração desse aspecto requer cautela, tanto para que a profissionalização não se reduza apenas à formação e assim seja desvinculada das condições de trabalho, como adverte Oliveira, D.[441], quanto para que não se perca de vista que a qualificação, ainda que não seja a única, é parte constitutiva de uma profissão, como apontam Dubar e Tripier[442].

Nos estudos sobre o tema, alguns trabalhos como o de Sousa, L. e Moura[443], pautam a importância de criar-se uma formação que contemple as especificidades da atuação docente nos dois níveis e diversas modalidades

---

[437] DOCENTE 9, 2017

[438] OLIVEIRA, R. *et al.*, 2015, p. 441.

[439] SANTIAGO, 2015.

[440] JARDIM, 2018.

[441] OLIVEIRA, Dalila A. As reformas educacionais e suas conseqüências sobre o trabalho docente. *In:* OLIVEIRA, Dalila A. (org.). *Reformas educacionais na América Latina e os trabalhadores docentes.* Belo Horizonte: Autêntica, 2003, p. 13-37.

[442] DUBAR; TRIPIER, 2005.

[443] SOUSA, Laura Maria A. de; MOURA, Maria da Glória C. A especificidade da docência na Educação Profissional e Tecnológica: desafios e perspectivas. *Revista Brasileira da Educação Profissional e Tecnológica*, Natal, v. 1, p. 1-17, 2019.

de ensino; outros, como o de Guedes e Sanchez[444] sobre o IF do Amapá; e o de Rodrigues, M. R. e Freitas[445] sobre o IF do Mato Grosso do Sul, discutem experiências que algumas instituições vêm fazendo no sentido de promover a formação pedagógica de seus docentes não licenciados.

Vieira, M.[446] faz um levantamento das pesquisas sobre a formação de professores da educação profissional em geral e aponta um crescimento de publicações, notadamente após a criação dos IFs, que aludem a temas como os saberes docentes na educação profissional e as políticas, programas e cursos de formação docente da educação profissional.

Nas entrevistas da pesquisa, os docentes com ingresso mais recente na instituição destacaram as mudanças da carreira em 2012, que tornaram possível *"[...] afastar professores independentemente do tempo [ou seja, antes de cumprir o estágio probatório], então isso sem sombra de dúvida enriquece... Quem está ganhando na verdade é a própria instituição"*[447]. Já os profissionais com tempo intermediário de serviço destacaram o incremento da qualificação docente e das condições institucionais para acessá-la, considerando a transformação institucional de Escola Agrotécnica para Instituto Federal: *"[..] quando eu saí daqui [como docente substituto] todo mundo era graduado. Quando eu voltei [como docente efetivo], que era IF Baiano, boa parte dos professores já tinha Mestrado"*[448].

O apoio institucional à capacitação também foi apontado como uma política que favorece muito mais que apenas ao profissional:

> *A gente tem em torno de 15% dos professores [afastados] para capacitação, isso é excelente! Não só para o professor, mas para a instituição também, porque o professor que sai, traz coisas novas. E quem está lá fora quer entrar, porque é atrativo o plano de carreira.*[449]

Entre os docentes no topo da carreira, esse movimento de profissionalização foi relacionado à institucionalidade dos IFs, pois, segundo

---

[444] GUEDES, I. A. C.; SANCHEZ, L. B. A formação docente para a Educação Profissional Técnica e sua influência na atuação dos professores do Instituto Federal do Amapá - Campus Macapá: um estudo de caso. *Holos*, Natal, v. 7, p. 238-252, 2017.

[445] RODRIGUES, M. R. S. L.; FREITAS, M. C. S. Formar-se para ensinar: experiência de um Instituto Federal. *RBEPT – Revista Brasileira de Educação Profissional e Tecnológica*, Natal, v. 2, n. 11, p. 51-70, 2016.

[446] VIEIRA, M. M. M. Formação de professores da Educação Profissional: análise de produções acadêmicas. *Holos*, Natal, v. 2, p. 243-258, 2018.

[447] DOCENTE 5, 2017.

[448] DOCENTE 21, 2017.

[449] DOCENTE 15, 2017.

os relatos, não se colocavam tantos incentivos quando a instituição ainda era uma EAF: *"Eu fiquei 10 anos aqui com o mestrado, sem sair do lugar, sem fazer nada, de qualificação, só trabalhando com o Ensino Médio e Técnico... As perspectivas, depois, com o Instituto, melhoraram"*[450].

5.1.3 Sentimento de valorização

Rodrigues, Maria[451] manifesta que, para a concepção interacionista da Sociologia das Profissões, a definição de uma profissão deve considerar as "[...] representações que os membros de determinado grupo ocupacional têm de si enquanto profissão, que interpretação fazem do seu trabalho e do trabalho desenvolvido por 'outros'". Já Boufleuer[452] identifica que a desvalorização financeira e social da atividade docente concorre para a crise de profissão entre professores.

No quadro analítico da pesquisa, o sentimento de valorização profissional pode ser considerado o elemento mais subjetivo dentre os interpretados como profissionalização da docência, conquanto se paute em como os sujeitos se veem face à condição do seu trabalho.

Esses sentidos foram apreendidos em expressões sutis. Entre os profissionais com menos tempo na instituição, relacionaram-se às condições de trabalho e ao seu reconhecimento social quando apontaram, por exemplo, que o trabalho no IF *"[...] é diferente. Porque na Escola de Educação Básica, tanto municipal quanto estadual, você não tem esse tipo de recurso, você não tem esse suporte"*[453], ou ainda quando apontaram, em comparação com o trabalho em instituições privadas, que: *"[...] as pessoas falam da instituição pública e tal, mas eu vejo que é uma instituição que acolhe o profissional e que valoriza, que cria condição de trabalho [...], então nem se compara!"*[454]. Também foi destacado o sentimento de valorização pelo público atendido: *"O professor é respeitado pelos alunos em sala de aula e pela comunidade [...], é um diferencial para o profissional"*[455].

---

[450] DOCENTE 2, 2017.

[451] RODRIGUES, Maria de Lurdes. *Sociologia das Profissões*. 2. ed. Oeiras: Celta Editora, 2002. p. 36.

[452] BOUFLEUER, José Pedro. A profissão professor: crise de profissão ou profissão em crise? *Linhas Críticas*. Brasília, DF, v. 19, n. 39, p. 391-408, maio/ago. 2013.

[453] DOCENTE 16, 2017.

[454] DOCENTE 6, 2017.

[455] DOCENTE 8, 2017.

Os profissionais com tempo intermediário na instituição, entre seis e quinze anos, destacaram dimensões de valorização comparando o seu trabalho ao de outros, como na percepção de que *"Nós somos, por estar na Esfera Federal, muito mais valorizados, nós temos uma carreira docente muito mais justa do que eles* [os demais docentes da Educação Básica]*"*[456]; ou ainda que *"Eu percebo que a carreira EBTT, é, às vezes, diferenciada até em relação às Universidades [...], principalmente as estaduais* [baianas], [que] *não têm determinados incentivos de qualificação que nós temos"*[457].

Os docentes com tempo de atuação na instituição de dezesseis a mais de vinte e cinco anos apontaram um maior reconhecimento social e acadêmico do seu trabalho no que tange à maior inserção acadêmica: *"[...] de qualquer maneira, melhorou muito e a gente tá inserido nessa área aí, que antes as Escolas Agrotécnicas não estariam nem inseridas, nessa área da pesquisa principalmente"*[458].

Entre os estudos sobre o trabalho docente nos IFs, a percepção dos sujeitos sobre o seu trabalho que significasse um sentimento de valorização foi abordada pela pesquisa de Santiago[459], no IF Sudeste de Minas Gerais, em que são observados, dentre os elementos de satisfação na profissão, sensação de prazer em realizar o seu trabalho e a importância que sentem ter para os estudantes. Tônica semelhante é relatada na pesquisa de Pinto *et al.*[460], em situações de bem-estar no trabalho que traduzem o sentimento de valorização profissional dos docentes que atuam na pós-graduação de um instituto como uma "[...] retribuição subjetiva para o trabalho realizado".

5.2 Da Desprofissionalização

Os sentidos de desprofissionalização foram interpretados nas percepções dos sujeitos que acenaram para uma perda de profissionalidade, tanto em dimensões objetivas quanto subjetivas, que no contexto da pesquisa disseram respeito à racionalização do trabalho, à intensificação e autointensificação e às mudanças no referencial identitário profissional. Nas entrevistas, esses sentidos foram melhor percebidos quando relacionados

---

[456] DOCENTE 9, 2017.

[457] DOCENTE 3, 2017.

[458] DOCENTE 2, 2017.

[459] SANTIAGO, 2015.

[460] PINTO, Carmem Lúcia L.; GOES, Rosângela I. G. de; KATREIN, Beatriz Helena; BARREIRO, Cristhianny B. Entre o Bem e o Mal-Estar: a intensificação do trabalho docente no âmbito dos Institutos Federais de Educação, Ciência e Tecnologia. *Revista Educação por Escrito*, PUCRS, v. 4, n. 1, p. 44-58, jul. 2013. p. 54-55.

144

CONTEXTOS, (IN)DEFINIÇÕES E SENTIDOS DO TRABALHO DOCENTE NOS INSTITUTOS FEDERAIS

ao tipo de formação inicial dos docentes, entre os que tiveram formação em cursos de licenciatura ou de complementação pedagógica e os que não tiveram uma formação pedagógica específica.

5.2.1 Racionalização do trabalho

A racionalização do trabalho, entendida como a inserção em uma lógica burocrática de organização e controle dos tempos e espaços de realização do trabalho docente, foi interpretada em relatos que sugeriram instabilidade funcional ou suspeição de descontinuidade das condições de trabalho e em relatos sobre os mecanismos de controle.

Com as devidas ressalvas para o contexto analisado, a análise sobre essa categoria pauta-se nas contribuições de diversos estudos. De La Broise[461] identifica que as políticas de modernização das universidades francesas produziram entre professores universitários uma consciência sobre o seu trabalho oposta à profissionalização. Larson[462], sobre a docência estadunidense, conclui que "[...] a eficiência de custos significou intensificação e sobrecarga, acompanhada por maiores regulação e medidas de desempenho". Tardif[463], com a definição de "[...] uma profissionalização que rima com concorrência, prestação de contas, salário segundo o mérito, a insegurança no emprego e no estatuto". E, ainda, com Gandini[464], que historiciza os vínculos entre a burocratização e o funcionamento das organizações do Estado e discute como isso ressoa sobre o trabalho docente.

A racionalização do trabalho docente já estava sugerida desde a definição da política dos IFs; é parte dessa institucionalidade. A verticalização da oferta educativa, pressupondo a otimização dos recursos de pessoal, da gestão e da infraestrutura[465], garante o aproveitamento das competências profissionais em itinerários formativos diversos e a redução de "tempo morto" de trabalho dos docentes, o que é uma das principais formas de ampliação da produtividade, conforme os parâmetros da administração do trabalho[466].

---

[461]   DE LA BROISE, 2013.

[462]   LARSON, 2014, p. 12, tradução nossa.

[463]   TARDIF, 2013, p. 569.

[464]   GANDINI, Raquel P. C. Burocracia. *In*: OLIVEIRA, D. A.; DUARTE, A. M. C.; VIEIRA, L. M. F. *Dicionário*: trabalho, profissão e condição docente. Belo Horizonte: UFMG/Faculdade de Educação, 2010.

[465]   Cf. BRASIL, 2008a, Art. 6º, inciso III.

[466]   SILVA, Ivan José de M. Anatomia da produtividade. *Revista de administração de empresas*, São Paulo, v. 26, n. 3, p. 47-52, jul./set. 1986. p. 48.

Nas entrevistas, os sentidos de suspeição e de instabilidade funcional foram interpretados como desprofissionalização por exprimirem uma relação de impotência – ou de poder reduzido – face a possíveis reestruturações do trabalho alheias à vontade dos sujeitos. Em uma fala de um docente, enquanto avaliava os benefícios da política do RSC, a desprofissionalização colocou-se como uma sombra a espreitar a próxima mudança das políticas educacionais: *"O RSC veio tentar equiparar a questão salarial, mas a gente não sabe também até quando isso vai vingar"*[467]. Em outro depoimento, colocaram-se sentidos de instabilidade sobre a política de organização e desenvolvimento da carreira: *"Eu não penso em sair do IF para ir para uma Universidade, mas, o que vai acontecer daqui pra frente no cenário político do Brasil? Aí vai depender disso"*[468].

Também foram observadas preocupações que aludiram à dependência que o trabalho docente tem de condicionantes externos aos profissionais, especialmente do Estado, por ampliar a sensação de dúvida e incerteza quanto ao futuro; isso esteve presente em um posicionamento sobre o cenário político nacional da época:

> *Eu estava lendo algo ontem, que me deixou muito triste, [...] que, para o ano de 2018, o presidente que entrar já vai pegar o Brasil sem nada mais no caixa do PIB [Produto Interno Bruto]; quer dizer, tudo isso gera uma insegurança futura muito grande.*[469]

E em uma avaliação sobre o incentivo à qualificação na instituição: *"A gente ainda vem conseguindo manter essa política de qualificação docente... Mas meu medo é: até quando vai ser possível?"*[470].

Nas percepções sobre o controle do trabalho, principalmente o controle de frequência, foram considerados sentidos de desprofissionalização consoantes ao tipo de formação dos sujeitos. Entre docentes que tiveram formação pedagógica em curso de licenciatura ou de complementação, o controle de frequência foi colocado como uma burocratização desnecessária por vários motivos. Pela comparação com a profissionalidade dos docentes da carreira de magistério superior:

---

[467] DOCENTE 8, 2017.

[468] DOCENTE 18, 2017.

[469] DOCENTE 11, 2017.

[470] DOCENTE 3, 2017.

> *Eu acho que a gente é professor do Ensino Superior, mesmo que seja também do Médio, e revolta a gente ter diferença da Universidade nesse ponto, porque professor universitário não tem essa obrigação de controle de frequência e a gente tem[471].*

Pela dificuldade em mensurar os tempos e atividades da docência, afirmando-se uma profissionalidade que não se separa da vida dos que a fazem: *"Em relação à folha de frequência, eu não trabalho oito horas por dia; você trabalha mais, fora os finais de semana. [...] São ferramentas que eu não acho que correspondem ao meu trabalho"[472]*; e pela falta de objetividade dos instrumentos de controle: *"Eu acho* [o controle de ponto] *desnecessário. Até porque eu vejo que a ficha não diz muita coisa... não corresponde..."[473]*.

As problematizações desses sujeitos concordam com as de Silva, R. e Bodart[474], em estudo de caso em um IF não identificado, sobre o que chama de "legalismo" em torno do controle sobre o trabalho docente. O legalismo se refere à seletividade das diretrizes de organização do trabalho docente, naquele IF, de modo que os docentes da carreira de magistério do EBTT atuam na educação superior, mas não acessam o que, para os autores, seriam os "bônus" da carreira correspondente, como a dispensa do controle de frequência.

Nas entrevistas, docentes não licenciados em sua maioria, consideraram o controle de frequência como uma burocratização necessária, por supostamente coibir desvios de responsabilidade de colegas, como no seguinte relato: *"Acho que é uma ferramenta importante, sim, porque temos pessoas; e pessoas pensam de forma diferente, agem de formas diferentes, e quando é muito aberto, podem fugir do que é necessário"[475]*, embora na percepção de outro sujeito isso também implique um aumento de trabalho para os gestores em aferir e garantir a correta aplicação do instrumento: *"Por outro lado, quando a gente fala nessa questão aí, do controle de frequência, acaba sendo muito trabalhoso para o gestor, para as chefias imediatas"[476]*.

Houve uma exceção às percepções da maioria dos docentes não licenciados que tornou o debate mais complexo. O controle, especialmente na forma do ponto eletrônico, foi relacionado a uma despersonalização da

---

[471] DOCENTE 17, 2017.
[472] DOCENTE 24, 2017.
[473] DOCENTE 6, 2017.
[474] SILVA, R.; BODART, 2015, p. 292.
[475] DOCENTE 25, 2017.
[476] DOCENTE 13, 2017.

docência, como se ela não pudesse estar eletronicamente contida em um espaço e tempo próprios para acontecer:

> *Lá [em outro IF] a gente tinha o ponto eletrônico. [...] parece que você estava ali obrigado, então você ficava muito preso a quantas horas você estava ali no Campus... Porque a gente não é professor só enquanto está no Campus, né? Então, e eu via muito isso, os colegas e até eu também, por exemplo, ficava muito olhando, porque a gente tinha um sistema, e via: "-Não, eu não posso sair agora", ou: "Ah, eu posso sair", e tal, e contabilizava muito o tempo, ficava muito preocupado com o tempo. Aqui não, eu vejo de uma maneira mais tranquila, a gente chega, assina o ponto, assina na saída, não está assim tão preocupado... "Ah, fez tantos minutos, tantas horas".*[477]

Todos os entrevistados, independente da formação e de serem contrários ou favoráveis ao controle da frequência, validaram os instrumentos Plano Individual de Trabalho (PIT) e Relatório Individual de Trabalho (RIT). Os docentes com formação pedagógica, em sua maioria disseram preferi-los em detrimento ao controle de frequência. Por exemplo: *"Eu acho desnecessário o controle de frequência, uma vez que você tem o PIT, que já é um controle..."*[478].

Para outro docente licenciado, o controle do trabalho pela sua produtividade condiz com uma flexibilidade necessária à docência: *"Sobre o PIT e o RIT, eu acho que é uma forma de você... Não é controlar, mas você organizar melhor o trabalho docente, já que o professor tem que ter essa flexibilização"*[479]. Porém, isso provoca a refletir se a flexibilização do local de exercício de algumas atividades, obviamente as que podem ser realizadas fora da instituição, por sua vez, não pode também contraditoriamente implicar em incremento de esforço e desprofissionalização da docência.

No contexto de uma racionalização do trabalho conforme a produtividade, trabalhar em casa coloca-se contraditoriamente entre uma pretensa maior flexibilidade e a intensificação. Ilustrativo disso foi a percepção, entre diversos sujeitos de que o dimensionamento da carga horária das atividades no PIT suplanta o número de horas trabalhadas, como neste depoimento: *"Eu pelo menos sempre sobrei carga horária de PIT e RIT, eu nunca consigo colocar tudo que eu faço [Risos]... Sempre passa de 40 horas, tranquilamente"*[480].

---

[477] DOCENTE 18, 2017.
[478] DOCENTE 11, 2017.
[479] DOCENTE 14, 2017.
[480] DOCENTE 26, 2017.

Amorim Júnior, Schlindwein e Matos[481], problematizando o uso de instrumento semelhante ao PIT e RIT, no IF de Rondônia, defendem que esse não traduz a complexidade das atividades docentes nessas instituições:

> Ao quantificar as horas, a eficácia, eficiência e produtividade do processo gerencial são prepostos em detrimento do fator humano, de sua subjetividade, do tempo necessário para estabelecer uma relação de sentido com sua atividade laboral, consigo e com outras pessoas.

Outras práticas de racionalização do trabalho são analisadas nos estudos sobre o trabalho docente em outros IFs e isso indica a pertinência do aprofundamento das investigações sobre essa temática. Referem-se à avaliação de desempenho para progressão na carreira no IF do Ceará[482] e à relação entre a carga horária de aulas e as percepções de sofrimento e adoecimento psíquico entre os docentes do IF de Pernambuco[483]. Essas dimensões não foram observadas nos relatos dos docentes no contexto desta pesquisa.

5.2.2 Intensificação e Autointensificação

Para Tardif e Lessard[484], a relação com o tempo é um condicionante do trabalho docente. A citação a seguir ganha um acento especial quando se pensa na docência nos IFs, sua complexidade contraditória entre realização e intensificação do trabalho:

> Tempo administrativo, tempo histórico, o tempo escolar também é um tempo subjetivo, um tempo fenomenológico, que reflete as expectativas, as representações e a vivência dos indivíduos que se encontram imersos nele. [...] Pode tratar-se, assim, de um tempo afetivo, um tempo em que os atores entram de corpo e alma e que, neste sentido, conta pouco: o trabalho transcende, desse modo, ao tempo contável, invade a noite adentro, os fins de semana, etc. É sempre pouco, insuficiente. Este é o tempo dos "apaixonados" pelo ensino [...]. Pode ser, também, um tempo sem graça, um tempo sem interesse, em que não se faz mais do que deixá-lo passar, em que se trabalha apenas cumprindo as horas previstas e esperando a aposentadoria. É o tempo dos "desiludidos" com o ensino.

---

[481] AMORIM JÚNIOR; SCHLINDWEIN; MATOS, 2018, p. 1.230.

[482] Cf. DAL RI; FLORO, 2015.

[483] Cf. SIQUEIRA, 2015.

[484] TARDIF; LESSARD, 2014, p. 76-77.

Para pensar essa relação, a interpretação da intensificação do trabalho embasa-se nos estudos de Dal Rosso[485], para quem "[...] intensidade refere-se ao grau de esforço físico, intelectual e emocional despendido no trabalho. [...] Há que incluir todas as capacidades do trabalhador, sejam elas físicas, cognitivas ou emotivas". Esse processo relaciona-se com as demandas contemporâneas de trabalho flexível, multitarefas e polivalente e diferencia-se de categorias como a produtividade e a precarização do trabalho, embora possam estar associados, como assinala Hypolito[486].

Duarte[487] reconhece a intensificação como condição que atravessa a docência em todos os níveis de ensino na atualidade e indica três formas como ela pode se dar no contexto educacional latino-americano, a saber, no aumento de responsabilidades, na adoção de mais de um emprego, o que consequentemente aumenta a jornada de trabalho individual e no aumento da jornada de trabalho pelo próprio estabelecimento de ensino. Del Pino, Vieira e Hypolito[488] apontam a complexidade dessa condição nas formas gerencialistas de gestão do trabalho docente e introdução de câmeras nas escolas, os quais incrementam o controle e consequentemente a sobrecarga do trabalho.

A intensificação é uma expressão interessante da condição do trabalho porque não está objetivada em contratos e nem mesmo na quantidade de horas trabalhadas. Dal Rosso[489] assinala que ela é mais perceptível nos relatos dos trabalhadores, similar ao que Apple[490] também identifica, que esse processo é mais visível subjetivamente, "[...] no trabalho mental, no sentimento crônico de excesso de trabalho".

Os estudos de Vieira, J., Hypolito e Duarte[491] e Hypolito, Vieira e Pizzi[492] ampliam a compreensão desse conceito ao discutir a autointensificação no

---

[485] DAL ROSSO, 2008, p. 95.

[486] HYPOLITO, Álvaro M. Estado gerencial, reestruturação educativa e gestão da educação. *RBPAE - Revista Brasileira de Política e Administração da Educação*, Porto Alegre, v. 24, n. 1, p. 63-78, jan./abr. 2008.
·HYPOLITO, Álvaro M. Reorganização gerencialista da escola e trabalho docente. *Educação: Teoria e Prática*, Rio Claro, v. 21, n. 38, p. 1-18, out./dez. 2011.

[487] DUARTE, Adriana M. C. Intensificação do trabalho docente. *In*: OLIVEIRA, D. A.; DUARTE, A. M. C.; VIEIRA, L. M. F. *Dicionário*: trabalho, profissão e condição docente. Belo Horizonte: UFMG/Faculdade de Educação, 2010. p. 1-5.

[488] DEL PINO, Mauro Augusto B.; VIEIRA, Jarbas S.; HYPOLITO, Álvaro M. Trabalho docente, controle e intensificação: câmeras, novo gerencialismo e práticas de governo. *In*: FIDALGO, F.; OLIVEIRA, M. A. M.; FIDALGO, N. L. R. *A intensificação do trabalho docente*: tecnologias e produtividade. Campinas: Papirus, 2009. p. 113-133.

[489] DAL ROSSO, 2008.

[490] APPLE, Michael W. *Trabalho docente e textos*: economia política das relações de classe e de gênero em educação. Porto Alegre: Artes Médicas, 1995. p. 39.

[491] VIEIRA, Jarbas S.; HYPOLITO, Álvaro M.; DUARTE, Bárbara G. V. Dispositivos de regulação conservadora, currículo e trabalho docente. *Educação & Sociedade*, Campinas, v. 30, n. 106, p. 221-237, jan./abr. 2009.

[492] HYPOLITO, Álvaro M.; VIEIRA, Jarbas S.; PIZZI, Laura C. Reestruturação curricular e auto-intensificação do trabalho docente. *Currículo sem Fronteiras*, Porto Alegre, v. 9, n. 2, p. 100-112, jul./dez. 2009.

trabalho docente, um processo pelo qual os próprios trabalhadores, envoltos em contextos de gerencialismo, reorganização da gestão do trabalho e dos currículos escolares, ampliação da ideia de profissionalismo e inovações tecnológicas, internalizam a intensificação do seu trabalho.

No quadro da pesquisa, a intensificação foi interpretada como o aumento da carga de trabalho, expresso na sensação de um engajamento ou dispêndio de esforço maiores que o costumeiro para realizar o trabalho, ainda que, formalmente, não se tenha ampliado o tempo da jornada de trabalho. Essa categoria foi percebida em relatos sutis, especialmente entre os docentes que estavam atuando em cursos dos dois níveis de ensino. Um deles apontou uma maior sensação de cansaço: *"Então, é muito cansativo, a gente trabalhar esses dois níveis... É trabalhoso"*[493]; e outro relato expressou essa categoria na sensação de haver mais desafios, principalmente nos dias em que a jornada de trabalho requer lecionar em cursos de níveis e modalidades diferentes:

> *Esse semestre, por exemplo, é desafiador: eu dou as duas primeiras aulas no Superior, a terceira eu trabalho [...] no primeiro ano [do Ensino Médio Integrado] e a quarta no terceiro ano integrado. [...] Acaba atropelando um pouco... exige muito nessa questão da preparação...*[494].

Kuenzer e Caldas[495] entendem que docentes que possuem mais de um vínculo empregatício e atuam em mais de um nível de ensino, em instituições diferentes, sofrem de uma elevação da carga mental do trabalho, o que também pode ser tido como uma característica de intensificação. Sobre esse aspecto, houve depoimentos da pesquisa que destacaram um comprometimento de seu tempo pessoal e familiar, necessário para que haja um bom desempenho no trabalho, como neste relato, que fala sobre a docência ocupando cargo de gestão: *"A qualidade de vida realmente fica em segundo plano, porque a gente fica com pouco tempo pra família, pros filhos, pra saúde"*[496].

---

[493] DOCENTE 10, 2017.

[494] DOCENTE 22, 2017.

[495] KUENZER, Acácia Z.; CALDAS, Andrea. Trabalho docente: comprometimento e desistência. *In*: FIDALGO, F.; OLIVEIRA, M. A. M.; FIDALGO, N. L. R. *A intensificação do trabalho docente*: tecnologias e produtividade. Campinas: Papirus, 2009. p. 19-48.

[496] DOCENTE 3, 2017.

Neste outro depoimento, apontam-se implicações sobre a vida pessoal, também denotando um sentido de autointensificação:

A instituição não nos obriga a trabalhar aos finais de semana, mas pra fazer o tripé [ensino, pesquisa e extensão], tem que trabalhar final de semana. [...] E sem trabalhar a pesquisa e a extensão também, as aulas não são de boa qualidade.[497]

A autointensificação é interpretada como a internalização do aumento das demandas de trabalho como se fossem impostos pelo próprio docente, uma vez que a intensificação para além do tempo da jornada de trabalho, de quarenta horas semanais, não é abertamente imposta ao trabalhador. Subjetivamente, o trabalhador sente-se como que "culpado" por não fazer o trabalho que não caberia dentro da sua jornada de trabalho[498].

Considerando o estudo de Lapo e Bueno[499], a adesão à intensificação como estratégia individual dos docentes para responderem ao aumento das demandas por mais trabalho pode também ser lida como um reverso, uma antítese ao processo de abandono da profissão, no qual: "Por se encontrarem inseridos em uma sociedade que se transforma muito rapidamente e que exige constantes mudanças e adaptações, eles [os professores] se sentem insatisfeitos ao não conseguirem dar conta das exigências que lhes são feitas no campo profissional".

Nesse sentido, a autointensificação se irmana com a cultura da performatividade, no contexto do gerencialismo na gestão do trabalho, como abordado por Ball[500]. Para o trabalho docente, a performatividade se expressa no empenho para corresponder às metas e avaliações, competição, insegurança, intensificação e maior implicação subjetiva com o trabalho. O estudo de Bianchetti e Machado[501] demarca essas dimensões na docência em cursos de pós-graduação e o de Fidalgo e Fidalgo[502], nos cursos de graduação, as quais podem ser estendidas a outras áreas de atuação.

---

[497] DOCENTE 4, 2017.

[498] Cf. HYPOLITO, 2011, p. 13.

[499] LAPO, Flavinês R.; BUENO, Belmira O. O abandono do magistério: vínculos e rupturas com trabalho docente. *Psicologia USP*, São Paulo, v.13, n.2, p. 243-276, 2002. *s. p.*

[500] BALL, 2005.

[501] BIANCHETTI, Lucídio; MACHADO, Ana Maria N. Trabalho docente no stricto sensu: publicar ou morrer?! *In*: FIDALGO, F.; OLIVEIRA, M. A. M.; FIDALGO, N. L. R. *A intensificação do trabalho docente*: tecnologias e produtividade. Campinas: Papirus, 2009. p. 49-89.

[502] FIDALGO, Nara Luciene R.; FIDALGO, Fernando. Trabalho docente e a lógica produtivista: conformação e subjetividade. *In*: FIDALGO, F.; OLIVEIRA, M. A. M.; FIDALGO, N. L. R. *A intensificação do trabalho docente*: tecnologias e produtividade. Campinas: Papirus, 2009. p. 91-112.

Essa categoria foi percebida de modo velado nas entrevistas, uma vez que os docentes, a priori, não se colocavam – ou não se percebiam – como artífices da intensificação do seu próprio trabalho. Exemplo de um flagrante é o diálogo transcrito a seguir, no qual um docente de um curso de pós-graduação estava assinalando que a oferta de cursos desse tipo ampliou as suas responsabilidades profissionais:

> Pesquisadora: — *Quando foi para abrir o curso de pós-graduação, vocês sabiam que isso ia requerer mais trabalho de vocês?*

> Docente 2: — *Com certeza...*

> Pesquisadora: — *E ainda assim vocês aceitaram?*

> Docente 2: — *É, na verdade o pessoal que estava envolvido tinha muito interesse, muita vontade, justamente pra aumentar o grupo de pesquisa, né, que, talvez com a pós a gente teria mais um apoio institucional... e tá tendo realmente.*[503]

Nesse breve relato, sentidos de desprofissionalização, por meio da autointensificação, e de profissionalização, por meio da complexificação da atividade, contraditoriamente se entrelaçam. Trata-se de uma síntese, que merece ser estudada com mais profundidade, sobre as relações entre intensidade e engajamento com o trabalho, quando não se fazem muito claros os limites entre a autointensificação e o compromisso sociopolítico com as atividades da docência.

De modo semelhante, a pesquisa de Grischke[504], relativa à docência no Instituto Federal Sul-rio-grandense Campus Pelotas, aponta indícios de uma relação entre autointensificação e complexificação do trabalho junto aos docentes dos cursos de graduação e de pós-graduação, posto que, nesse contexto, a criação desses cursos contou com expressiva mobilização dos docentes do IF analisado. Pinto *et al.*[505], em um IF não identificado, também apontam aspectos de intensificação e autointensificação entre docentes da pós-graduação, expressos em sensações de terem pouco tempo para a família, de que não estão dando conta de tantas tarefas, de angústia e frustração.

---

[503] DOCENTE 2, 2017.

[504] GRISCHKE, Paulo Eduardo. *O paradigma da colaboração nas políticas públicas para a educação profissional e suas implicações sobre o trabalho docente.* 2013. Tese (Doutorado em Educação) – Faculdade de Educação, Universidade Federal de Pelotas, Pelotas, 2013.

[505] PINTO *et al.*, 2013.

Garcia e Anadon[506] também identificam, junto a docentes da educação básica, um "contraditório sentimento" entre reclamações de intensificação e, ao mesmo tempo, assunção de mais responsabilidades com o trabalho. Para essas autoras, a intensificação é parte do processo de precarização do trabalho docente; entretanto, não necessariamente significa desqualificação e pode implicar novas aprendizagens no trabalho, como novas formas de ensino ou a atuação na gestão escolar.

Sobre esse aspecto, alguns depoimentos da pesquisa também sinalizaram uma conotação de positividade no trabalho, imbricada à intensificação, como um relato que apontou que a oferta de cursos de diferentes níveis e modalidades de ensino na mesma instituição:

> *[...] também é positiva, no sentido de enriquecimento da formação dos alunos [...]. Mas, tem outro lado: o professor trabalha muito mais. Ele tem uma carga de trabalho, que não é a carga horária, muito maior do que se tivesse apenas em um nível de ensino.*[507]

De modo semelhante, Oliveira, B.[508] identifica, em pesquisa no IF de Brasília, que os docentes avaliam a atuação em cursos dos dois níveis entre positividades e negatividades, com a intensificação e autointensificação vinculadas a possibilidades de criação e maior responsabilidade sobre o trabalho.

Outros estudos sobre a docência nos IFs relacionam a intensificação do trabalho a aspectos não identificados na pesquisa de campo no IF Baiano, que indicam a complexidade e amplitude dessa categoria. Um conjunto de pesquisas associou-a ao sofrimento e adoecimento no trabalho, como Rocha[509], sobre a docência no IF do Maranhão, Oliveira, R. et al.[510], junto a docentes de diversos IFs e Siqueira[511], no IF de Pernambuco. Outros estudos associam-na a dispositivos de gestão do trabalho docente, como Santiago[512], sobre os critérios de avaliação para progressão e para obtenção do RSC, no contexto do IF Sudeste de Minas Gerais Campus Rio Pomba; como Costa,

---

[506] GARCIA, Maria Manuela A.; ANADON, Simone B. Reforma educacional, intensificação e autointensificação do trabalho docente. *Educação & Sociedade*, Campinas, v. 30, n. 106, p. 63-85, jan./abr. 2009. p. 74.

[507] DOCENTE 5, 2017.

[508] OLIVEIRA, B., 2016.

[509] ROCHA, 2014.

[510] OLIVEIRA, R. et al., 2015.

[511] SIQUEIRA, 2015.

[512] SANTIAGO, 2015.

E.[513], sobre a verticalização do ensino e a RAP no IF do Maranhão; como Floro[514], sobre as tecnologias de apoio ao trabalho docente no IF do Ceará; como Amorim Júnior, Schlindwen e Matos[515], nas exigências de polivalência, intensificação e "ilusão de flexibilidade e autonomia", no contexto IF de Rondônia; como Silva, P. e Melo[516], nos contextos de trabalho na educação superior no IF Norte de Minas Gerais; dentre outros.

5.2.3 Mudanças no referencial identitário profissional

Em algumas entrevistas observou-se que alguns docentes se posicionavam com uma postura ora refratária e incômoda, ora de aceitação e positividade à atuação em cursos dos dois níveis de ensino. Seguindo a sugestão de Kaufmann[517] de que, nas entrevistas compreensivas, "lógicas diferentes" podem dar "[...] uma margem de ação e uma chave de interpretação" às problemáticas, a aparente contradição foi ela mesma matéria da análise que conforma o caráter de construção da profissionalidade da carreira de magistério do EBTT.

À luz de estudos que têm pensado a condição de incertezas e mudanças nas identidades profissionais e sociais na contemporaneidade, esses sentidos foram interpretados como mudanças no referencial identitário profissional, que expressam uma condição de desprofissionalização da docência.

Nas entrevistas da pesquisa essa dimensão foi colocada principalmente pelos docentes licenciados ou com formação pedagógica. Entre os que tinham um tempo intermediário de carreira, entre seis e quinze anos, descortinou-se em percepções de que se tratava de algo para além de uma questão monetária ou mesmo de qualificação para a tarefa: atuar em cursos dos dois níveis desestabilizou as referências de quem eram profissionalmente, de sujeitos que tinham se formado para ser docentes *ou* da educação básica *ou* da educação superior: *"Você tem muitos benefícios, mas você não é um professor de nenhum deles* [os níveis de ensino]. *Você não está em nenhum, você está em todos.* [...] *A questão nossa é identitária, ela está muito além do salário"*[518]; e em um sentimento de indefinição identitária:

---

[513] COSTA, E., 2016.
[514] FLORO, 2016.
[515] AMORIM JÚNIOR; SCHLINDWEIN; MATOS, 2018, p. 1.226.
[516] SILVA, P.; MELO, 2018.
[517] KAUFMANN, 2013, p. 154.
[518] DOCENTE 11, 2017.

> *Eu fui Agrotécnica, fui apenas Ensino Médio e agora estou no Médio e Superior. [...] Criou-se uma carreira nova, que mistura elementos do Básico e mistura elementos do Superior. Eu me sinto assim, a palavra é essa: em cima do muro [risos].*[519]

Entre os docentes licenciados com ingresso mais recente na instituição, de menos de um a cinco anos, também pairou essa percepção, como neste relato de um docente com atuação na formação de professores, quando foi perguntado se, ao ingressar na instituição, já era de conhecimento que docentes dos IFs atuam no ensino superior e na EPTNM: *"O edital* [de concurso] *já falava que era Ensino Básico, Técnico e Tecnológico, mas aí eu não entendia muito como iria atuar no Ensino Médio também, eu tinha essa dúvida"*[520].

Com os docentes bacharéis e tecnólogos que não passaram por formação específica para a docência, os sentidos de desestabilização do referencial identitário profissional, em sua maioria não problematizaram a condição em si de terem que atuar nos dois níveis de ensino, mas a preferência em atuar nos cursos superiores, por uma maior proximidade com a formação mais específica da pós-graduação, especialmente entre os docentes com maior titulação, os doutores e pós-doutores, embora seja importante frisar que isso não sugere que há um desempenho menor desses profissionais nos cursos da EPTNM.

Esse sentido foi interpretado como de desprofissionalização porque evidencia um sentimento de sobrequalificação para atuação na educação básica profissional de nível médio, qual, em tese, requer conhecimentos mais genéricos da área de formação de graduação[521]. Entre outros, dois depoimentos sintetizaram essas expressões: um, quando comentava sobre a mudança no perfil de docente requerido nos concursos públicos do IF Baiano, por área de conhecimento geral e não por disciplinas específicas e sem exigência de formação em pós-graduação:

> *Hoje se estivesse lá escrito só [a formação] generalista, eu não iria fazer o concurso, provavelmente não. Eu iria optar por outras áreas, porque, se você fez o Mestrado naquela área, o Doutorado naquela área, você quer continuar naquela área.*[522]

---

[519] DOCENTE 17, 2017.

[520] DOCENTE 6, 2017.

[521] Ainda que, no âmbito dos IFs, hajam notáveis experiências de pesquisas aplicadas envolvendo estudantes da EPTNM. Um exemplo, no próprio IF Baiano, é relatado por NASCIMENTO, Valéria. *Pesquisa do IF Baiano é reconhecida por organização internacional*. Salvador: IF Baiano, 2016.

[522] DOCENTE 26, 2017.

E o outro, quando apontou que *"Pela minha formação, se fosse para eu escolher com o que trabalhar, eu teria preferência pela Graduação, [...] mas eu já entrei [na carreira de magistério do EBTT] sabendo que eu iria trabalhar com o Ensino Médio"*[523].

Nas pesquisas sobre os IFs, Silva, P. e Melo[524] contextualizam condições do trabalho, no âmbito do IF do Norte de Minas Gerais, que têm levado a uma ressignificação das identidades docentes no sentido de:

> [...] inventar e reinventar espaços que estão ainda em construção, para diferentes atividades teóricas e práticas; lidar com relações diversas entre professores [...]; gerenciar relações com estudantes de diferentes faixas etárias, em tempos, níveis e objetivos diferentes.

As percepções de uma mudança no referencial identitário profissional na docência dos IFs, pelo questionamento a uma identidade pautada em apenas um nível de ensino, encontram eco no mundo da modernidade líquida, analisado por Bauman[525]. Esse autor indica que o tempo presente tem colocado questionamentos aos vínculos identitários sólidos, forjando identidades que repudiam fazer sempre uma única mesma atividade; a flexibilidade tem se colocado como palavra de ordem e, entre outras coisas, entrelaçam-se continuidades e descontinuidades em terrenos mutáveis e diferentes, como, no caso aqui discutido, a alteração de um modelo de carreira docente que pressupunha lecionar apenas um mesmo componente curricular ou em um único nível de ensino.

Essas percepções também ecoam nas análises de Dubar[526], para quem as identidades profissionais são construídas ao longo da vida, em decorrência das socializações dos indivíduos, relacionadas ao espaço e tipo de trabalho/emprego; e com o movimento de constante desestruturação e reestruturação, essa dinâmica pode aparentar uma crise das identidades. Focando no trabalho docente, Tardif e Lessard[527] consideram que a forma de organização da escolarização básica, em ensino elementar e secundário, estrutura o trabalho docente e forja assim identidades docentes, ao que estendo a compreensão para as diferenças entre a educação profissional técnica de nível médio e a superior. Já com relação à docência na EPCT,

---

[523] DOCENTE 25, 2017.

[524] SILVA, P.; MELO, 2018, p. 13.

[525] BAUMAN, Zygmunt. *Capitalismo parasitário*: e outros temas contemporâneos. Rio de Janeiro: Jorge Zahar, 2010.

[526] DUBAR, 2005.

[527] TARDIF; LESSARD, 2014.

Fartes e Santos[528] também compreendem um contexto de construção de identidades profissionais complexo, em meio "[...] às transformações estruturais que as sociedades modernas vêm experimentando ultimamente".

Essas definições são pertinentes para compreender por que docentes licenciados aparentaram um desconforto em atuar em dois níveis maior do que os não licenciados: aqueles já estariam socialmente modelados à hierarquização entre os níveis de ensino, tema que não compõe o rol de formação de bacharéis e tecnólogos. E também podem ajudar a explicar por que a maioria dos docentes bacharéis e tecnólogos prefere atuar em cursos superiores: para além do maior status social desse nível de ensino, eles também atuam sobre um domínio mais específico de saberes, mais vinculados à sua área de estudo e pesquisa.

5.3 Da Reprofissionalização

Os sentidos de reprofissionalização, atravessados por movimentos de profissionalização e de desprofissionalização, foram interpretados das percepções dos sujeitos da pesquisa que acenaram para a constituição de uma profissionalidade própria da carreira de magistério do EBTT. Abarcam as dimensões da organização da carreira, da vinculação da docência aos princípios institucionais e da atuação nos dois níveis de ensino.

5.3.1 Carreira

As percepções sobre a carreira de magistério do EBTT foram destacadas nos questionários e nas entrevistas da pesquisa. Nos questionários, foi percebida positivamente pela maioria dos sujeitos, 45%, contra cerca de 29% que discordaram, 16% que não concordaram nem discordaram e 10% que preferiram não opinar.

Nas entrevistas foram percebidas relações entre os aspectos que os docentes destacaram e o tempo de exercício no cargo. Docentes com ingresso mais recente, com menos de um a cinco anos de serviço na instituição apontaram como atratividade da carreira a estabilidade funcional: *"o plano de carreira nos proporciona ter essa visão a longo prazo, de onde a gente pode*

---

[528] FARTES; SANTOS, 2011, p. 389.

chegar e o que precisa ser feito. Infelizmente, na iniciativa privada nem sempre tem isso. É um diferencial"[529].

Já entre docentes com mais tempo na instituição, entre dezesseis e mais de vinte e cinco anos de serviço os relatos destacaram a mudança da carreira, sendo apontado que *"[...] houve uma luta muito grande para equiparar, em termos de direitos, ao professor universitário [federal] e existe também a vantagem em relação à aposentadoria"* e, no que tange à criação da classe titular, esse mesmo docente apontou que *"[...] foi uma luta bastante grande, ao longo de quatro anos, porque existiu a lei, mas tinha que ter a regulamentação do IF Baiano"*[530].

Também foram consideradas as percepções sobre o RSC, diferenciadas conforme a posição dos docentes na carreira e sua titulação. Não foram explicitados posicionamentos contrários a essa política; em alguns poucos, sorrisos e silêncios profundos sugeriram uma desconfiança, mas, de forma geral, foi avaliado pelos entrevistados como um direito. Entre os docentes em início de carreira, um posicionamento apontou o RSC como um dispositivo que ampliou a atratividade da carreira de magistério do EBTT em relação à carreira de magistério superior, especialmente entre profissionais que ainda não têm título de doutorado: *"[...] se você perguntar aos professores, eles vão te falar: '- Eu fiz o concurso por causa do RSC, porque eu sabia que existe essa possibilidade do RSC', então, isso é um atraente, chama as pessoas para cá, pra essa carreira"*[531].

O RSC repercutiu sobre os padrões estabelecidos de valorização da carreira docente, que se baseavam principalmente na obtenção de títulos de educação formal, atinando a uma problemática que Dubar e Tripier[532] identificam nas profissões do serviço público, de tensões e polarizações entre a valorização de saberes formais (os títulos escolares – universitários) e o sucesso do serviço ofertado (o saber-fazer), isto é, uma tensão entre qualificação e competência, vocação e estatuto formal, mobilização e rotina burocrática.

Em termos de carreira, a função pública tende a valorizar mais a titulação e o saber formal, embora o sucesso dos serviços requeira mais o saber-fazer que o conhecimento teórico. Como explicam Dubar e Tripier[533]:

---

[529] DOCENTE 7, 2017.
[530] DOCENTE 14, 2017.
[531] DOCENTE 20, 2017.
[532] DUBAR; TRIPIER, 2005.
[533] DUBAR; TRIPIER, 2005, p. 161, tradução nossa.

No serviço público, como sistema de níveis hierárquicos, esses dois 'caminhos' não são equivalentes: o primeiro (experiência e saber-fazer) é menos valorizado que o segundo (título e conhecimentos formais) uma vez que as cúpulas são ocupadas pelos mais diplomados e, no entanto, o sucesso das missões (segurança das pessoas, socialização das crianças) muitas vezes depende mais do 'saber-fazer' do que dos conhecimentos teóricos.

O ex-gestor da Setec/MEC[534] revelou que, com a criação dessa política, tinha-se em mente uma forma de também valorizar a experiência profissional, para além das titulações, dos docentes que já estavam atuando na RFEPCT:

Nós acabamos [...] por valorizar unicamente ao professor acadêmico, [...] mas nós, ligados às escolas nos cursos técnicos e tecnológicos, tínhamos que levar em consideração também a experiência. Depois que se corrigiu isso, né, através ... do RSC.

A carreira de magistério do EBTT, portanto, com suas especificidades, expressa sentidos de constituição de uma profissionalidade própria, entre os benefícios obtidos e as alterações nos critérios de desenvolvimento profissional consoantes à ampliação da titulação acadêmica dos profissionais.

5.3.2 Vinculação aos princípios institucionais

Conforme a apuração de Lapo e Bueno[535], a importância dos vínculos que os docentes fazem com o seu trabalho não deve ser desprezada, uma vez que há uma relação bastante próxima entre o vínculo com o trabalho e a permanência dos docentes na profissão. Ao pesquisarem sobre o processo de abandono da docência na rede estadual de ensino paulista, concluíram que:

[...] permanecer ou não realizando um determinado trabalho, que visa prioritariamente manter ou restabelecer o equilíbrio necessário a uma existência harmoniosa, dependerá do estabelecimento e manutenção do vínculo com esse trabalho.

No que tange à docência nas instituições federais de educação profissional brasileiras, não foram os IFs que inauguraram a relação entre os princípios institucionais e as obrigações docentes nessas instituições. O *Regulamento das Escolas de Aprendizes Artífices*[536] já tinha determinado

---

[534] EX-GESTOR DA SETEC/MEC, 2018.
[535] LAPO; BUENO, 2003, s. p.
[536] BRASIL, 1911, Art. 14, § 6°.

como competência dos seus docentes realizarem conferências favoráveis às associações cooperativas e mutuais; no mesmo sentido, a lei de organização das Escolas Técnicas Federais definiu que: "Para que os cursos atinjam seus objetivos, as autoridades responsáveis diligenciarão no sentido de os mesmos contarem com a contribuição da experiência de organizações profissionais e econômicas da região"[537].

Esse aspecto também foi observado nos sentidos de reprofissionalização da carreira de magistério do EBTT. Na legislação que a rege, isso foi expresso na definição das atribuições docentes nos IFs como:

> [...] atividades acadêmicas próprias do pessoal docente no âmbito da educação básica e da educação profissional e tecnológica, conforme disposto na Lei nº 9.394, de 20 de dezembro de 1996, e na Lei n.º 11.892, de 29 de dezembro de 2008.[538]

Ou seja, as atividades docentes nos IFs não se colocam conforme um grupo de disciplinas a lecionar, nem a um nível de ensino específico, mas às missões que couberem às instituições nas quais os profissionais estiverem vinculados. Nos documentos políticos que fundamentam a construção desse modelo institucional, isso se traduz como "[...] atuar em favor do desenvolvimento local e regional na perspectiva da construção da cidadania"[539].

A profissão docente é carregada de intencionalidade política; suas finalidades estão vinculadas à instituição que a realizam socialmente. Nóvoa[540] identifica que a constituição da profissão docente na Europa deu-se em estreita relação com os objetivos socialmente traçados para as escolas, as quais, por sua vez, eram parte do projeto de sociabilidade dos Estados-Nação, da moral não religiosa e da Revolução Industrial.

Essa relação, tão íntima, entre objetivos sociais mais amplos, objetivos para a escola e a profissionalidade docente, que esse autor apontou quando das primeiras escolas modernas, conforma um fundamento sobre a profissionalidade docente nos IFs: seu trabalho traz as marcas das intenções e expectativas em torno do(s) projeto(s) educativo(s) dessas instituições. É nesse sentido que a carreira de magistério do EBTT – antes carreira de magistério de 1º e 2º graus – foi transformada processualmente para vir a atender aos projetos e princípios educativos das instituições da RFEPCT.

---

[537] BRASIL, 1959, Art. 6º.
[538] BRASIL, 2012b, Art. 2º, § 2º.
[539] PACHECO, 2010, p. 18.
[540] NÓVOA, 1991.

Foi assim que os docentes dessa carreira passaram de uma condição profissional definida, vinculada a uma modalidade da educação básica – a educação profissional técnica de nível médio –, para uma condição de trabalho que se define conforme a oferta educativa do campus em que se está lotado. Tomado a rigor, isso pode significar ter que atuar desde os cursos de qualificação profissional de ensino fundamental (FIC) ao doutorado – claro, respeitados os limites referenciais para carga horária de trabalho estabelecidos por cada instituição.

Como aponta Nóvoa[541], "Ora, como o escreve Pierre Bourdieu, produzir um discurso próprio implica em transformar a coerção em adesão 'livre', essa última tornando-se o 'refúgio' da primeira". Assim, é possível entender que essa vinculação da profissão docente à intencionalidade institucional não encobre possibilidades de construção de um discurso próprio, sob uma perspectiva dupla de autonomização e integração a essa intencionalidade, quando a coerção se transforma em livre adesão[542] para os sujeitos, como foi identificado nas entrevistas com os docentes desta pesquisa, percepções que vinculavam o seu trabalho com o projeto institucional dos IFs.

Um docente entrevistado que atua no campo da formação profissional destacou que a docência na EPCT demanda profissionais com um perfil com mais experiência do que somente *"[...] altamente acadêmicos"*, visto que requer,

> *[...] estreitar os laços com as comunidades, porque... para você melhorar a qualidade das pesquisas e da extensão, tem que vir do público externo, senão, não tem como a gente ter o feedback social e também pra gente atrair mais alunos.*[543]

Outro docente, que atua na formação básica (não profissionalizante), expressou essa vinculação ao destacar a importância da interiorização do atendimento educacional dos IFs:

> *[...] na verdade, esse aumento dessas vagas, esses novos campi, são um patrimônio nosso e a gente deve cuidar disso... Eu acho que a expansão é o caminho, ter mais ainda, mais interiorizado, porém, de forma que seja uma expansão sempre pensada.*[544]

---

[541] NÓVOA, 1991, p. 122.
[542] NÓVOA, 1991.
[543] DOCENTE 4, 2017.
[544] DOCENTE 22, 2017.

Em outro depoimento, os objetivos dos IFs, tidos como intervir sobre as condições socioeconômicas do território de identidade, coincidem com os objetivos do trabalho docente nessas instituições:

> [...] a gente tem um diferencial, de pegar o menino desde os 12, 13 anos e tentar levá-lo até um Doutorado, então, acho que nossa missão é muito mais... pesada..., num contexto nosso aqui, por exemplo, do [Território] Sertão Produtivo, de baixa renda, baixa mesmo...[545]

Considerar a vinculação dos docentes ao projeto de desenvolvimento dos IFs como parte da profissionalidade da carreira de magistério do EBTT encontra fundamento na concepção de construção da identidade docente de Lawn[546], como uma forma de modelação e gestão dos professores a esse projeto de instituição. Esse autor defende que a construção da identidade é até mesmo determinante na permanência dos docentes na instituição, para o que concorrem estratégias como a apelação à função social do trabalho e a elucidação de noções sobre essa identidade.

Os discursos docentes do IF Baiano sobre a atuação pelo desenvolvimento local e regional revelam uma aderência às finalidades educativas da instituição e aos imperativos de suas muitas especificidades laborais – atuar em cursos dos dois níveis de ensino, na gestão e representação institucional, no ensino, na pesquisa aplicada e na extensão.

Nos estudos sobre o trabalho docente nos IFs, Dal Ri e Floro[547] criticam esse aspecto por "[...] atribuir ao trabalho docente do EBTT o papel promotor da geração de produtos e serviços tecnológicos demandados pelos setores empresariais". Oliveira, R. et al.[548] destacam que a relação com o mundo ou o mercado de trabalho constitui uma das especificidades da docência na educação profissional, de modo que:

> [...] a constituição do ensino profissionalizante no Brasil, em diversos momentos históricos como formador de mão de obra para o capital faz com que a educação técnica seja frequentemente demonizada ou, em contrapartida, endeusada.

Esses estudos vinculam a missão dos IFs e, em decorrência, da educação profissional a apenas uma possibilidade de realização social dessas

---

[545] DOCENTE 26, 2017.
[546] LAWN, 2001.
[547] DAL RI; FLORO, 2015, p. 81.
[548] OLIVEIRA, R. et al., 2015, p. 436.

instituições – servir ao empresariado, ao capital –, sem deixar espaço a contradições nem a intervenções contra-hegemônicas por parte dos seus docentes. Em contraponto a essas percepções, de modo a contemplar outras possibilidades existentes de contradição, caberia resgatar o sentido da docência como profissão democrática, colocado por Enguita[549], que relaciona essa profissionalidade ao compromisso individual e coletivo, com a educação pública, a comunidade que a circunda e o seu público – os estudantes e suas famílias.

5.3.3 Docência nos dois níveis de ensino

A docência nos dois níveis de ensino é mais uma expressão da profissionalidade da carreira de magistério do EBTT. Como visto até aqui, essa condição não foi escolhida por esses profissionais, mas ganhou sentidos próprios; foi ressignificada pelos sujeitos que a exercem. Esse aspecto toca no cerne da pesquisa por contemplar como os docentes veem essa condição e como se relacionam com ela.

As respostas aos questionários deram as primeiras sinalizações de um movimento de reprofissionalização da docência. Uma questão apresentou 27 palavras recorrentes nas pesquisas sobre a condição do trabalho docente, para que fossem escolhidas quantas quisessem como expressão da atuação em cursos dos dois níveis de ensino. Também havia campos em aberto para que os sujeitos mencionassem palavras que julgassem pertinentes ou justificassem suas respostas.

As palavras mais associadas pelos sujeitos à atuação nos dois níveis de ensino não denotam um sentido necessariamente negativo a essa condição, a saber:

"desafio" (73% dos sujeitos);

"aprimoramento profissional" (49%); *"integração"* (41%);

"competência" (39%);

"prazer" (39%);

"diversidade de itinerários formativos" (35%) e

"perspectiva de crescimento profissional" (31%).

Cabe pontuar que a palavra mais escolhida, *"desafio"*, não permite ser interpretada sob um sentido binário entre positivo ou negativo, requerendo

---

[549] ENGUITA, 2001.

ser considerada por um sentido de contradição, como a sua própria definição[550] sugere, como uma "[...] Situação ou problema cujo enfrentamento demanda esforço e disposição firme; [...] Ato de instigar alguém a realizar algo que supostamente está acima da sua capacidade". Entende-se por algo que implica dificuldades, mas não é intransponível. As demais palavras escolhidas, neste primeiro grupo, sinalizaram para uma afirmação da profissionalidade e, mesmo, para um sentido de satisfação com o trabalho.

Dentre as palavras que foram menos associadas à atuação em cursos dos dois níveis de ensino, 25% ou menos, algumas – mas não todas – denotaram um sentido negativo à sua condição, sendo assinaladas:

"dificuldades" (25%);

"inovação" (22%);

"potencialidades" (20%);

"cansaço" (20%);

"estresse" (18%);

"alegria" (16%);

"motivação" (16%);

"segurança" (14%);

"encantamento" (10%) e

"fadiga" (8%).

Neste grupo, as palavras que foram ainda menos associadas à atuação nos dois níveis de ensino foram:

"desencantamento" (4%);

"precarização profissional" (4%);

"insegurança" (2%);

"tristeza" (2%) e

"superficialidade" (2%).

Esses sentidos mostram que as percepções sobre a condição do trabalho docente nos IFs não são homogêneas e que há sujeitos que a dimensionam como uma atividade difícil, cansativa, estressante e fatigante, o que a associa à intensificação do trabalho. Ainda que tenham sido colocados pela minoria dos sujeitos, esses dados colocam a necessidade de os docen-

---

[550] Cf: TREVISAN, Rosana. Desafio. *In: Michaelis Dicionário Brasileiro da Língua Portuguesa*. São Paulo: Melhoramentos, 2019.

tes serem ouvidos na formulação de políticas e práticas institucionais de organização do trabalho.

Os dados apontaram ainda o que os sujeitos da pesquisa não reconheceram como parte da condição do seu trabalho, e isso também ilustra essa profissionalidade. Nenhum (0%) dos docentes associou a atuação em dois níveis de ensino às seguintes palavras, que estariam mais vinculadas a uma percepção negativa da condição do trabalho:

"apatia";

"incompetência";

"desqualificação profissional";

"medo" e

"depressão".

As escolhas e as não escolhas entre essas palavras sugerem a complexidade que encerra a condição do trabalho docente nos IFs, entre os seus condicionantes e as possibilidades de sua ressignificação, que também foi colocada nos depoimentos das entrevistas. Nesses, alguns docentes sinalizaram para uma relação intrínseca entre a atuação nos dois níveis de ensino e a polivalência do trabalho.

De acordo com Dal Rosso[551], "a gênese da polivalência aconteceu no mundo da fábrica. Desta, migrou para as atividades de serviços e daí passou a transformar, como uma onda, todo o mundo do trabalho". Este processo, entendido à luz de Chiariello e Eid[552], significa o aumento das tarefas de trabalho pela integração de diversas capacidades e competências, de modo que são assumidas novas responsabilidades, que incorrem para uma intensificação do trabalho ao mesmo tempo que enriquecem os seus conteúdos.

Em um depoimento a polivalência foi expressa em uma sensação de que se está "dividido" entre atividades diversas, como neste trecho sobre a ampliação das atribuições docentes nos institutos: *É complicado né? Se pudesse não ampliar demais, eu gostaria, porque... a gente fica um pouco dividido. Tem gente que consegue fazer tudo isso muito bem, já outros não [...]. Eu não gosto"*[553].

---

[551] DAL ROSSO, 2008, p. 123.

[552] CHIARIELLO, Caio Luis; EID, Farid. Revisando conceitos: polivalência, politecnia e cooperação no debate sobre organização do trabalho. *REDD – Revista Espaço de Diálogo e Desconexão*, Araraquara, v. 4, n. 1, p. 1-11, jul./dez. 2011.

[553] DOCENTE 1, 2017.

Em outros relatos essa categoria foi vinculada às exigências do mundo do trabalho contemporâneo, como colocado por Antunes[554], para quem a polivalência conjuga intensificação e requisitos de ampliação da qualificação do trabalho. Um docente, que possuía formação pedagógica e estava atuando em cursos de apenas um nível de ensino, apontou a atuação em cursos dos dois níveis de ensino como uma habilidade necessária à profissão na contemporaneidade: *"Eu trabalhei pouco tempo com o Superior. [...] Eu gosto do Médio, mas eu não posso ficar estagnada. Eu não quero sair, mas eu preciso fazer um pouco de outras coisas, caminhar por outros espaços, para poder aprender e crescer"[555].*

Posição semelhante foi colocada por outro docente, sem formação pedagógica e com experiências de trabalho não escolar, sobre a polivalência na carreira de magistério do EBTT:

> *No mercado de trabalho é um pouco parecido. Por exemplo, [...] quando eu era gerente lá [em uma empresa privada], de tempos em tempos a gente fazia um rodízio de gerentes. A área que eu cuidava ia ser cuidada por outro, justamente para você ter uma visão mais sistêmica das coisas.[556]*

Outros relatos de docentes com formação inicial em curso de bacharelado ou de tecnologia ressignificaram essa condição como possibilidade de ampliação do seu repertório de conhecimentos profissionais. Um docente que estava lecionando em cursos de apenas um nível de ensino assinalou:

> *Eu gostaria de trabalhar nas duas [nos dois níveis de ensino], hoje, com a visão que eu tenho... Porque, por exemplo, eu sabendo como funciona a formação do Médio, eu consigo acompanhar esse desenvolvimento dele até chegar no Superior, por exemplo.[557].*

Outro docente que estava atuando em cursos dos dois níveis de ensino assinalou que, se lhe fosse facultado escolher,

> *[...] preferiria ficar nos dois níveis. A experiência dos dois é muito boa [...], porque a gente acaba também aprendendo, não sei se eu também acabo me sentindo também mais jovem [risos], por às vezes pensar de forma parecida, algumas coisas.[558]*

---

[554] ANTUNES, Ricardo. O trabalho, sua nova morfologia e a era da precarização estrutural. *Theomai*, n. 19, p. 47-57, 2009.

[555] DOCENTE 21, 2017.

[556] DOCENTE 7, 2017.

[557] DOCENTE 7, 2017.

[558] DOCENTE 13, 2017.

As entrevistas abordaram como os docentes organizam a sua dinâmica de trabalho para atuar nos dois níveis de ensino, visando indagar sobre a constituição de um "saber docente" próprio desta condição, como no dizer de Tardif[559]:

> [...] em íntima relação com o que os professores, nos espaços de trabalho cotidianos, são, fazem, pensam e dizem; [...] [trata-se de um] saber dos atores individuais que o possuem e o incorporam à sua prática profissional para a ela adaptá-lo e para transformá-lo.

Ainda que sem embasamento explícito em alguma teoria, os sujeitos apontaram suas estratégias para realizarem o ensino, a pesquisa e a extensão com estudantes de perfis diferentes em cursos de complexidades e intencionalidades pedagógicas distintas. Revelaram uma amálgama de saberes, constituída por experiências advindas da formação escolar e universitária, das vivências pessoais, da troca de conhecimentos com colegas, que os levaram a definir as especificidades pedagógicas de cada nível de ensino e as melhores formas de intervenção para a formação dos estudantes, como nesse relato:

> *Por exemplo, para o mestrado, eu tenho que trazer muito artigo, artigos científicos, né, mais rebuscado, o que tem de novidade, porque o básico, eles já viram na graduação [...]. Já na graduação, não, eu tenho que dar aquele básico, porque eles têm que saber aquele básico, se sobrar tempo que eu mostro alguma coisa mais... e no médio ... mais básico ainda, né? A aula não é a mesma, mas, é uma sequência. Quem já foi meu aluno sabe, eles percebem a diferença.[560]*

Também foram apontadas ressignificações das práticas pedagógicas, no sentido da integração entre os diversos públicos estudantis. Alguns docentes informaram sobre a orientação de projetos de pesquisa e extensão envolvendo ao mesmo tempo estudantes de cursos técnicos de nível médio, de graduação e de mestrado, que resultam em experiências interessantes de integração entre os níveis de ensino:

> *A princípio eu tinha projetos diferentes [entre os cursos e níveis de ensino] e era mais complicado. [...] Então, sobretudo de 2013 a 2014, a gente começou a fazer projetos de Iniciação Científica Júnior dentro do projeto de Iniciação Científica, os alunos do*

---

[559] TARDIF, 2014, p. 15.
[560] DOCENTE 1, 2017.

> *Ensino Médio acabam fazendo uma parte muito mais simples dentro de um projeto de Iniciação Científica. E aí a parte de orientação, mesmo, eu faço reuniões com todos, reunião geral.*[561]

O relato de outro docente apontou elementos que ilustram a contradição da organização da docência nos Institutos Federais entre profissionalização-desprofissionalização e a possibilidade de uma reprofissionalização. Inicialmente, na entrevista, o docente havia qualificado a condição do seu trabalho nos dois níveis de ensino como um ato "perverso", pela intensificação que acarreta, mas depois assinalou possibilidades de fortalecer sua atuação na formação de professores da educação básica:

> *Como eu trabalho num curso de formação de professores, no Ensino Superior, estar na Educação Básica, também, me faz com que eu não me distancie teoricamente dessas duas esferas, desses dois níveis de ensino. Então, quando eu falo com meus alunos, por exemplo, de 'Aspectos teórico-metodológicos do ensino de [Disciplina]', eu posso dizer com propriedade, porque essa realidade eu vivo na sala de aula. [...] Então, por mais que eu criei resistência à atuação na Educação Básica, essa minha experiência no Instituto Federal e o retorno para a Educação Básica me fez refletir o que parecia inclusive enriquecer, na verdade, a minha atuação docente.*[562]

A atuação nos dois níveis de ensino, portanto, coloca-se como uma dimensão de reprofissionalização da docência na carreira de magistério do EBTT. Em meio a movimentos de profissionalização e de desprofissionalização, os docentes têm construído possibilidades de ressignificação da sua atividade profissional, ao passo que constituem um sentido próprio para essa forma de atuação, a partir de suas experiências pessoais e coletivas.

Pesquisas que pautam a atuação docente em cursos dos dois níveis de ensino sugerem resultados semelhantes sobre esse aspecto. Foi o caso de Santiago[563], junto aos docentes do IF Sudeste de Minas Gerais, que mapeia a constituição de saberes docentes diferenciados conforme os níveis de ensino no planejamento das aulas, nas metodologias de ensino e nas formas de avaliação.

Oliveira, B.[564] investiga como se configura a verticalização do ensino no IF de Brasília e identifica ambiguidades nos discursos dos docentes, da

---

[561] DOCENTE 9, 2017.
[562] DOCENTE 5, 2017.
[563] SANTIAGO, 2015.
[564] OLIVEIRA, B., 2016, p. 141.

polivalência como vantagem e como desvantagem e da realização no trabalho entre satisfação e insatisfação. Jardim[565] estuda representações sociais dos docentes do IF de São Paulo e aponta para uma profissionalidade em construção, vinculada à identidade institucional dos IFs, cujas representações sobre as condições de trabalho e a afetividade com o seu trabalho são destacadas como positivas.

À luz da indicação de Mills[566] de que "[...] para compreender as modificações de muitos ambientes pessoais, temos necessidade de olhar além deles", vale pensar que essa dinâmica da profissionalidade docente nos Institutos Federais, para além de sua configuração interna, pode acontecer graças a um contexto social mais amplo, interpretado por diversos autores contemporâneos, entre eles, Bauman[567], como da modernidade líquida e do capitalismo parasitário.

Reportando aos anos 1980-1990, na Europa, Elias[568] já vislumbrava "[...] as formas primitivas de um novo *ethos* mundial". O aumento da população e a complexificação da sociedade vinham forjando novas sociabilidades e identidades, sob um "padrão diferente de individualização", com uma maior integração de pessoa para pessoa, porém, com menor poder do indivíduo sobre a configuração da teia de relações humanas – a sociedade.

A flexibilidade se afirma como lógica social hegemônica na qual as identidades, constituídas entre continuidades e descontinuidades, questionam vínculos identitários antes tido como sólidos. A "utopia" da modernidade líquida[569] remete a uma condição de maior individualismo e, mais proximamente à realidade analisada, aos imperativos da mudança, da aceitação da insegurança e do culto a estar sempre em movimento e buscando superar-se. No dizer de Bauman[570], "A capacidade de abandonar depressa os hábitos presentes torna-se mais importante do que o aprendizado dos novos".

À guisa de uma interpretação possível sobre os sentidos da docência na carreira de magistério do EBTT, conhecer as percepções dos próprios sujeitos que têm atuado em cursos dos dois níveis de ensino, suas perspectivas sobre a condição do seu trabalho, bem como a de colegas de instituição que lecionam em apenas um mesmo nível de ensino, lança luzes a essa proble-

---

[565] JARDIM, 2018.

[566] MILLS, Charles W. *A imaginação sociológica*. Rio de Janeiro: Zahar, 1982. p. 17.

[567] BAUMAN, Zygmunt. *Tempos líquidos*. Rio de Janeiro: Jorge Zahar, 2007.

[568] Cf. ELIAS, 1994a, p. 138-139.

[569] BAUMAN, 2007, p. 111.

[570] BAUMAN, 2010, p. 49.

mática que vai além de um mero debate sobre o julgamento da política que conformou essa atividade; ao contrário, traça perspectivas de *compreender* e *explicar*[571], de perceber, *em seu acontecendo*, o *jogo de interdependências*[572] que tece essa profissionalidade docente.

Tomando os diálogos com os docentes do IF Baiano, é possível concluir que suas percepções comportam sentidos, complexos e interdependentes, de profissionalização, pela melhoria das condições de trabalho, ampliação da formação e sentimento de valorização profissional; de desprofissionalização, pela racionalização do trabalho, intensificação e autointensificação e mudanças no referencial identitário profissional pautado em apenas um nível de ensino; e sentidos de reprofissionalização, ou, de constituição de uma profissionalidade da carreira de magistério do EBTT, pela organização da carreira, a vinculação aos princípios institucionais e a docência nos dois níveis de ensino.

---

[571] Cf. BOURDIEU, 2008.
[572] Cf. ELIAS, 2014.

6

CONSIDERAÇÕES FINAIS

Mas, a vida ri de nós pelo canto dos olhos.

(Valquíria Lima da Silva)[573]

No alcance da jornada traçada para este trabalho, algumas considerações fazem-se pertinentes quanto ao percurso da pesquisa e às expectativas de oferecer contribuições ao campo de conhecimento da problemática analisada. Assim como a epígrafe acima sugere sobre a vida, os finais dos processos colocam novas questões a perseguir, como se nos dissessem que há sempre mais a fazer.

Espero ter contribuído para ampliar o conhecimento sobre a docência nos Institutos Federais, junto aos demais estudos que vêm sendo desenvolvidos acerca do tema. Nos estudos que vêm se colocando, são identificadas tendências no reconhecimento de que essa atividade profissional é forjada sob dimensões contraditórias, por exemplo, entre bem-estar e mal-estar, prazer e sofrimento, qualidade de vida e adoecimento, valorização dos direitos e legalismo dos deveres, autonomia e controle, formação e experiência, exigências do capital e possibilidade humana.

No presente estudo, a condição do trabalho docente em cursos dos dois níveis de ensino, estabelecida pela política da carreira de magistério do EBTT a partir do ano de 2008, é analisada sob a contradição entre profissionalização e desprofissionalização. Essas categorias são tomadas de estudos de autores dos campos da Educação e da Sociologia da Educação, a exemplo de Nóvoa, Enguita, Lawn, Dubar e Tripier, Garcia, Hypolito e Vieira, Tenti Fanfani, Elias, Demailly e De La Broise, Maubant, Roger e Lejeune, Wittorski e Roquet, Bueno, Tardif e Lessard, Coelho e Diniz-Pereira, entre outros.

Tendo o Instituto Federal Baiano como campo empírico da pesquisa, são realizadas triangulações de dados quantitativos e qualitativos obtidos

---

[573] SILVA, V., 2013, p. 36.

em documentos oficiais e estatísticos, bem como por meio de questionários e entrevistas. As análises permitem sustentar que a condição do trabalho docente nos Institutos Federais expressa um processo de reprofissionalização, ou seja, de ressignificação da docência na carreira de magistério do EBTT, pela combinação de movimentos, dialéticos e interdependentes, de profissionalização e desprofissionalização.

Sendo a profissionalização entendida como um processo que afirma a profissionalidade docente e a desprofissionalização como um processo que a nega e ressignifica, isso permite dizer que a docência nessa carreira conjuga esses dois processos, aparentemente contraditórios, na medida em que os docentes têm sua qualificação e desenvolvimento profissional elevados, mas seu trabalho intensificado. Passam a ter as mesmas condições de remuneração que os professores das universidades federais, mas suas referências identitárias profissionais são desestabilizadas. Ao mesmo tempo, movimentos de reprofissionalização afirmam especificidades dessa condição do trabalho na organização da carreira, na vinculação aos princípios institucionais dos IFs, nos condicionantes colocados ao trabalho e na atuação docente em cursos dos dois níveis de ensino.

Trata-se de uma profissionalidade de cuja construção os sujeitos docentes participam, mas não intencionalmente; tampouco a fazem sozinhos. Também vêm à tona, dentre um campo de interlocutores impossível de mensurar, intencionalidades em torno das políticas públicas que forjaram os Institutos Federais, representações das comunidades interna e externa sobre essa atividade, e, em um sentido mais amplo, uma lógica social do trabalho pautada em princípios de polivalência e multitarefas, que requerem o domínio de conhecimentos e competências mais complexos ao mesmo tempo em que impõem mais intensificação e racionalização das condições de trabalho.

Esse olhar sobre a profissionalidade da docência na carreira de magistério do EBTT, composta por uma dinâmica de profissionalização e desprofissionalização, ainda não havia sido observada nos estudos sobre o tema. A contribuição ao campo teórico reside também em compreender que essa dinâmica inclui as condições materiais de trabalho, mas está para além delas, no sentido de que atuar em cursos dos dois níveis de ensino acarreta desestabilização de um referencial identitário da docência vinculada a um nível de ensino específico, como professores apenas da educação básica ou da educação superior e, contraditoriamente, leva a uma ressignificação profissional, como reprofissionalização, de uma docência nos dois níveis de ensino. Isso, todavia, só foi possível de ser colocado sob uma correlação de forças, no âmbito do Estado e das políticas educacionais, que vinha contribuindo para a profissionalização dessa carreira, ou seja, a desprofissionalização não se fez sem uma condição de profissionalização da docência na RFEPCT brasileira.

Para alcançar essa elaboração, a investigação percorreu uma trajetória. O ponto de partida são os contextos que constituíram a docência da carreira de magistério do EBTT. Foram perseguidas as formas como essa carreira foi delineada, em estreita relação com as diversas institucionalidades colocadas às instituições federais de educação profissional brasileiras, entre movimentos de profissionalização e de desprofissionalização. Como categoria social e histórica, os docentes passaram de uma condição de atuação sem vínculo permanente de trabalho e, em alguns casos, sem exigência de escolarização prévia, a profissionais de um quadro estável na carreira de magistério federal, com exigências para recrutamento e atribuições profissionais mais complexas.

Ao mesmo tempo, passaram de docentes de apenas um nível de ensino específico, a educação profissional técnica de nível médio, para docentes que podem ter que atuar da educação básica profissional sem terminalidade específica à educação superior de pós-graduação stricto sensu. Compreendendo alguns aspectos mais contemporâneos, também se discute a institucionalidade dos IFs e os projetos político-educativos que a conformam e disputam, os quais, não por acaso, incidem diretamente sobre a condição do trabalho dos seus docentes.

Também são caracterizadas as definições do trabalho docente sob a carreira de magistério do EBTT, nos IFs e, em especial, no IF Baiano. A análise considera, sob a ótica da profissionalização e da desprofissionalização e em diálogo com os estudos sobre o tema, as principais mudanças colocadas pela carreira e as especificidades dessa atividade, que compreendem as condições especiais para aposentadoria, o desenvolvimento profissional, a política do Reconhecimento de Saberes e Competências, a organização sindical, os requisitos para ingresso, os condicionantes colocados pela institucionalidade dos IFs, os dispositivos de organização e controle e as atribuições de atuação desde a EPTNM à educação superior. Essa parte do trabalho também é importante por contemplar uma visão geral da docência nos IFs, aproximando-se de uma descrição densa do objeto de estudo, que propicia a formulação de novas problematizações ao campo.

Buscando uma compreensão dos sentidos da profissionalidade docente nos IFs, em debate com a produção acadêmica afim ao tema, foram analisadas as percepções de pessoas que vivenciam essa condição do trabalho no IF Baiano. Os diálogos permitem formar uma interpretação a partir dos sentidos de profissionalização, nas percepções sobre as condições de trabalho, ampliação da formação e sentimento de valorização profissional; de desprofissionalização, quando as percepções apontaram para a racionalização, a intensificação e autointensificação do trabalho e as mudanças no referencial identitário profissional docente; e sentidos de reprofissionalização da docência, no que tocou às percepções sobre a carreira, à vinculação aos princípios institucionais e à atuação nos dois níveis de ensino.

O desenvolvimento desta pesquisa aponta para novas questões a serem investigadas, das quais identifico algumas, como uma espécie de plano de trabalho, para quem possa dar prosseguimento e interessar-se pelo tema.

Uma primeira questão são as mudanças de direção do Governo Federal brasileiro, que colocam sob suspeição os rumos da RFEPCT, a qual, como se viu, foi organizada em vinculação a um programa de governo e de educação e passou por momentos de instabilidade e busca de afirmação da sua legitimidade como política de Estado, frente às mudanças de governo que se sucederam. Como Elias[574] já havia observado, "[...] a teia de relações humanas muda quando muda a distribuição de poder" e se faz bastante pertinente um estudo que dê conta de ao menos documentar esses momentos históricos, os sentidos e expectativas que têm disputado as políticas – a pública e a educacional –, as perdas e ganhos – e quais grupos políticos e educacionais ganham e perdem nesse processo.

Em um plano institucional, os diálogos com os estudos sobre outros IFs, neste trabalho, acenam para a possibilidade de uma compreensão mais ampla das políticas para essas instituições a partir das diversas lógicas que as traduzem na prática social, como no caso dos mecanismos de controle e o dimensionamento da carga horária das atividades docentes. Assim, faz-se pertinente aprofundar esse aspecto, buscando uma perspectiva comparada entre as formas de organização em diferentes IFs, considerando que há dispositivos institucionais diferenciados sob mesmas regulamentações do Ministério da Educação, por exemplo, quanto à gestão do trabalho

---

[574] ELIAS, 2014, p. 88.

dos docentes, aos sistemas de organização administrativa e pedagógica, às relações das instituições com as culturas locais, à adesão ou dissensão a programas de governo.

Por fim, um terceiro tema com possibilidade de análises futuras é sobre as pautas das diversidades nos IFs, que incluem desde os grupos sociais menos escolarizados, que acessam essas instituições principalmente em decorrência do ProEJA, às mulheres e sujeitos da diversidade sexual, os povos negros e indígenas, as pessoas com deficiência. Esses grupos, principalmente por meio da ação de Núcleos de Estudos de Gênero e Sexualidade (Genis), Núcleos de Estudos Afro-Brasileiros e Indígenas (Neabis) e Núcleos de Atendimento às Pessoas com Necessidades Específicas (Napnes), têm tensionado o desenvolvimento institucional na construção e melhoria de políticas, transversais aos níveis de ensino, pela diversidade e inclusão educacional e consequentemente têm alterado a institucionalidade dos IFs e a condição da sua docência.

Como produção de conhecimento científico, esta pesquisa também visa contribuir para melhorias na organização do trabalho docente nos próprios Institutos Federais, de modo a viabilizar condições para uma maior satisfação no trabalho. Conforme Rebolo e Bueno[575], a satisfação no trabalho, traduzida como o bem-estar docente, tem ganhado cada vez mais pertinência na contemporaneidade, pois concorre tanto para favorecer que os docentes permaneçam na profissão quanto para a melhoria do ensino, ao passo que o seu oposto, a insatisfação no trabalho, ou o mal-estar docente, contribuem para o abandono da docência.

Assim, no que tange à gestão institucional, especialmente a do IF Baiano são demonstrados aspectos que podem receber melhorias e potencializar o desenvolvimento profissional docente, por exemplo, na organização de uma política de formação continuada que abarque a complexidade da docência nos dois níveis de ensino.

Uma das questões que seria essencial considerar para o sucesso dessa política é que na sua formulação e implementação sejam consideradas as experiências de trabalho e os conhecimentos da formação dos profissionais, dos docentes de cada campus, de modo que reflitam as condições e as necessidades concretas de qualificação. Os entrevistados durante a pesquisa sinalizam para a baixa atratividade de um processo formativo imitando um

---

[575] REBOLO, Flavinês; BUENO, Belmira O. O bem-estar docente: limites e possibilidades para a felicidade do professor no trabalho. *Acta Scientiarum: Education*, Maringá, v. 36, n. 2, p. 323-331, July-Dec., 2014.

curso de tipo tradicional, de mera transmissão de conhecimentos pedagógicos formais; ao contrário, posicionam-se a favor de um processo que os mobilize como profissionais e a seus saberes docentes, como um diálogo entre pares, sobre a condição do seu trabalho.

No que tange aos próprios sujeitos docentes, seja individual ou coletivamente, este estudo pode dialogar e, assim, ampliar, reforçar, ser reconstruído com os conhecimentos que já possuem sobre o seu trabalho. No contato com os colegas, durante as entrevistas, alguns revelaram pouco conhecimento sobre os aspectos que conformam a história e a condição do trabalho docente nos Institutos Federais, bem como sobre a nossa organização política e sindical. Discutir a constituição da própria profissionalidade, refletir sobre suas especificidades, suas possibilidades e seus limites, também contribui para a criação dos meios de fazer-se avançar a profissionalização docente.

A originalidade teórica deste trabalho decorre, portanto, da escolha dos Institutos Federais em virtude de suas características específicas, notadamente o exercício docente simultâneo em cursos dos dois níveis e várias modalidades de ensino, o que permitiu explicitar certas contradições das políticas docentes no Brasil e a fragilidade de várias das lógicas nas quais essas políticas se pautam.

Além disso, a escolha do par profissionalização/desprofissionalização também contribuiu para perceber e identificar com maior propriedade esses processos. Com a crescente complexidade da sociedade contemporânea, a ideia de desprofissionalização passou a ser empregada com mais frequência. Como em outros campos, na educação o uso dessa categoria também indica uma tentativa de poder melhor captar a diversidade de fatores que passaram a afetar as atividades do trabalho docente e a qualificação de seus profissionais em decorrência das novas formas de organização do trabalho.

Foi esse tipo de reflexão que levou a optar pelo uso do par profissionalização/desprofissionalização como componente do processo de reprofissionalização da docência nos Institutos Federais, cujas análises, com efeito, permitiram defender a ideia de que esses processos ocorrem de modo simultâneo, são contraditórios e não necessariamente excludentes. Justamente por isso, são tensos e conflituosos.

Essas dinâmicas, por sua vez, só foram identificadas na medida em que o trabalho focalizou diversos aspectos, desde a história e a dinâmica da profissionalização, desprofissionalização e reprofissionalização na carreira de magistério do EBTT, à legislação que esteve presente nessa história, até a estrutura da carreira docente e o dia a dia daqueles e daquelas que labutam na instituição. Sem esse olhar múltiplo, não teria sido possível captar semelhante processo, visto que de sua sutileza decorre seu obscurecimento.

REFERÊNCIAS

ABALLÉA, François. L'anomie professionnelle: déprofessionnalisation et désinstitutionnalisation du travail. *Recherche et Formation,* Lyon, n. 72, p. 15-26, 2013. Disponível em: https://www.researchgate.net/publication/299519260_L'anomie_professionnelle_Deprofessionnalisation_et_desinstitutionnalisation_du_travail. Acesso em: 28 jun. 2024.

AMORIM JÚNIOR, Jorge Washington de; SCHLINDWEIN, Vanderléia de L. D. C.; MATOS, Luís Alberto L. de. O trabalho do professor EBTT: entre a exigência do capital e a possibilidade humana. *RPGE – Revista on line de Política e Gestão Educacional,* Araraquara, v. 22, n. 3, p. 1.217-1.232 set./dez. 2018. Disponível em: https://periodicos.fclar.unesp.br/rpge/article/view/11894/7863. Acesso em: 28 jun. 2024.

ANDERSON, Perry. Balanço do neoliberalismo. *In*: SADER, Emir; GENTILI, Pablo (org.). *Pós-neoliberalismo*: as políticas sociais e o Estado democrático. Rio de Janeiro: Paz e Terra, 1995.

ANTUNES, Ricardo. O mundo precarizado do trabalho e seus significados. *Cadernos de Psicologia Social do Trabalho,* São Paulo, v. 2, n. 1, p. 55-72, 1999. Disponível em: http://pepsic.bvsalud.org/pdf/cpst/v2/v2a08.pdf. Acesso em: 28 jun. 2024.

ANTUNES, Ricardo. O trabalho, sua nova morfologia e a era da precarização estrutural. *Theomai* [on-line], n. 19, p. 47-57, 2009. Disponível em: https://www.redalyc.org/articulo.oa?id=12415104007. Acesso em: 28 jun. 2024.

APPLE, Michael W. Relações de classe e de gênero e modificações no processo de trabalho docente. *Cadernos de Pesquisa,* São Paulo, v. 60, p. 3-14, fev. 1987. Disponível em: http://www.fcc.org.br/pesquisa/publicacoes/cp/arquivos/768.pdf. Acesso em: 28 jun. 2024.

APPLE, Michael W. *Trabalho docente e textos*: economia política das relações de classe e de gênero em educação. Porto Alegre: Artes Médicas, 1995.

AQUINO, Carol. Ufba, Uesc e Ufob são melhores universidades baianas; veja *ranking. Correio da Bahia,* Salvador, 27 nov. 2017. Disponível em: https://www.correio24horas.com.br/noticia/nid/ufba-uesc-e-ufob-sao-melhores-universidades-baianas-veja-ranking/. Acesso em: 28 jun. 2024.

ARAÚJO, Daniel de M.; TAMANO, Luana T. O. Institutos Federais lutam para criar cultura institucional de pesquisa e pós-graduação. *Revista Ensino Superior Unicamp*, Campinas, n. 14, jul./set. 2014. Disponível em: https://www.revistaensinosuperior. gr.unicamp.br/artigos/institutos-federais-lutam-para-criar-cultura-institucional-de-pesquisa-e-pos-graduacao#:~:text=Todo%20o%20cen%C3%A1rio%20 relatado%20acima,gradua%C3%A7%C3%A3o%20stricto%20sensu%20tem%20 aumentado. Acesso em: 28 jun. 2024.

ARAÚJO, Denise Silva; SÁ, Helvécio G. M. de; BRZEZINSKI, Iria. Trabalho e formação docente na Escola Técnica de Goiânia: política, ideologia e produtividade. *Revista Brasileira de Política e Administração da Educação*, Goiânia, v. 34, n. 2, p. 523 - 542, maio/ago. 2018. Disponível em: https://seer.ufrgs.br/rbpae/article/ view/75683. Acesso em: 28 jun. 2024.

ARAÚJO, Jair J.; HYPOLITO, Álvaro M. Institutos Federais de Educação, Ciência e Tecnologia: inovações e continuidades. *In*: 33ª REUNIÃO ANUAL DA ANPEd. *Anais* [...]. Caxambu: ANPEd, 2010. p. 1-13. Disponível em: http://33reuniao. anped.org.br/33encontro/app/webroot/files/file/Trabalhos%20em%20PDF/ GT05-6449--Int.pdf. Acesso em: 28 jun. 2024.

ARAUJO, José Valdir D. *A precarização do trabalho docente no Instituto Federal de Educação, Ciência e Tecnologia do Maranhão – IFMA*. 2011. Dissertação (Mestrado em Educação) – Faculdade de Educação, Universidade de Brasília, Brasília, 2011. Disponível em: http://repositorio2.unb.br/jspui/handle/10482/10006. Acesso em: 28 jun. 2024.

ARCARY, Valério. Uma nota sobre os Institutos Federais em perspectiva histórica. *Esquerda online*, 23 mar. 2015.

ARROYO, M.G. Operários e educadores se identificam: que rumos tomará a educação brasileira? *Educação & Sociedade*, Campinas, n. 5, p. 5-23, 1980.

AUGÉ, Marc. *Não-lugares*: introdução a uma antropologia da supermodernidade. 2. ed. Campinas: Papirus, 2001.

AZEVEDO, Luiz Alberto; SHIROMA, Eneida O.; COAN, Marival. As políticas públicas para a educação profissional e tecnológica: sucessivas reformas para atender a quem? *Boletim Técnico do Senac*, Rio de Janeiro, v. 38, n. 2, p. 27-39, maio/ago. 2012. Disponível em: https://www.bts.senac.br/bts/article/view/164. Acesso em: 28 jun. 2024.

BAHIA, Secretaria de Desenvolvimento Econômico, Superintendência de Estudos e Políticas Públicas. *Estudo de Potencialidades Econômicas*: Sertão Produtivo. Salvador: SDE, 2016. p. 1-55.

BALL, Stephen. Profissionalismo, gerencialismo e performatividade. *Cadernos de Pesquisa*, São Paulo, v. 35, n. 126, p. 539-564, set./dez. 2005. Disponível em: http://www.scielo.br/pdf/cp/v35n126/a02n126.pdf. Acesso em: 28 jun. 2024.

BALL, Stephen. Redes, neoliberalismo e mobilidade de políticas. *In*: BALL, Stephen. *Educação global S. A.*: novas relações políticas e o imaginário neoliberal. Ponta Grossa: UEPG, 2014. p. 23-44.

BALL, Stephen. Sociologia das políticas educacionais e pesquisa crítico-social: uma revisão pessoal das políticas educacionais e da pesquisa em política educacional. *Currículo sem Fronteiras*, Porto Alegre, v. 6, n. 2, p. 10-32, jul./dez. 2006. Disponível em: http://www.curriculosemfronteiras.org/vol6iss2articles/ball.pdf. Acesso em: 28 jun. 2024.

BARBOSA, Juliana Kelle da S. F.; MEDEIROS NETA, Olívia Morais de. As mudanças na carreira docente e o desenvolvimento profissional nos Institutos Federais: avanços e retrocessos. *Research, Society and Development*, Itajubá, v. 7, n. 9, p. 1-29, maio 2018. Disponível em: https://rsdjournal.org/index.php/rsd/article/view/403. Acesso em: 28 jun. 2024.

BARDIN, Laurence. *Análise de conteúdo*. Lisboa: Edições 70, 2011.

BATISTA, Hildonice de S. Formação inicial de professoras e professores: reflexões sobre os cursos de licenciatura no IF Baiano. *In*: SILVA, M. R. L. da. *Docência e educação básica*: diálogos de integração curricular e desenvolvimento pedagógico. Salvador: Edufba, 2017, p. 285-299.

BAUMAN, Zygmunt. *Capitalismo parasitário*: e outros temas contemporâneos. Rio de Janeiro: Jorge Zahar, 2010.

BAUMAN, Zygmunt. *Tempos líquidos*. Rio de Janeiro: Jorge Zahar, 2007.

BIANCHETTI, Lucídio; MACHADO, Ana Maria N. Trabalho docente no stricto sensu: publicar ou morrer?! *In*: FIDALGO, F.; OLIVEIRA, M. A. M.; FIDALGO, N. L. R. *A intensificação do trabalho docente*: tecnologias e produtividade. Campinas: Papirus, 2009. p. 49-89.

BITTAR, Marília. Proletarização de professores. *In*: OLIVEIRA, D. A.; DUARTE, A. M. C.; VIEIRA, L. M. F. *Dicionário*: trabalho, profissão e condição docente. Belo

Horizonte: UFMG/Faculdade de Educação, 2010. Disponível em: https://gestrado. net.br/verbetes/proletarizacao-de-professores/. Acesso em: 28 jun. 2024.

BOMFIM, Edson R. O plano de classificação de cargos. *R. Dir. adm.*, Rio de Janeiro, n. 26, p. 631-651, out./dez. 1976. Disponível em: http://bibliotecadigital.fgv.br/ ojs/index.php/rda/article/download/42101/40791. Acesso em: 28 jun. 2024.

BOUFLEUER, José Pedro. A profissão professor: crise de profissão ou profissão em crise? *Linhas Críticas.* Brasília, DF, v. 19, n. 39, p. 391-408, maio/ago. 2013. Disponível em: https://www.redalyc.org/pdf/1935/193528369008.pdf. Acesso em: 28 jun. 2024.

BOURDIEU, Pierre. Compreender. *In*: BOURDIEU, P. (coord.). *A miséria do mundo.* 7. ed. Petrópolis: Vozes, 2008, p. 693-732.

BOURDIEU, Pierre. O campo científico. *In*: ORTIZ, Renato (org.). *Bourdieu – Sociologia.* São Paulo: Ática – Coleção Grandes Cientistas Sociais, v. 39, 1983. p. 122-155.

BRANDÃO, Marisa. Cefet Celso Suckow e algumas transformações históricas na formação profissional. *Trabalho necessário*, Rio de Janeiro, n. 9, p. 1-22, 2009a. Disponível em: http://periodicos.uff.br/trabalhonecessario/article/download/6099/5064. Acesso em: 28 jun. 2024.

BRANDÃO, Marisa. O Curso de Engenharia de Operação (anos 1960/1970) e sua relação histórica com a criação dos CEFETs. *Revista Brasileira da Educação Profissional e Tecnológica*, Natal, v. 2, n. 2, p. 55-77, 2009b. Disponível em: http://www2. ifrn.edu.br/ojs/index.php/RBEPT/article/view/2952. Acesso em: 28 jun. 2024.

BRANDÃO, Zaia. A dialética micro/macro na sociologia da educação. *Cadernos de Pesquisa*, São Paulo, n. 113, p. 153-165, abr./jul. 2001. Disponível em: http:// www.scielo.br/pdf/cp/n113/a08n113.pdf. Acesso em: 28 jun. 2024.

BRANDÃO, Zaia. Os jogos de escalas na Sociologia da Educação. *Educação & Sociedade*, Campinas, v. 29, n. 103, p. 607-620, maio/ago. 2008. Disponível em: http://www.scielo.br/pdf/es/v29n103/15.pdf. Acesso em: 28 jun. 2024.

BRASIL, Ministério da Gestão e da Inovação em Serviços Públicos. *Termo de Acordo 10/2024* [Reestruturação do Plano de Carreiras e Cargos de Magistério Federal]. Brasília, DF, 2024. Disponível em: https://sinasefe.org.br/site/download/ termo-de-acordo-no-10-greve-2024-reestruturacao-do-pccmf-ebtt/?wpdm-dl=59963&refresh=667ec8dccf4cd1719584988. Acesso em: 28 jun. 2024.

BRASIL. [Constituição (1988)]. *Constituição da República Federativa do Brasil de 1988*. Texto compilado. Brasília, DF: Presidência da República, 2019. Disponível em: http://www.planalto.gov.br/ccivil_03/Constituicao/ConstituicaoCompilado. htm. Acesso em: 28 jun. 2024.

BRASIL. Constituição da República dos Estados Unidos do Brasil, decretada pelo Presidente da República em 10.11.1937. *Diário Oficial da União*. Rio de Janeiro, DF, seção 1, p. 22.359, 10 nov. 1937a. Disponível em: https://www2.camara.leg.br/legin/fed/consti/1930-1939/constituicao-35093-10-novembro-1937-532849-publicacaooriginal-15246-pl.html. Acesso em: 28 jun. 2024.

BRASIL. Decreto nº 13.127, de 7 de agosto de 1918. Crêa uma Fazenda-Modelo de Criação no municipio de Catú, no Estado da Bahia. *Coleção de Leis do Brasil de 31/12/1918*, v. 3, col. 1, p. 31, 1918. Disponível em: http://legis.senado.leg.br/norma/424588/publicacao/15690474. Acesso em: 28 jun. 2024.

BRASIL. Decreto nº 22.470, de 20 de janeiro de 1947. Fixa a rede de estabelecimento de ensino agrícola no território nacional. *Diário Oficial da União*: Rio de Janeiro, DF, seção 1, p. 1.017, 23 jan. 1947. Disponível em: https://www2.camara. leg.br/legin/fed/decret/1940-1949/decreto-22470-20-janeiro-1947-341091-publicacaooriginal-1-pe.html. Acesso em: 28 jun. 2024.

BRASIL. Decreto nº 6.095, de 24 de abril de 2007. Estabelece diretrizes para o processo de integração de instituições federais de educação tecnológica, para fins de constituição dos Institutos Federais de Educação, Ciência e Tecnologia – IFET, no âmbito da Rede Federal de Educação Tecnológica. *Diário Oficial da União*: seção 1, Brasília, DF, n. 79, p. 6-7, 25 abr. 2007. Disponível em: http://pesquisa.in.gov. br/imprensa/jsp/visualiza/index.jsp?jornal=1&pagina=6&data=25/04/2007. Acesso em: 28 jun. 2024.

BRASIL. Decreto nº 7.566, de 23 de setembro de 1909. Crêa [sic] nas capitaes [sic] dos Estados da Republica [sic] Escolas de Aprendizes Artifices [sic], para o ensino profissional primario [sic] e gratuito. *Diário Official* [sic], Rio de Janeiro, DF, p. 6.975, 26 set. 1909a. Disponível em: https://www2.camara.leg.br/legin/fed/decret/1900-1909/decreto-7566-23-setembro-1909-525411-publicacaooriginal-1-pe.html. Acesso em: 28 jun. 2024.

BRASIL. Decreto nº 7.649, de 11 de novembro de 1909. Crea nas Escolas de Aprendizes Artifices, a que se refere o decreto n.º 7.566, de 23 de setembro ultimo, os logares de professores dos cursos primarios nocturnos e de desenho e da outras providencias. *Diário Official*, p. 8.329, 13 nov. 1909b. Disponível em: https://

www2.camara.leg.br/legin/fed/decret/1900-1909/decreto-7649-11-novembro-
-1909-525418-publicacaooriginal-1-pe.html. Acesso em: 28 jun. 2024.

BRASIL. Decreto nº 9.070, de 25 de outubro de 1911. Dá novo regulamento às
escolas de aprendizes artífices. *Diário Oficial da União*: seção 1, Rio de Janeiro, DF,
p. 13.927, 27 out. 1911. Disponível em: https://www2.camara.leg.br/legin/fed/
decret/1910-1919/decreto-9070-25-outubro-1911-525591-publicacaooriginal-
-1-pe.html. Acesso em: 28 jun. 2024.

BRASIL. Decreto nº 94.664, de 23 de julho de 1987. Aprova o Plano Único de
Classificação e Retribuição de Cargos e Empregos de que trata a Lei n.º 7.596, de
10 de abril de 1987. *Diário Oficial da União*: seção 1, Brasília, DF, p. 11.768, 24 jul.
1987a. Disponível em: https://www2.camara.leg.br/legin/fed/decret/1980-1987/
decreto-94664-23-julho-1987-445766-publicacaooriginal-1-pe.html. Acesso em:
28 jun. 2024.

BRASIL. Decreto n.º 5.840, de 13 de julho de 2006. Institui, no âmbito federal,
o Programa Nacional de Integração da Educação Profissional com a Educação
Básica na Modalidade de Educação de Jovens e Adultos – PROEJA, e dá outras
providências. *Diário Oficial da União*: seção 1, Brasília, DF, ano 143, n. 134, p. 7,
14 jul. 2006a. Disponível em: http://pesquisa.in.gov.br/imprensa/jsp/visualiza/
index.jsp?jornal=1&pagina=7&data=14/07/2006. Acesso em: 28 jun. 2024.

BRASIL. Decreto n.º 72.434, de 9 de julho de 1973. Cria a Coordenação Nacional
do Ensino Agrícola – COAGRI – no Ministério da Educação e Cultura, atribuindo-lhe [sic] autonomia administrativa e financeira e dá outras providências.
Diário Oficial da União: seção 1, Brasília, DF, p. 6.652, 10 jul. 1973. Disponível em:
https://www2.camara.leg.br/legin/fed/decret/1970-1979/decreto-72434-9-ju-
lho-1973-420902-publicacaooriginal-1-pe.html. Acesso em: 28 jun. 2024.

BRASIL. Decreto n.º 74.786, de 29 de outubro de 1974. Dispõe sobre o Grupo-
-Magistério do Serviço Civil da União e das Autarquias federais, a que se refere o
artigo 2º da Lei n.º 5.645, de 10 de dezembro de 1970, e dá outras providências.
Diário Oficial da União: seção 1, Brasília, DF, p. 12.301, 30 out. 1974. Disponível
em: https://www.planalto.gov.br/ccivil_03/decreto/1970-1979/d74786.htm.
Acesso em: 28 jun. 2024.

BRASIL. Decreto n.º 85.712, de 16 de fevereiro de 1981. Dispõe sobre a Carreira
do Magistério de 1º e 2º Graus do Serviço Público Civil da União e das Autarquias
Federais, e dá outras providências. *Diário Oficial da União*: seção 1, Brasília, DF,
p. 3.311, 17 fev. 1981a. Disponível em: https://www2.camara.leg.br/legin/fed/

decret/1980-1987/decreto-85712-16-fevereiro-1981-435081-publicacaooriginal-1-pe.html. Acesso em: 28 jun. 2024.

BRASIL. Decreto n.º 87.310, de 21 de junho de 1982. Regulamenta a Lei n.º 6.545, de 30 de junho de 1978, e dá outras providências. *Diário Oficial da União*: seção 1, Brasília, DF, p. 11.496, 23 jun. 1982. Disponível em: https://www2.camara.leg. br/legin/fed/decret/1980-1987/decreto-87310-21-junho-1982-436668-publicacaooriginal-1-pe.html. Acesso em: 28 jun. 2024.

BRASIL. Decreto n.º 94.916, de 18 de setembro de 1987. Dá nova redação ao artigo 52 do Plano Único de Classificação e Retribuição de Cargos e Empregos, aprovado pelo Decreto n.º 94.664, de 23 de julho de 1987. *Diário Oficial da União*: seção 1, Brasília, DF, p. 15.293, 21 set. 1987b. Disponível em: https://www2.camara.leg. br/legin/fed/decret/1980-1987/decreto-94916-18-setembro-1987-445198-publicacaooriginal-1-pe.html. Acesso em: 28 jun. 2024.

BRASIL. Decreto-Lei nº 4.127, de 25 de fevereiro de 1942. Estabelece as bases de organização da rede federal de estabelecimentos de ensino industrial. *Diário Oficial da União*: seção 1, Rio de Janeiro, DF, p. 2.957, 27 fev. 1942. Disponível em: https://www2.camara.leg.br/legin/fed/declei/1940-1949/decreto-lei-4127-25-fevereiro-1942-414123-publicacaooriginal-1-pe.html. Acesso em: 28 jun. 2024.

BRASIL. Decreto-Lei n.º 1.858, de 16 de fevereiro de 1981. Reestrutura a carreira do Magistério de 1º e 2º Graus do Serviço Público Civil da União e da [sic] Autarquias Federais, e dá outras providências. *Diário Oficial da União*: seção 1, Brasília, DF, p. 3.309, 16 fev. 1981b. Disponível em: http://www.planalto.gov.br/ccivil_03/Decreto-Lei/1965-1988/Del1858.htm. Acesso em: 28 jun. 2024.

BRASIL. Decreto-Lei n.º 547, de 18 de abril de 1969. Autoriza a organização e o funcionamento de cursos profissionais superiores de curta duração. *Diário Oficial da União*: seção 1, Brasília, DF, p. 3.377, 22 abr. 1969. Disponível em: https://www2.camara.leg.br/legin/fed/declei/1960-1969/decreto-lei-547-18-abril-1969-374120-publicacaooriginal-1-pe.html. Acesso em: 28 jun. 2024.

BRASIL. Decreto-Lei n.º 9.613, de 20 de agosto de 1946. Lei Orgânica do Ensino Agrícola. *Diário Oficial da União*: seção 1, Rio de Janeiro, DF, p. 12.019, 23 ago. 1946. Disponível em: https://www2.camara.leg.br/legin/fed/declei/1940-1949/decreto-lei-9613-20-agosto-1946-453681-norma-pe.html. Acesso em: 28 jun. 2024.

BRASIL. Emenda Constitucional nº 95. Altera o Ato das Disposições Constitucionais Transitórias, para instituir o Novo Regime Fiscal, e dá outras providências. *Diário*

Oficial da União: seção 1, Brasília, DF, n. 241, p. 2-3, 16 dez. 2016. Disponível em: http://pesquisa.in.gov.br/imprensa/jsp/visualiza/index.jsp?data=16/12/2016&jornal=1&pagina=2&totalArquivos=368. Acesso em: 28 jun. 2024.

BRASIL. Lei n° 11.184, de 7 de outubro de 2005. Dispõe sobre a transformação do Centro Federal de Educação Tecnológica do Paraná em Universidade Tecnológica Federal do Paraná e dá outras providências. *Diário Oficial da União*: seção 1, Brasília, DF, n. 195, p. 1-2, 10 out. 2005. Disponível em: http://pesquisa.in.gov. br/imprensa/jsp/visualiza/index.jsp?jornal=1&pagina=1&data=10/10/2005. Acesso em: 28 jun. 2024.

BRASIL. Lei n° 11.344, de 8 de setembro de 2006. Dispõe sobre a reestruturação das carreiras [...] de Magistério de Ensino Superior e de Magistério de 1° e 2° Graus e da remuneração dessas carreiras [...], e dá outras providências. *Diário Oficial da União*: seção 1, Brasília, DF, n. 174, p. 1-8, 11 set. 2006b. Disponível em: http://pesquisa.in.gov.br/imprensa/jsp/visualiza/index.jsp?data=11/09/2006&jornal=1&pagina=1&totalArquivos=96. Acesso em: 28 jun. 2024.

BRASIL. Lei n° 11.892, de 29 de dezembro de 2008. Institui a Rede Federal de Educação Profissional, Científica e Tecnológica, cria os Institutos Federais de Educação, Ciência e Tecnologia, e dá outras providências. *Diário Oficial da União*: seção 1, Brasília, DF, n. 253, p. 1-3, 30 dez. 2008a. Disponível em: http://pesquisa. in.gov.br/imprensa/jsp/visualiza/index.jsp?data=30/12/2008&jornal=1&pagina=1&totalArquivos=120. Acesso em: 28 jun. 2024.

BRASIL. Lei n° 12.702, de 7 de agosto de 2012. Dispõe [...] sobre os ocupantes de cargos [...] das Carreiras de Magistério Superior e do Ensino Básico, Técnico e Tecnológico, [...] sobre as gratificações e adicionais que menciona; altera as Leis n°s [...] 11.784, de 22 de setembro de 2008 [...]; e dá outras providências. *Diário Oficial da União*: seção 1, Brasília, DF, n. 153, p. 1-46, 8 ago. 2012a. Disponível em: http://pesquisa.in.gov.br/imprensa/jsp/visualiza/index.jsp?data=08/08/2012&jornal=1&pagina=1&totalArquivos=136. Acesso em: 28 jun. 2024.

BRASIL. Lei n° 13.005, de 25 de junho de 2014. Aprova o Plano Nacional de Educação – PNE e dá outras providências. *Diário Oficial da União*: seção 1, Brasília, DF, n. 120-A, Edição Extra, p. 1-7, 26 jun. 2014. Disponível em: http://pesquisa. in.gov.br/imprensa/jsp/visualiza/index.jsp?data=26/06/2014&jornal=1000&pagina=1&totalArquivos=8. Acesso em: 28 jun. 2024.

BRASIL. Lei n° 13.415, de 16 de fevereiro de 2017. Altera as Leis n°s 9.394, de 20 de dezembro de 1996, que estabelece as diretrizes e bases da educação nacional

[...]; e institui a Política de Fomento à Implementação de Escolas de Ensino Médio em Tempo Integral. *Diário Oficial da União*: seção 1, Brasília, DF, n. 35, p. 1-3, 17 fev. 2017. Disponível em: http://pesquisa.in.gov.br/imprensa/jsp/visualiza/index. jsp?jornal=1&pagina=1&data=17/02/2017. Acesso em: 28 jun. 2024.

BRASIL. Lei n° 3.552, de 16 de fevereiro de 1959. Dispõe sobre nova organização escolar e administrativa dos estabelecimentos de ensino industrial do Ministério da Educação e Cultura, e dá outras providências. *Diário Oficial da União*: seção 1, Rio de Janeiro, DF, p. 3.009, 17 fev. 1959. Disponível em: https://www2.camara. leg.br/legin/fed/lei/1950-1959/lei-3552-16-fevereiro-1959-354292-publica-caooriginal-1-pl.html. Acesso em: 28 jun. 2024.

BRASIL. Lei n° 3.780, de 12 de julho de 1960. Dispõe sôbre [sic] a Classificação de Cargos do Serviço Civil do Poder Executivo, estabelece os vencimentos correspondentes e dá outras providências. *Diário Oficial da União*: seção 1, Brasília, DF, p. 10.101, 12 jul. 1960. Disponível em: https://www2.camara.leg.br/legin/fed/lei/1960-1969/lei-3780-12-julho-1960-354408-norma-pl.html. Acesso em: 28 jun. 2024.

BRASIL. Lei n° 6.545, de 30 de junho de 1978. Dispõe sobre a transformação das Escolas Técnicas Federais de Minas Gerais, do Paraná e Celso Suckow da Fonseca em Centros Federais de Educação Tecnológica e dá outras providências. *Diário Oficial da União*: seção 1, Brasília, DF, p. 10.233, 4 jul. 1978a. Disponível em: https://www2.camara.leg.br/legin/fed/lei/1970-1979/lei-6545-30-junho--1978-366492-publicacaooriginal-1-pl.html. Acesso em: 28 jun. 2024.

BRASIL. Lei n° 7.863, de 31 de outubro de 1989. Dispõe sobre a transformação da Escola Técnica Federal do Maranhão em Centro Federal de Educação Tecnológica. *Diário Oficial da União*: seção 1, Brasília, DF, p. 19.777, 01 nov. 1989. Disponível em: https://www2.camara.leg.br/legin/fed/lei/1989/lei-7863-31-outubro--1989-365534-publicacaooriginal-1-pl.html. Acesso em: 28 jun. 2024.

BRASIL. Lei n° 8.948, de 8 de dezembro de 1994. Dispõe sobre a instituição do Sistema Nacional de Educação Tecnológica e dá outras providências. *Diário Oficial da União*: seção 1, Brasília, DF, n. 233, p. 18.882, 9 dez. 1994. Disponível em: http://pesquisa.in.gov.br/imprensa/jsp/visualiza/index.jsp?jornal=1&pagina=2&data=09/12/1994. Acesso em: 28 jun. 2024.

BRASIL. Lei n° 9.394, de 20 de dezembro de 1996. Estabelece as diretrizes e bases da educação nacional. *Diário Oficial da União*: seção 1, Brasília, DF, ano 131, n.

248, p. 1-9, 23 dez. 1996. [versão compilada e atualizada]. Disponível em: https://www.planalto.gov.br/ccivil_03/leis/l9394.htm. Acesso em: 28 jun. 2024.

BRASIL. Lei n.º 1.076, de 31 de março de 1950. Assegura aos estudantes que concluírem curso de primeiro ciclo do ensino comercial, industrial ou agrícola, o direito à matrícula nos cursos clássico e científico e dá outras providências. *Diário Oficial da União*: seção 1, Rio de Janeiro, DF, p. 5.425, 12 abr. 1950. Disponível em: https://www2.camara.leg.br/legin/fed/lei/1950-1959/lei-1076-31-marco--1950-363480-publicacaooriginal-1-pl.html. Acesso em: 28 jun. 2024.

BRASIL. Lei n.º 11.784, de 22 de setembro de 2008. Dispõe sobre a reestruturação [...] do Plano de Carreira e Cargos de Magistério do Ensino Básico, Técnico e Tecnológico [...] e dá outras providências. *Diário Oficial da União*: seção 1, Brasília, DF, n. 184, p. 1-38, 23 set. 2008b. Disponível em: http://pesquisa.in.gov.br/imprensa/jsp/visualiza/index.jsp?data=23/09/2008&jornal=1&pagina=1&totalArquivos=88. Acesso em: 28 jun. 2024.

BRASIL. Lei n.º 12.772, de 28 de dezembro de 2012. Dispõe sobre a estruturação do Plano de Carreiras e Cargos de Magistério Federal; [...] sobre o Plano de Carreira e Cargos de Magistério do Ensino Básico, Técnico e Tecnológico [...] e dá outras providências. *Diário Oficial da União*: seção 1, Brasília, DF, n. 251, p. 1-19, 31 dez. 2012b. Disponível em: http://pesquisa.in.gov.br/imprensa/jsp/visualiza/index.jsp?jornal=1&pagina=1&data=31/12/2012. Acesso em: 28 jun. 2024.

BRASIL. Lei n.º 12.863, de 24 de setembro de 2013. Altera a Lei n° 12.772, de 28 de dezembro de 2012, que dispõe sobre a estruturação do Plano de Carreiras e Cargos de Magistério Federal; altera as Leis [...] 11.892, de 29 de dezembro de 2008 [...] ; e dá outras providências. *Diário Oficial da União*: seção 1, Brasília, DF, n. 186, p. 1-3, 25 set. 2013. Disponível em: http://pesquisa.in.gov.br/imprensa/jsp/visualiza/index.jsp?jornal=1&pagina=1&data=25/09/2013. Acesso em: 28 jun. 2024.

BRASIL. Lei n.º 378, de 13 de janeiro de 1937. Dá nova organização ao Ministério da educação e Saúde Pública. *Diário Oficial da União*: seção 1, Rio de Janeiro, DF, p. 1.210, 15 jan. 1937b. Disponível em: https://www2.camara.leg.br/legin/fed/lei/1930-1939/lei-378-13-janeiro-1937-398059-publicacaooriginal-1-pl.html. Acesso em: 28 jun. 2024.

BRASIL. Lei n.º 5.645, de 10 de dezembro de 1970. Estabelece diretrizes para a classificação de cargos do Serviço Civil da União e das autarquias federais, e dá outras providências. *Diário Oficial da União*: seção 1, Brasília, DF, p. 10.537, 11 dez. 1970. Disponível em: https://www2.camara.leg.br/legin/fed/lei/1970-1979/

lei-5645-10-dezembro-1970-322185-publicacaooriginal-1-pl.html. Acesso em: 28 jun. 2024.

BRASIL. Lei n.º 8.670, de 30 de junho de 1993. Dispõe sobre a criação de Escolas Técnicas e Agrotécnicas Federais e dá outras providências. *Diário Oficial da União*: seção 1, Brasília, DF, n° 123, p. 8.929, 1 jul. 1993a. Disponível em: http://pesquisa. in.gov.br/imprensa/jsp/visualiza/index.jsp?data=01/07/1993&jornal=1&pagina=1&totalArquivos=120. Acesso em: 28 jun. 2024.

BRASIL. Lei n.º 8.711, de 28 de setembro de 1993. Dispõe sobre a transformação da Escola Técnica Federal da Bahia em Centro Federal de Educação Tecnológica e dá outras providências. *Diário Oficial da União*: seção 1, Brasília, DF, p. 14.533, 29 set. 1993b. Disponível em: https://www2.camara.leg.br/legin/fed/lei/1993/ lei-8711-28-setembro-1993-363231-publicacaooriginal-1-pl.html. Acesso em: 28 jun. 2024.

BRASIL. Lei n.º 9.649, de 27 de maio de 1998. Dispõe sobre a organização da Presidência da República e dos Ministérios, e dá outras providências. *Diário Oficial da União*: seção 1, Brasília, DF, n. 100, p. 5-13, 28 maio 1998. Disponível em: http://pesquisa.in.gov.br/imprensa/jsp/visualiza/index.jsp?jornal=1&pagina=17&data=28/05/1998. Acesso em: 28 jun. 2024.

BRASIL. *Projeto de Lei n° 4.661/2004*. Dispõe sobre a transformação do Centro Federal de Educação Tecnológica de Nilópolis em Universidade Tecnológica do Rio de Janeiro. Brasília: Câmara dos Deputados, 2004. Disponível em: https:// www.camara.leg.br/proposicoesWeb/prop_mostrarintegra?codteor=258977&-filename=PL+4661/2004. Acesso em: 28 jun. 2024.

BRASIL. *Projeto de Lei n° 4.977, de 4 de maio de 1978*. Dispõe sobre a transformação das Escolas Técnicas Federais de Minas Gerais, do Paraná e Celso Suckow da Fonseca em Centros Federais de Educação Tecnológica e dá outras providências. Brasília: Câmara dos Deputados, 1978b. p. 1-77. Disponível em: https://www. camara.leg.br/proposicoesWeb/prop_mostrarintegra;jsessionid=F1977BC3B-05CF05A1BCDC83B33341588.proposicoesWebExterno2?codteor=1182838&-filename=Dossie+-PL+4977/1978. Acesso em: 28 jun. 2024.

BRAVERMAN, Harry. *Trabalho e capital monopolista*: a degradação do trabalho no século XX. Rio de Janeiro: Jorge Zahar, 1977.

BRITO, D. S.; CALDAS, F. S. A evolução da carreira de Magistério de Ensino Básico, Técnico e Tecnológico (EBTT) nos Institutos Federais. *Revista Brasileira da Educação Profissional e Tecnológica*, Natal, n. 10, v. 1, p. 85-96, 2016. Disponível em: http://www2.ifrn.edu.br/ojs/index.php/RBEPT/article/view/4024. Acesso em: 28 jun. 2024.

BUENO, Belmira O. Entre o virtual e o presencial: a formação e a profissionalização dos professores. *In*: MELO, Benedita P. e; *et al*. (org.). *Entre crise e euforia*: práticas e políticas educativas no Brasil e em Portugal. Porto: U. Porto, 2014, p. 237-260. Disponível em: https://www.researchgate.net/profile/Ana_Diogo2/publication/319423389_Entre_crise_e_euforia_praticas_e_politicas_educativas_no_Brasil_e_em_Portugal/links/59a97cc4a6fdcce55a2fc2d8/Entre-crise--e-euforia-praticas-e-politicas-educativas-no-Brasil-e-em-Portugal.pdf. Acesso em: 28 jun. 2024.

CABRERA, Blas; JÁEN, Marta J. Quem são e o que fazem os docentes? Sobre o "conhecimento" sociológico do professorado. *Teoria e Educação*, Porto Alegre, n. 4, p. 190-214, 1991.

CAMPELLO, Ana Margarida. "Cefetização" das Escolas Técnicas Federais: projetos em disputa, nos anos 1970 e nos anos 1990. *Educação & Tecnologia*, Belo Horizonte, v. 12, n. 1, p. 26-35, jan./abr. 2007. Disponível em: https://periodicos.cefetmg.br/index.php/revista-et/article/view/92/94. Acesso em: 28 jun. 2024.

CANDIDO, Francineuma G.; *et al*. Educação para o trabalho: a Escola de Aprendizes Artífices do Ceará. *Educação*: UFSM, Santa Maria, v. 44, p. 1-22, 2019. Disponível em: https://periodicos.ufsm.br/reveducacao/article/view/34813/pdf. Acesso em: 28 jun. 2024.

CARNEIRO, Isabel Magda S. P.; CAVALCANTE, Maria Marina D.; LOPES, Fátima Maria N. Perspectivas para a formação didático-pedagógica de bacharéis e tecnólogos. *Cadernos GPOSSHE On-line*, Fortaleza, v. 1, n. 1, p. 250-275, 2018. Disponível em: https://revistas.uece.br/index.php/CadernosdoGPOSSHE/article/view/490/390. Acesso em: 28 jun. 2024.

CASTEL, Robert. *As metamorfoses da questão social*: uma crônica do salário. 12. ed. Petrópolis: Vozes, 2015.

CASTRO, Celita M. de. Registro de ponto para a carreira EBTT: mesmas atribuições do Magistério Superior, mas um tratamento diferente. *SindProifes*, 2 ago. 2018. Disponível em: http://sind-proifes.org.br/posts/registro-de-ponto-para-a-carreira--ebtt-mesmas-atribuicoes-do-magisterio-superior-mas-um-tratamento-diferente. Acesso em: 28 jun. 2024.

CASTRO, Jorge Abrahão de. Evolução e desigualdade na educação brasileira. *Educação & Sociedade.*, Campinas, v. 30, n. 108, p. 673-697, out. 2009. Disponível em: http://www.scielo.br/pdf/es/v30n108/a0330108.pdf. Acesso em: 28 jun. 2024.

CATANI, Afrânio M.; CATANI, Denice Barbara; PEREIRA, Gilson R. de M. As apropriações da obra de Pierre Bourdieu no campo educacional brasileiro. *Revista Portuguesa de Educação*, Braga, 2002, n. 15, v. 1, p. 5-25. Disponível em: http://www. scielo.br/pdf/rbedu/n17/n17a05.pdf. Acesso em: 28 jun. 2024.

CATANI, Afrânio M.; HEY, Ana Paula. A educação superior no Brasil e as tendências das políticas de ampliação do acesso. *Atos de pesquisa em educação – PPGE/ME FURB*, Blumenau, v. 2, n. 3, p. 414-429, set./dez. 2007. Disponível em: https://proxy.furb. br/ojs/index.php/atosdepesquisa/article/view/754/630. Acesso em: 28 jun. 2024.

CEFET-MG. *Projeto de transformação do Centro Federal de Educação Tecnológica de Minas Gerais – CEFET-MG em Universidade Tecnológica Federal de Minas Gerais – UTFMG.* Belo Horizonte: CEFET-MG, 2009.

CGU. *Portal da Transparência Pública*: Detalhamento dos Servidores Públicos. Dados atualizados até: 6/2019. Brasília: CGU, 2019.

CHIARIELLO, Caio Luis; EID, Farid. Revisando conceitos: polivalência, politecnia e cooperação no debate sobre organização do trabalho. *REDD – Revista Espaço de Diálogo e Desconexão*, Araraquara, v. 4, n. 1, p. 1-11, jul./dez. 2011. Disponível em: https://periodicos.fclar.unesp.br/redd/article/view/5046/4184. Acesso em: 28 jun. 2024.

CHIZZOTTI, Antonio. *Pesquisa em ciências humanas e sociais.* São Paulo: Cortez, 1995.

CIAVATTA, Maria. A historicidade das reformas da educação profissional. *Cadernos de Pesquisa em Educação*, Vitória, v. 19, n. 39, p. 50-64, jan./jun. 2014. Disponível em: https://periodicos.ufes.br/educacao/article/view/10246/7032. Acesso em: 11 dez. 2019.

CIAVATTA, Maria. Os Centros Federais de Educação Tecnológica e o ensino superior: duas lógicas em confronto. *Educação & Sociedade*, Campinas, v. 27, n. 96 - Especial, p. 911-934, out. 2006. Disponível em: http://www.scielo.br/pdf/ es/v27n96/a13v2796.pdf. Acesso em: 28 jun. 2024.

CNE, Câmara de Educação Básica. Resolução n.º 3, de 21 de novembro de 2018. Atualiza as Diretrizes Curriculares Nacionais para o Ensino Médio. *Diário Oficial da União*: Seção 1, Brasília, DF, ano 155, n. 224, p. 21, 22 nov. 2018. Disponível em: http://www.in.gov.br/materia/-/asset_publisher/Kujrw0TZC2Mb/content/id/51281622. Acesso em: 28 jun. 2024.

COELHO, Ana Maria S.; DINIZ-PEREIRA, Júlio E. Olhar o magistério "no próprio espelho": o conceito de profissionalidade e as possibilidades de se repensar o sentido da profissão docente. *Revista Portuguesa de Educação*, Braga, v. 30, n. 1, p. 7-34, 2017. Disponível em: http://www.scielo.mec.pt/pdf/rpe/v30n1/v30n1a02.pdf. Acesso em: 28 jun. 2024.

COMITÊ DE ÉTICA NA PESQUISA DA FEUSP. *Padrões éticos na pesquisa em educação*: primeiro documento. São Paulo: Faculdade de Educação da Universidade de São Paulo, 2008.

CONCEFET. Manifestação do Concefet sobre os Institutos Federais de Educação, Ciência e Tecnologia. *Revista Brasileira da Educação Profissional e Tecnológica*, Natal, v. 1, n. 1, p. 146-157, 2008. Disponível em: http://www2.ifrn.edu.br/ojs/index.php/RBEPT/article/view/2903/1005. Acesso em: 28 jun. 2024.

COSTA, Elen de Fátima L. B. *Trabalho e carreira docente nos Institutos Federais de Educação, Ciência e Tecnologia*. 2016. Tese (Doutorado em Educação) – Faculdade de Educação, Universidade Federal de São Carlos, São Carlos, 2016. Disponível em: https://repositorio.ufscar.br/bitstream/handle/ufscar/8847/TeseEFLBC.pdf?sequence=1&isAllowed=y. Acesso em: 28 jun. 2024.

COSTA, Maria Cledilma F. da S.; SILVA, Margareth N. da; LEMOS, Luiz Henrique de G. Reforma do Ensino Médio e formação de professores para a Educação Profissional: nova lei - velhos interesses. *In*: IV COLÓQUIO NACIONAL E I COLÓQUIO INTERNACIONAL A PRODUÇÃO DO CONHECIMENTO EM EDUCAÇÃO PROFISSIONAL. *Anais* [...]. Natal: IFRN, 2017. p. 1-12.

CRUZ, S. P. S.; VITAL, T. R. S. A construção da profissionalidade docente para a Educação Profissional: análise de concursos públicos para docente. *Holos*, Natal, ano 30, v. 2, Ed. Especial, p. 37-46, maio 2014. Disponível em: http://www2.ifrn.edu.br/ojs/index.php/HOLOS/article/view/1999/801. Acesso em: 28 jun. 2024.

CUNHA, Luiz Antônio. O legado da ditadura para a educação brasileira. *Educação & Sociedade*, Campinas, v. 35, n. 127, p. 357-377, abr./jun. 2014. Disponível em: https://www.redalyc.org/pdf/873/87331479002.pdf. Acesso em: 28 jun. 2024.

CUNHA, Luiz Antônio. Professores e modelos estrangeiros para a Educação profissional brasileira. *Interseções*, Rio de Janeiro, v. 14, n. 2, p. 372-407, dez. 2012.

Disponível em: https://www.e-publicacoes.uerj.br/index.php/intersecoes/article/download/8555/6440. Acesso em: 28 jun. 2024.

CUNHA, Luiz Antônio; GÓES, Moacyr de. *O golpe na educação*. 11. ed. Rio de Janeiro: Jorge Zahar, 2002.

D'ANGELO. Márcia. *Caminhos para o advento da Escola de Aprendizes Artífices de São Paulo (1910-1930)*: um projeto das elites para uma sociedade assalariada. 2000. Dissertação (Mestrado em História Econômica) – Faculdade de Filosofia, Letras e Ciências Humanas, Universidade de São Paulo, São Paulo, 2000. Disponível em: http://www.teses.usp.br/teses/disponiveis/8/8137/tde-20092012-164022/publico/2000_MarciaDAngelo.pdf. Acesso em: 28 jun. 2024

DAL RI, Neusa M.; FLORO, Elisângela F. Trabalho docente e avaliação de desempenho: o caso dos professores que atuam na carreira de educação básica, técnica e tecnológica. *Interfaces da Educação*, Paranaíba, v. 6, n. 16, p. 66-89, 2015. Disponível em: https://periodicosonline.uems.br/index.php/interfaces/article/view/445. Acesso em: 28 jun. 2024.

DAL ROSSO, Sadi. *Mais trabalho!* A intensificação do labor na sociedade contemporânea. São Paulo: Boitempo, 2008.

DAL-FARRA, Rossano A.; LOPES, Paulo Tadeu C. Métodos mistos de pesquisa em educação: pressupostos teóricos. *Nuances*: estudos sobre Educação, Presidente Prudente, v. 24, n. 3, p. 67-80, set./dez. 2013. Disponível em: http://revista.fct.unesp.br/index.php/Nuances/article/view/2698/2362. Acesso em: 28 jun. 2024.

DE LA BROISE, Patrice. Une professionnalisation dans son inverse: la déprofessionnalisation des universitaires français. *Recherche et Formation*, Lyon, n. 72, p. 57-70, 2013. Disponível em: https://journals.openedition.org/rechercheformation/2030. Acesso em: 28 jun. 2024.

DEL PINO, Mauro Augusto B.; VIEIRA, Jarbas S.; HYPOLITO, Álvaro M. Trabalho docente, controle e intensificação: câmeras, novo gerencialismo e práticas de governo. *In:* FIDALGO, F.; OLIVEIRA, M. A. M.; FIDALGO, N. L. R. *A intensificação do trabalho docente*: tecnologias e produtividade. Campinas: Papirus, 2009. p. 113-133.

DEMAILLY, Lise; DE LA BROISE, Patrice. Les enjeux de la déprofessionnalisation: Études de cas et pistes de travail. *Socio-logos - Revue de l'association française de sociologie*, Lyon, n. 4, p. 1-13, 2009. Disponível em: https://journals.openedition.org/socio-logos/2305. Acesso em: 28 jun. 2024.

DERBER, Charles. Managing professionals: ideological proletarianization and post-industrial labor. *Theory and Society*, v. 12, n. 3, p. 309-341, maio 1983.

DIEESE. Balanço das greves em 2010-2011. *Estudos e pesquisas*, São Paulo, n. 63, p. 1-35, nov. 2012. Disponível em: https://www.dieese.org.br/balancodasgreves/2011/estPesq63balGreves2010_2011.html. Acesso em: 28 jun. 2024.

DINIZ, Marli. Repensando a teoria da proletarização dos profissionais. *Tempo Social*; Rev. Sociol. USP, São Paulo, v. 10, n. 1, p. 165-184, maio 1998. Disponível em: http://www.scielo.br/pdf/ts/v10n1/a11v10n1.pdf. Acesso em: 28 jun. 2024.

DOMINGOS SOBRINHO, Moisés. *Universidade Tecnológica ou Instituto Federal de Educação, Ciência e Tecnologia?* Brasília: Setec/MEC, 2008. Disponível em: http://portal.mec.gov.br/setec/arquivos/pdf1/artigo_moises.pdf. Acesso em: 28 jun. 2024.

DUARTE, Adriana M. C. Intensificação do trabalho docente. *In*: OLIVEIRA, D. A.; DUARTE, A. M. C.; VIEIRA, L. M. F. *Dicionário*: trabalho, profissão e condição docente. Belo Horizonte: UFMG/Faculdade de Educação, 2010. p. 1-5. Disponível em: https://gestrado.net.br/verbetes/intensificacao-do-trabalho-docente/. Acesso em: 28 jun. 2024.

DUBAR, Claude. A construção de si pela atividade de trabalho: a socialização profissional. *Cadernos de Pesquisa*, São Paulo, v. 42, n. 146, p. 351-367, maio/ago. 2012. Disponível em: www.scielo.br/pdf/cp/v42n146/03.pdf. Acesso em: 28 jun. 2024.

DUBAR, Claude. *A socialização*: construção das identidades sociais e profissionais. São Paulo: Martins Fontes, 2005.

DUBAR, Claude. A sociologia do trabalho frente à qualificação e à competência. *Educação & Sociedade*, Campinas, v. 19, n. 64, p. 87-103, set. 1999. Disponível em: http://www.scielo.br/scielo.php?script=sci_arttext&pid=S0101-73301998000300004&lng=pt&nrm=iso&tlng=pt. Acesso em: 28 jun. 2024.

DUBAR, Claude. Trajetórias sociais e formas identitárias: alguns esclarecimentos conceituais e metodológicos. *Educação & Sociedade*, Campinas, v. 19, n. 62, abr. 1998. Disponível em: http://www.scielo.br/scielo.php?script=sci_arttext&pid=S0101-73301998000100002&lng=en&nrm=iso. Acesso em : 28 jun. 2024.

DUBAR, Claude; TRIPIER, Pierre. *Sociologie des professions*. 2. éd. Paris: Armand Colin, 2005.

ELIAS, Norbert. *A sociedade dos indivíduos*. Rio de Janeiro: Jorge Zahar, 1994a.

ELIAS, Norbert. *Escritos e ensaios 1*: Estado, processo, opinião pública. Rio de Janeiro: Jorge Zahar, 2006.

ELIAS, Norbert. *Introdução à Sociologia*. 4. ed. Lisboa: Edições 70, 2014.

ELIAS, Norbert. *O processo civilizador*. Volume I. 2. ed. Rio de Janeiro: Jorge Zahar, 1994b.

ELIAS, Norbert. *O processo civilizador*. Volume II. 2. ed. Rio de Janeiro: Jorge Zahar, 1994c.

ELIAS, Norbert; SCOTSON, John L. *Os estabelecidos e os outsiders*. Rio de Janeiro: Jorge Zahar, 2000.

ENGUITA, Mariano F. A ambiguidade da docência: entre o profissionalismo e a proletarização. *Teoria e Educação*, Porto Alegre, n. 4, p. 41-61, 1991.

ENGUITA, Mariano F. A la busca de un modelo professional para la docencia: ¿liberal, burocrático o democrático? *Revista Ibero-Americana de Educación*, Madrid, n. 25, p. 43-64, jan./abr. 2001. Disponível em: https://rieoei.org/RIE/article/view/987. Acesso em: 28 jun. 2024.

FABRE, Larissa. *O Reconhecimento de Saberes e Competências no âmbito do Instituto Federal de Santa Catarina e as novas qualificações docentes*. 2017. Dissertação (Mestrado em Administração Universitária) – Centro Sócio Econômico, Universidade Federal de Santa Catarina, Florianópolis, 2017. Disponível em: https://repositorio.ufsc.br/xmlui/bitstream/handle/123456789/183428/350415.pdf. Acesso em: 28 jun. 2024.

FARTES, Vera; SANTOS, Adriana Paula Q. O. Saberes, identidades, autonomia na cultura docente da Educação Profissional e Tecnológica. *Cadernos de Pesquisa*, São Paulo, v. 41, n. 143, p. 376-401, maio/ago. 2011. Disponível em: http://www.scielo.br/pdf/cp/v41n143/a04v41n143.pdf. Acesso em: 28 jun. 2024.

FERNANDES, Florestan. *Nova República?* Rio de Janeiro: Jorge Zahar, 1986.

FERREIRA, Almiro de S. A Escola de Aprendizes Artífices no Estado da Paraíba: processos disciplinares e de reordenamento para o trabalho assalariado no Nordeste (1910-1940). *Série Documental/Relatos de Pesquisa*, Brasília, n. 19, p. 25-37, jul. 1994. Disponível em: https://relatos.inep.gov.br/ojs3/index.php/relatos/article/view/4052/3602. Acesso em: 28 jun. 2024.

FERREIRA, Pedro L. *Estatística Descritiva e Inferencial:* breves notas – Material instrucional. Coimbra: Universidade de Coimbra, 2005.

FERREIRA, Vitor Sérgio. Artes e manhas da entrevista compreensiva. *Saúde Soc.*, São Paulo, v. 23, n. 3, p. 979-992, 2014. Disponível em: http://www.scielo.br/pdf/sausoc/v23n3/0104-1290-sausoc-23-3-0979.pdf. Acesso em: 28 jun. 2024.

FERRETI, Celso João; SILVA, Monica R. da. Reforma do Ensino Médio no contexto da Medida Provisória n° 746/2016: Estado, currículo e disputas por hegemonia. *Educação & Sociedade,* Campinas, v. 38, n. 139, p. 385-404, abr./jun. 2017. Disponível em: http://www.scielo.br/pdf/es/v38n139/1678-4626-es-38-139-00385. Acesso em: 28 jun. 2024.

FIDALGO, Fernando; OLIVEIRA, Maria Auxiliadora M.; FIDALGO, Nara Luciene R. Apresentação. *In: A intensificação do trabalho docente:* tecnologias e produtividade. Campinas: Papirus, 2009. p. 15-18.

FIDALGO, Nara Luciene R.; FIDALGO, Fernando. Trabalho docente e a lógica produtivista: conformação e subjetividade. *In:* FIDALGO, F.; OLIVEIRA, M. A. M.; FIDALGO, N. L. R. *A intensificação do trabalho docente:* tecnologias e produtividade. Campinas: Papirus, 2009. p. 91-112.

FIORI, José Luís. Estado de Bem-Estar Social: padrões e crises. *Physis – Revista de Saúde Coletiva.* Rio de Janeiro, v. 7, n. 2, p. 129-147, 1997. Disponível em: http://www.scielo.br/pdf/physis/v7n2/08.pdf. Acesso em: 28 jun. 2024.

FLORES, Maria A. Discursos do profissionalismo docente: paradoxos e alternativas conceptuais. *Revista Brasileira de Educação,* Rio de Janeiro, v. 19, n. 59, p. 851-869, out./dez. 2014. Disponível em: http://www.scielo.br/pdf/rbedu/v19n59/03.pdf. Acesso em: 28 jun. 2024.

FLORO, Elisângela F. *Gerencialismo educacional e precarização do trabalho docente no Instituto Federal de Educação, Ciência e Tecnologia do Ceará.* 2016. Tese (Doutorado em Educação) – Faculdade de Filosofia e Ciências, Universidade Estadual Paulista, Marília, 2016. Disponível em: http://hdl.handle.net/11449/141910. Acesso em: 28 jun. 2024.

FONSECA, Celso S. da. *História do ensino industrial no Brasil.* v. 1. Rio de Janeiro: Tip. da Escola Técnica Nacional, 1961.

FONSECA, Claudia. Quando cada caso NÃO é um caso: pesquisa etnográfica e educação. *Revista Brasileira de Educação,* Rio de Janeiro, n. 10, p. 58-78, jan./abr.

1999. Disponível em: http://anped.tempsite.ws/novo_portal/rbe/rbedigital/RBDE10/RBDE10_06_CLAUDIA_FONSECA.pdf. Acesso em: 28 jun. 2024.

G1 NO CAMPO. Instituto Federal Baiano abre inscrições para cursos técnicos gratuitos. *Bahia Rural,* 9 set. 2018.

GANDINI, Raquel P. C. Burocracia. *In:* OLIVEIRA, D. A.; DUARTE, A. M. C.; VIEIRA, L. M. F. *Dicionário:* trabalho, profissão e condição docente. Belo Horizonte: UFMG/Faculdade de Educação, 2010. Disponível em: https://gestrado.net.br/verbetes/burocracia/. Acesso em: 28 jun. 2024.

GARCIA, Maria Manuela A. Identidade docente. *In:* OLIVEIRA, D. A.; DUARTE, A. M. C.; VIEIRA, L. M. F. *Dicionário:* trabalho, profissão e condição docente. Belo Horizonte: UFMG/ Faculdade de Educação, 2010. p. 1-4. Disponível em: https://gestrado.net.br/verbetes/identidade-docente/. Acesso em: 28 jun. 2024.

GARCIA, Maria Manuela A.; ANADON, Simone B. Reforma educacional, intensificação e autointensificação do trabalho docente. *Educação & Sociedade*, Campinas, v. 30, n. 106, p. 63-85, jan./abr. 2009. Disponível em: www.scielo.br/pdf/es/v30n106/v30n106a04.pdf. Acesso em: 28 jun. 2024.

GARCIA, Maria Manuela A.; HYPOLITO, Álvaro M.; VIEIRA, Jarbas S. As identidades docentes como fabricação da docência. *Educação e Pesquisa*, São Paulo, v. 31, n. 1, p. 45-56, jan./abr. 2005. Disponível em: http://www.scielo.br/pdf/ep/v31n1/a04v31n1.pdf. Acesso em: 28 jun. 2024.

GARIGLIO, José Ângelo. A reforma da educação profissional e seu impacto sobre as lutas concorrenciais por território e poder no currículo do CEFET-MG. *In:* 25ª REUNIÃO ANUAL DA ANPEd. *Anais* [...]. Caxambu: ANPEd, 2002. p. 1-13. Disponível em: http://25reuniao.anped.org.br/joseangelogarigliot09.rtf. Acesso em: 28 jun. 2024.

GATTI, Bernadete A.; BARRETO, Elba S. de Sá; ANDRÉ, Marli E. D. de A. *Políticas docentes no Brasil:* um estado da arte. Brasília: Unesco, 2011. Disponível em: https://unesdoc.unesco.org/ark:/48223/pf0000212183. Acesso em: 28 jun. 2024.

GEERTZ, Clifford. *The interpretation of cultures:* selected essays. New York: Basic Books, 1973.

GENTIL, Denise; HERMANN, Jennifer. A política fiscal do primeiro governo Dilma Rousseff: ortodoxia e retrocesso. *Economia e Sociedade*, Campinas, v. 26, n.

3, ed. 61, p. 793-816, dez. 2017. Disponível em: http://www.scielo.br/pdf/ecos/v26n3/1982-3533-ecos-26-03-793.pdf. Acesso em: 28 jun. 2024.

GIL, Antonio C. *Métodos e técnicas de pesquisa social*. 6. ed. São Paulo: Atlas, 2008.

GOMES, Luiz Claudio G. Imagens e memórias da Escola de Aprendizes Artífices de Campos. In: 27ª REUNIÃO NACIONAL DA ANPEd. *Anais* [...]. Caxambu: ANPEd, 2004. p. 1-6. Disponível em: http://27reuniao.anped.org.br/gt02/p024.pdf. Acesso em: 28 jun. 2024.

GOMIDE, Denise C.; JACOMELI, Mara Regina M. Notório saber: desregulamentação da formação docente na Lei da Reforma do Ensino Médio. In: IX ENCONTRO BRASILEIRO DA REDESTRADO. *Anais* [...]. Campinas: Redestrado: Unicamp, 2017. Disponível em: http://anaisbr2017.redeestrado.org/files/abstracts/000/000/597/original/GOMIDE_E_JACOMELI_-_TRABALHO_COMPLETO.pdf. Acesso em: 28 jun. 2024.

GREVE 2024: TERMOS DE ACORDO serão assinados em 27/06. *Portal do Sinasefe*, 26 jun. 2024. Disponível em: https://sinasefe.org.br/site/greve-2024-termos-de--acordo-serao-assinados-em-27-06/. Acesso em: 27 jun. 2024.

GRISCHKE, Paulo Eduardo. *O paradigma da colaboração nas políticas públicas para a educação profissional e suas implicações sobre o trabalho docente*. 2013. Tese (Doutorado em Educação) – Faculdade de Educação, Universidade Federal de Pelotas, Pelotas, 2013. Disponível em: https://guaiaca.ufpel.edu.br/handle/prefix/3347. Acesso em: 28 jun. 2024.

GUEDES, I. A. C.; SANCHEZ, L. B. A formação docente para a Educação Profissional Técnica e sua influência na atuação dos professores do Instituto Federal do Amapá - Campus Macapá: um estudo de caso. *Holos*, Natal, v. 7, p. 238-252, 2017. Disponível em: http://www2.ifrn.edu.br/ojs/index.php/HOLOS/article/view/6093/pdf. Acesso em: 28 jun. 2024.

GÜNTHER, Hartmut. Pesquisa Qualitativa *Versus* Pesquisa Quantitativa: esta é a questão? *Psicologia: Teoria e Pesquisa*, Brasília, v. 22, n. 2, p. 201-210, maio/ago. 2006. Disponível em: http://www.scielo.br/pdf/ptp/v22n2/a10v22n2.pdf. Acesso em: 28 jun. 2024.

GURGEL, Rita Diana de F. *A trajetória da Escola de Aprendizes Artífices de Natal*: República, Trabalho e Educação (1909 – 1942). 2007. Tese (Doutorado em Educação) – Faculdade de Educação, Universidade Federal do Rio Grande do Norte, Natal,

2007. Disponível em: https://repositorio.ufrn.br/jspui/handle/123456789/14146. Acesso em: 28 jun. 2024.

HALL, Stuart. O problema da ideologia: o marxismo sem garantias. *In*: HALL, Stuart. *Da diáspora*: identidades e mediações culturais. Belo Horizonte: UFMG; Brasília: Representação da Unesco no Brasil, 2003. p. 265-293.

HUNGER, Dagmar; ROSSI, Fernanda; SOUZA NETO, Samuel de. A teoria de Norbert Elias: uma análise do ser professor. *Educação e Pesquisa*, São Paulo, v. 37, n. 4, p. 697-710, dez. 2011. Disponível em: http://www.scielo.br/pdf/ep/v37n4/a02v37n4.pdf. Acesso em: 28 jun. 2024.

HYPOLITO, Álvaro M. Estado gerencial, reestruturação educativa e gestão da educação. *RBPAE - Revista Brasileira de Política e Administração da Educação*, Porto Alegre, v. 24, n. 1, p. 63-78, jan./abr. 2008. Disponível em: http://seer.ufrgs.br/index.php/rbpae/article/view/19239/11165. Acesso em: 28 jun. 2024.

HYPOLITO, Álvaro M. Processo de trabalho na escola: algumas categorias para análise. *Teoria e Educação*, Porto Alegre, n. 4, p. 3-21, 1991.

HYPOLITO, Álvaro M. Reorganização gerencialista da escola e trabalho docente. *Educação: Teoria e Prática*, Rio Claro, v. 21, n. 38, p. 1-18, out./dez. 2011. Disponível em: http://www.periodicos.rc.biblioteca.unesp.br/index.php/educacao/article/view/5265/4147. Acesso em: 28 jun. 2024.

HYPOLITO, Álvaro M. Trabalho docente e profissionalização: sonho prometido ou sonho negado? *In*: VEIGA, Ilma P. A.; CUNHA, Isabel da (org.). *Desmistificando a profissionalização do magistério*. Campinas: Papirus, 1999, p. 81 – 100.

HYPOLITO, Álvaro M.; VIEIRA, Jarbas S.; PIZZI, Laura C. Reestruturação curricular e auto-intensificação do trabalho docente. *Currículo sem Fronteiras*, Porto Alegre, v. 9, n. 2, p. 100-112, jul./dez. 2009. Disponível em: https://biblat.unam.mx/hevila/CurriculosemFronteiras/2009/vol9/no2/6.pdf. Acesso em: 28 jun. 2024.

IASI, Mauro. A greve nacional dos professores das Universidades Federais. *Blog da Boitempo*, 30 maio. 2012. Disponível em: https://blogdaboitempo.com.br/2012/05/30/a-greve-nacional-dos-professores-das-universidades-federais/. Acesso em: 28 jun. 2024.

IF BAIANO CAMPUS CATU. *Histórico*, 18 de maio 2011. Disponível em: http://www.ifbaiano.edu.br/unidades/catu/historico/. Acesso em: 28 jun. 2024.

IF BAIANO CAMPUS GUANAMBI. *Histórico,* 18 maio 2011. Disponível em: http://www.*ifbaiano*.edu.br/unidades/guanambi/historico/. Acesso em: 28 jun. 2024.

IF BAIANO CAMPUS GUANAMBI. *Relação de docentes do IF Baiano Campus Guanambi.* Guanambi, mar. 2017.

IF BAIANO. *Carta de Serviços ao Cidadão.* Salvador: IF Baiano, 2019a. Disponível em: http://ifbaiano.edu.br/portal/wp-content/uploads/2019/09/CARTA-DE--SERVI%C3%87OS-3-1.pdf. Acesso em: 28 jun. 2024.

IF BAIANO. Edital n° 01, de 12 de maio de 2009. *Diário Oficial da União*, Seção 3, Brasília, DF, n. 89, p. 37, 13 maio 2009. Disponível em: http://pesquisa.in.gov.br/imprensa/jsp/visualiza/index.jsp?jornal=3&pagina=37&data=13/05/2009. Acesso em: 28 jun. 2024.

IF BAIANO. Edital n° 64, de 14 de maio de 2019. *Diário Oficial da União*, Seção 3, Brasília, DF, n. 104, p. 68-76, 31 maio 2019b. Disponível em: http://pesquisa.in.gov.br/imprensa/jsp/visualiza/index.jsp?jornal=530&pagina=68&data=31/05/2019. Acesso em: 28 jun. 2024.

IF BAIANO. Edital n° 65, de 17 de setembro de 2015. *Diário Oficial da União*, Seção 3, Brasília, DF, n. 186, p. 49-55, 29 set. 2015a. Disponível em: http://pesquisa.in.gov.br/imprensa/jsp/visualiza/index.jsp?data=29/09/2015&jornal=3&pagina=49&totalArquivos=304. Acesso em: 28 jun. 2024.

IF BAIANO. Edital n° 70, de 31 de agosto de 2016. *Diário Oficial da União*, Seção 3, Brasília, DF, n. 169, p. 48-55, 1 set. 2016a. Disponível em: http://pesquisa.in.gov.br/imprensa/jsp/visualiza/index.jsp?data=01/09/2016&jornal=3&pagina=48&totalArquivos=216. Acesso em: 28 jun. 2024.

IF BAIANO. Edital n° 8 de 24 de março de 2010. *Diário Oficial da União*: Seção 3, Brasília, DF, n. 57, p. 41-48, 25 mar. 2010. Disponível em: http://pesquisa.in.gov.br/imprensa/jsp/visualiza/index.jsp?data=25/03/2010&jornal=3&pagina=41&totalArquivos=184. Acesso em: 28 jun. 2024.

IF BAIANO. Edital n° 90 de 23 de maio de 2012. *Diário Oficial da União*: Seção 3, Brasília, DF, n. 101, p. 45-52, 25 maio 2012. Disponível em: http://pesquisa.in.gov.br/imprensa/jsp/visualiza/index.jsp?data=25/05/2012&jornal=3&pagina=45&totalArquivos=248. Acesso em: 28 jun. 2024.

IF BAIANO. IF of Thrones. *Instagram*: IF Baiano, 2019c.

IF BAIANO. *Infográficos relativos à gestão de pessoas no âmbito do IF Baiano.* Salvador: IF Baiano, 2017a. Disponível em: http://ifbaiano.edu.br/portal/servidor/wp-content/uploads/sites/5/2017/10/Infogr%C3%A1ficos-DGP.pdf. Acesso em: 28 jun. 2024.

IF BAIANO. Instituto Federal Baiano terá novas unidades nas cidades de Santo Estevão, Ribeira do Pombal, Remanso e Ruy Barbosa. *Portal do IF Baiano,* 8 maio 2024. Disponível em: https://ifbaiano.edu.br/portal/blog/instituto-federal-baiano-tera-novas-unidades-nas-cidades-de-santo-estevao-ribeira-do-pombal-remanso-e-ruy-barbosa/. Acesso em: 28 jun. 2024.

IF BAIANO. *Nota informativa n° 01/2015/IF Baiano/DGP.* Esclarecimentos sobre o Registro de Frequência dos servidores no âmbito do IF Baiano. Salvador: IF Baiano, 2015b. Disponível em: http://ifbaiano.edu.br/portal/servidor/wp-content/uploads/sites/5/2016/06/Nota-Informativa-n%C2%BA-001-2015-IF-BAIANO--DGP-e-anexos.pdf. Acesso em: 28 jun. 2024.

IF BAIANO. *Plano de Desenvolvimento Institucional 2015 – 2019:* Identidade e Gestão para a construção da excelência. Salvador: IF Baiano, 2014.

IF BAIANO. *Portaria n° 431, de 08 de abril de 2013.* [Diretrizes para concessão de afastamentos de docentes do IF Baiano]. Salvador: IF Baiano, 2013a. Disponível em: http://diretorias.ifbaiano.edu.br/portal/dgp/files/2015/07/portaria_431_afastamento_docente.pdf. Acesso em: 28 jun. 2024.

IF BAIANO. *Programa de Apoio à Qualificação de Servidores.* Salvador: IF Baiano, 2019d. Disponível em: http://concurso.ifbaiano.edu.br/portal/qualificacao-servidores-2019/. Acesso em: 28 jun. 2024.

IF BAIANO. *Relatório de gestão 2014.* Salvador: IF Baiano, 2015c.

IF BAIANO. *Relatório de gestão 2015.* Salvador: IF Baiano, 2016b.

IF BAIANO. *Relatório de gestão 2016.* Salvador: IF Baiano, 2017b. Disponível em: http://ifbaiano.edu.br/portal/wp-content/uploads/2018/08/Relat%C3%B3rio--de-Gest%C3%A3o-2016-IF-Baiano-1.pdf. Acesso em: 28 jun. 2024.

IF BAIANO. *Relatório de gestão 2017.* Salvador: IF Baiano, 2018. Disponível em: http://ifbaiano.edu.br/portal/wp-content/uploads/2018/08/PUBLICA%C3%87%-C3%83O-P%C3%93S-RECOMENDA%C3%87%C3%95ES-DA-CGU.zip. Acesso em: 28 jun. 2024.

IF BAIANO. *Requisitos básicos para a concessão da Licença para Capacitação.* Salvador: IF Baiano, 2019e. Disponível em: http://ifbaiano.edu.br/portal/servidor/wp-content/uploads/sites/5/2019/10/Requerimento-de-Licen%C3%A7a-para-Capacita%C3%A7%C3%A3o_atualizado-em-27.09.19.pdf. Acesso em: 28 jun. 2024.

IF BAIANO. *Resolução n° 67, de 30 de novembro de 2016 – Conselho Superior/IF Baiano.* Projeto Político Pedagógico: a Construção Coletiva da Identidade do Campus Guanambi. Salvador: IF Baiano, 2016d. Disponível em: http://www.ifbaiano.edu.br/unidades/guanambi/files/2016/12/PROJETO-POL%C3%8DTICO-PEDAG%C3%93GICO-CAMPUS-GUANAMBI-2016.pdf. Acesso em: 28 jun. 2024.

IF BAIANO. *Resolução n.º 22, de 18 de março de 2019 – Conselho Superior/IF Baiano.* Regulamentação da Atividade Docente. Salvador: IF Baiano, 2019f. Disponível em: http://ifbaiano.edu.br/portal/wp-content/uploads/2019/04/Resolu%C3%A7%C3%A3o-22-2019.pdf. Acesso em: 28 jun. 2024.

IF BAIANO. *Resolução n.º 23, de 18 de maio de 2016 – Conselho Superior/IF Baiano.* Regulamento para Ascensão à Classe Titular da Carreira de Magistério do Ensino Básico, Técnico e Tecnológico, no âmbito do Instituto Federal de Educação, Ciência e Tecnologia Baiano. Salvador: IF Baiano, 2016c. Disponível em: http://ifbaiano.edu.br/portal/wp-content/uploads/2015/12/resolucao23-2016-com-anexo.pdf. Acesso em: 28 jun. 2024.

IF BAIANO. *Resolução n.º 24, de 10 de setembro de 2013 – Conselho Superior/IF Baiano.* Normatização da Atividade Docente do Instituto Federal de Educação, Ciência e Tecnologia Baiano. Salvador, 2013b. Disponível em: http://www.ifbaiano.edu.br/reitoria/wp-content/uploads/2010/09/RESOLUCAO-24.pdf. Acesso em: 28 jun. 2024.

IF BAIANO. *Resolução n.º 351/2024 - OS-CONSUP/IFBAIANO, de 26 de abril de 2024.* Aprova a Regulamentação da atividade docente do IF Baiano. Salvador, 2024. Disponível em: https://ifbaiano.edu.br/portal/wp-content/uploads/2024/05/Resolucao-no-351.2024_Resolucao-Anexo.pdf. Acesso em: 28 jun. 2024.

IMBERNÓN, Francisco. *Formação docente e profissional:* formar-se para a mudança e a incerteza. 4. ed. São Paulo: Cortez, 2004.

INEP. *Indicadores de Qualidade da Educação Superior:* resultados. Brasília: MEC, 2017a.

INEP. *Sinopse Estatística da Educação Superior 2016.* Brasília: Inep, 2017b.

INSTITUTO FEDERAL DE EDUCAÇÃO, CIÊNCIA E TECNOLOGIA DE SÃO PAULO. *IFSP publica instrução normativa com orientações sobre registro de ponto*. São Paulo: IFSP, 2019. Disponível em: https://www.ifsp.edu.br/component/content/article/111-ultimas-noticias-servidores/1130-ifsp-publica-instrucao-normativa--com-orientacoes-sobre-registro-de-ponto-via-suap. Acesso em: 28 jun. 2024.

ESCOTT, Clarice M.; MORAES, Márcia A. C. de. História da educação profissional no Brasil: as políticas públicas e o novo cenário de formação de professores nos Institutos Federais de Educação, Ciência e Tecnologia. *In*: IX SEMINÁRIO NACIONAL DE ESTUDOS E PESQUISAS "HISTÓRIA, SOCIEDADE E EDUCAÇÃO NO BRASIL". *Anais Eletrônicos...* João Pessoa: Universidade Federal da Paraíba, 2012. p. 1492-1508.

IPEA. *Texto para Discussão*: O Brasil em 4 décadas, n. 1.500. Rio de Janeiro: IPEA, 2010. Disponível em: http://repositorio.ipea.gov.br/bitstream/11058/1663/1/TD_1500.pdf. Acesso em: 28 jun. 2024.

JÁEN, Marta J. Os docentes e a racionalização do trabalho em educação: elementos para uma crítica da teoria da proletarização dos docentes. *Teoria e Educação*, Porto Alegre, n. 4, p. 74-90, 1991.

JARDIM, Anna Carolina S. *Representações sociais de professores e gestores sobre "ser professor" no Instituto Federal de Educação, Ciência e Tecnologia*. 2018. Tese (Doutorado em Educação: Psicologia da Educação) – Pontifícia Universidade Católica de São Paulo, São Paulo, 2018. Disponível em: https://tede2.pucsp.br/bitstream/handle/21351/2/Anna%20Carolina%20Salgado%20Jardim.pdf. Acesso em: 28 jun. 2024.

JEDLICKI, Leonora R.; YANCOVIC, Mauricio P. Desprofissionalização docente. *In*: OLIVEIRA, D.A.; DUARTE, A.M.C.; VIEIRA, L.M.F. *Dicionário*: trabalho, profissão e condição docente. Belo Horizonte: UFMG/Faculdade de Educação, 2010. Disponível em: https://gestrado.net.br/verbetes/desprofissionalizacao-docente/. Acesso em: 28 jun. 2024.

KAUFMANN, Jean-Claude. *A entrevista compreensiva*: um guia para pesquisa de campo. Petrópolis: Vozes: Maceió: Edufal, 2013.

KRIPKA, Rosana Maria L.; SCHELLER, Morgana; BONOTTO, Danusa de L. Pesquisa Documental: considerações sobre conceitos e características na Pesquisa Qualitativa. *In*: CONGRESSO IBERO-AMERICANO EM INVESTIGAÇÃO QUALITATIVA. *Atas... Investigação Qualitativa em Educação*. v. 2. Aracaju: Universidade Tiradentes, 2015. p. 243-247. Disponível em: https://docplayer.com. br/32124282-Pesquisa-documental-documentary-research.html. Acesso em: 28 jun. 2024.

KUENZER, Acácia Z. Exclusão includente e inclusão excludente: a nova forma de dualidade estrutural que objetiva as novas relações entre educação e trabalho. *In*: SAVIANI, D.; SANFELICE, J.L.; LOMBARDI, J.C. (org.). *Capitalismo, trabalho e educação*. 3. ed. Campinas: Autores Associados, 2005. p. 77-96.

KUENZER, Acácia Z.; CALDAS, Andrea. Trabalho docente: comprometimento e desistência. *In*: FIDALGO, F.; OLIVEIRA, M. A. M.; FIDALGO, N. L. R. *A intensificação do trabalho docente*: tecnologias e produtividade. Campinas: Papirus, 2009. p. 19-48.

KUNZE, Nádia C. O surgimento da rede federal de educação profissional nos primórdios do regime republicano brasileiro. *Revista Brasileira de Educação Profissional e Tecnológica*, Natal, v. 2, n. 2, p. 8-24, 2009. Disponível em: http://www2. ifrn.edu.br/ojs/index.php/RBEPT/article/view/2939/pdf. Acesso em: 28 jun. 2024.

LAPO, Flavinês R.; BUENO, Belmira O. O abandono do magistério: vínculos e rupturas com trabalho docente. *Psicologia USP*, São Paulo, v. 13, n. 2, p. 243-276, 2002. Disponível em: http://dx.doi.org/10.1590/S0103-65642002000200014. Acesso em: 28 jun. 2024.

LAPO, Flavinês R.; BUENO, Belmira O. Professores, desencanto com a profissão e abandono do magistério. *Cadernos de Pesquisa*, São Paulo, n. 118, p. 65-88, mar. 2003. Disponível em: http://www.scielo.br/pdf/cp/n118/16830.pdf. Acesso em: 28 jun. 2024.

LARSON, Magali S. Looking Back and a Little Forward: Reflections on Professionalism and Teaching as a Profession. *Radical Teacher*, New York, n. 99, p. 7-17, Spring 2014. Disponível em: https://radicalteacher.library.pitt.edu/ojs/index.php/ radicalteacher/article/viewFile/112/71. Acesso em: 28 jun. 2024.

LARSON, Magali S. *The rise of professionalism*: a sociological analysis. Berkeley/ Los Angeles/London: University of California Press, 1977.

LAWN, Martin. Os professores e a fabricação de identidades. *Currículo sem Fronteiras*, Porto Alegre, v. 1, n. 2, p. 117-130, jul./dez. 2001. Disponível em: http://www. curriculosemfronteiras.org/vol1iss2articles/lawn.pdf. Acesso em: 28 jun. 2024.

LEÃO, Andréa B.; FARIAS, Edson. Dossiê: Reinventar Norbert Elias. *Revista Sociedade e Estado*, Brasília, v. 27, n. 3, p. 458-468, set./dez. 2012. Disponível em: http://www.scielo.br/pdf/se/v27n3/02.pdf. Acesso em: 28 jun. 2024.

LENOIR, Remi. Objeto sociológico e problema social. *In: Iniciação à prática sociológica.* Rio de Janeiro: Vozes, 1996. p. 59-107.

LIMA FILHO, Domingos L. Condicionantes do financiamento internacional do ensino técnico: a história dos Cefets e a origem do modelo alternativo de ensino superior não-universitário. *In*: III CONGRESSO BRASILEIRO DE HISTÓRIA DA EDUCAÇÃO. *Anais* [...]. Curitiba: PUC-PR: SBHE, 2004. p. 1-21.

LIMA FILHO, Domingos L.; TAVARES, Adilson Gil (org.). *Universidade tecnológica*: concepções, limites e possibilidades. Curitiba: Sindocefet-PR, 2006.

LIMA, João M. B. de. *Criação dos Institutos Federais*: os impactos da negociação coletiva sobre o plano de carreira e cargos de magistério do ensino básico, técnico e tecnológico. 2010. 31 p. Trabalho de Conclusão de Curso (Especialização em Negociação Coletiva a Distância) – Escola de Administração, Universidade Federal do Rio Grande do Sul, Porto Alegre, 2010. Disponível em: https://lume.ufrgs.br/bitstream/handle/10183/34513/000783773.pdf?sequence=1&isAllowed=y. Acesso em: 28 jun. 2024.

LIMA, Natália V.; CUNHA, Daisy M. Saberes docentes: as políticas de reconhecimento de saberes dos professores da Educação Profissional no Brasil. *Educação em Revista*, Belo Horizonte, n. 34, e177334, p. 1-28, 2018. Disponível em: http://www.scielo.br/pdf/edur/v34/1982-6621-edur-34-e177334.pdf. Acesso em: 28 jun. 2024.

MAPA, Comissão Executiva do Plano da Lavoura Cacaueira. *Ensino técnico.* Brasília: Mapa, 2002.

MARTINS, Heloisa Helena T. de S. Metodologia qualitativa de pesquisa. *Educação e Pesquisa*, São Paulo, v. 30, n. 2, p. 289-300, maio/ago. 2004. Disponível em: http://www.scielo.br/pdf/ep/v30n2/v30n2a07. Acesso em: 28 jun. 2024.

MATTOS, Fernando Augusto M. de. Trajetória do emprego público no Brasil desde o início do século XX. *Ensaios FEE*, Porto Alegre, v. 36, n. 1, p. 91-122, jun. 2015. Disponível em: https://revistas.planejamento.rs.gov.br/index.php/ensaios/article/view/3095/3550. Acesso em: 28 jun. 2024.

MAUBANT, Philippe; ROGER, Lucie; LEJEUNE, Michel. Autour des mots de la formation: Déprofessionnalisation. *Recherche et Formation*, Lyon, n. 72, p. 89-102, 2013.

MEC. *Novo Ensino Médio:* perguntas e respostas. Brasília: MEC, ~2017. Disponível em: http://portal.mec.gov.br/component/content/article?id=40361. Acesso em: 28 jun. 2024.

MEC. *Ofício-Circular n° 008/2015.* Controle de frequência dos docentes da Carreira do Ensino Básico, Técnico e Tecnológico. Brasília: MEC, 2015a. Disponível em: https://portal.ifba.edu.br/notas-comunicados/anexos-informes-reitoria/ofciocirc.08cggpmec1.pdf. Acesso em: 28 jun. 2024.

MEC. Portaria n° 1.392, de 20 de dezembro de 2018. Altera a Portaria n.º 491, de 10 de junho de 2013, que cria o Conselho Permanente para o Reconhecimento de Saberes e Competências da Carreira do Magistério do Ensino Básico, Técnico e Tecnológico. *Diário Oficial da União:* seção 1, Brasília, DF, n° 245, p. 772-773, 21 dez. 2018. Disponível em: http://pesquisa.in.gov.br/imprensa/jsp/visualiza/index.jsp?jornal=515&pagina=772&data=21/12/2018. Acesso em: 28 jun. 2024.

MEC. Portaria n° 491, de 10 de junho de 2013. Cria o Conselho Permanente para o Reconhecimento de Saberes e Competências da Carreira do Magistério do Ensino Básico, Técnico e Tecnológico. *Diário Oficial da União:* seção 1, Brasília, DF, n° 110, p. 11, 11 jun. 2013. Disponível em: http://pesquisa.in.gov.br/imprensa/jsp/visualiza/index.jsp?jornal=1&pagina=11&data=11/06/2013. Acesso em: 28 jun. 2024.

MEC. Portaria n° 818, de 13 de agosto de 2015. Regulamenta o conceito de Aluno-Equivalente e de Relação Aluno por Professor, no âmbito da Rede Federal Educação Profissional, Científica e Tecnológica. *Diário Oficial da União:* seção 1, Brasília, DF, n° 155, p. 17, 14 ago. 2015b. Disponível em: http://pesquisa.in.gov.br/imprensa/jsp/visualiza/index.jsp?jornal=1&pagina=17&data=14/08/2015. Acesso em: 28 jun. 2024.

MEC. Portaria n° 983, de 18 de novembro de 2020. Estabelece diretrizes complementares à Portaria n.º 554, de 20 de junho de 2013, para a regulamentação das atividades docentes, no âmbito da Rede Federal de Educação Profissional, Científica e Tecnológica. *Diário Oficial da União:* seção 1, Brasília, DF, ano 158, n. 221, p. 58, 19 nov. 2020. Disponível em: https://www.in.gov.br/en/web/dou/-/portaria-n-983-de-18-de-novembro-de-2020-289277573. Acesso em: 28 jun. 2024.

MEC. Portaria n.º 475, de 26 de agosto de 1987. Expede Normas Complementares para a execução do Decreto n.º 94.664, de 23 de julho de 1987. *Diário Oficial da União:* Brasília, 26 ago. 1987. Disponível em: https://www.ufopa.edu.br/media/file/site/cppd/documentos/2018/5f0018cc7d3977ae8d7889c6b81b5ed0.pdf. Acesso em: 28 jun. 2024.

MEDEIROS, Jássio P. de; TORRES, Leonor L. Relações entre cultura organizacional e trabalho docente no Instituto Federal do Rio Grande do Norte. *Roteiro*, Joaçaba, Edição Especial, p. 241-272, dez. 2018. Disponível em: https://portalperiodicos. unoesc.edu.br/roteiro/article/view/16362. Acesso em: 28 jun. 2024.

MELO, Savana D. G. Trabalho docente na educação profissional. *In*: OLIVEIRA, D. A.; DUARTE, A. M. C.; VIEIRA, L. M. F. *Dicionário*: trabalho, profissão e condição docente. Belo Horizonte: UFMG/Faculdade de Educação, 2010. p. 1-7. Disponível em: https://gestrado.net.br/verbetes/trabalho-docente-na-educacao-profissional/. Acesso em: 28 jun. 2024.

MENEZES, Graziela N. D.; RIOS, Jane Adriana V. P. Processos de vida-formação na constituição da docência na educação profissional técnica. *Revista Educação em Questão*, Natal, v. 54, n. 41, p. 86-110, maio/ago. 2016. Disponível em: https:// periodicos.ufrn.br/educacaoemquestao/article/view/10159/7355. Acesso em: 28 jun. 2024.

MIGLIAVACCA, Adriana. Condições de trabalho do professor. *In*: OLIVEIRA, D. A.; DUARTE, A. M. C.; VIEIRA, L. M. F. *Dicionário*: trabalho, profissão e condição docente. Belo Horizonte: UFMG/ Faculdade de Educação, 2010. p. 1-4. Disponível em: https://gestrado.net.br/verbetes/condicoes-de-trabalho-do-professor/. Acesso em: 28 jun. 2024.MILLS, Charles W. *A imaginação sociológica*. Rio de Janeiro: Zahar, 1982.

MINISTÉRIO DA EDUCAÇÃO E CULTURA. Portaria n° 330, de 4 de maio de 1981. Expede normas para orientar a aplicação do Decreto n° 85.712, de 16 de fevereiro de 1981, que dispõe sobre a carreira de Magistério de 1º e 2º Graus. *Diário Oficial da União*: Seção 1, Brasília, DF, n. 84, p. 8.253-8.255, 1981.

MOL, Vanessa. "Já temos estrutura e funcionamento de uma universidade": entrevista com Prof.ª Maria Rita Neto Salles Oliveira. *Cefet-MG é notícia*, p. 8, mar. 2010. Disponível em: https://drive.google.com/file/d/0B0NJ2Do4_5OeMzg-2ZDA1NDItNzRiOC00Y2I3LWE4ZDQtYTZkNTgyYjczMzRm/view?hl=pt_BR. Acesso em: 28 jun. 2024.

MONTE, Emerson D. A política salarial da carreira docente unificada nas Universidades Federais: estagnação ou avanços? *In*: VIII JORNADA INTERNACIONAL POLÍTICAS PÚBLICAS. *Anais* [...]. São Luís: UFMA, 2015. p. 1-13. Disponível em: http://www.joinpp.ufma.br/jornadas/joinpp2015/pdfs/eixo13/a-politica-salarial-da-carreira-docente-unificada-nas-universidades-federais-estagnacao-ou--avancos.pdf. Acesso em: 28 jun. 2024.

MORAES, Gustavo Henrique. *Identidade de Escola Técnica* vs *Vontade de Universidade*: a formação da identidade dos Institutos Federais. 2016. Tese (Doutorado em Educação) – Faculdade de Educação, Universidade de Brasília, Brasília, 2016.

MORAES, Gustavo Henrique; KIPNIS, Bernardo. Identidade de Escola Técnica *vs* Vontade de Universidade nos Institutos Federais: uma abordagem histórica. *Linhas Críticas*, Brasília, DF, v. 23, n. 52, p. 693-716, jun./set. 2017. Disponível em: http://periodicos.unb.br/index.php/linhascriticas/article/view/22884/20603. Acesso em: 28 jun. 2024.

MORAES, Laurinda Ines S. de; PILLOTTO, Silvia S. D.; VOIGT, Jane Mery R. Políticas Públicas para Educação Profissional: década de 1990 e a desvinculação do Ensino Médio e técnico. *RPGE – Revista* Online *de Política e Gestão Educacional*, Araraquara, v. 21, n. 1, p. 108-124, 2017. Disponível em: https://periodicos.fclar.unesp.br/rpge/article/download/9784/6594. Acesso em: 28 jun. 2024.

NASCIMENTO, Valéria. *Pesquisa do IF Baiano é reconhecida por organização internacional*. Salvador: IF Baiano, 2016.

NOBLIT, George W. Poder e desvelo na sala de aula. *Revista da Faculdade de Educação*, São Paulo, v. 21, n. 2, p. 119-137, jul.-dez. 1995. Disponível em: educa.fcc.org.br/pdf/rfe/v21n2/v21n2a08.pdf. Acesso em: 28 jun. 2024.

NOTAS DE CORTE DO Sisu 2018: escolha uma faculdade. *Quero bolsa*, abr. 2019.

NÓVOA, António. Para o estudo sócio-histórico da gênese e desenvolvimento da profissão docente. *Teoria e Educação*. Porto Alegre, n. 4, p. 109-135, 1991.

OLIVEIRA, Blenda C. de. *O trabalho docente na verticalização do Instituto Federal de Brasília*. 2016. Dissertação (Mestrado em Educação) – Faculdade de Educação, Universidade de Brasília, Brasília, 2016. Disponível em: http://www.realp.unb.br/jspui/handle/10482/22656. Acesso em: 28 jun. 2024.

OLIVEIRA, Dalila A. As reformas educacionais e suas conseqüências sobre o trabalho docente. *In*: OLIVEIRA, Dalila A. (org.). *Reformas educacionais na América Latina e os trabalhadores docentes*. Belo Horizonte: Autêntica, 2003, p. 13-37.

OLIVEIRA, Dalila A. Trabalho docente. *In:* OLIVEIRA, D.A.; DUARTE, A. M. C.; VIEIRA, L. M. F. *Dicionário*: trabalho, profissão e condição docente. Belo Horizonte: UFMG/Faculdade de Educação, 2010. p. 1-3. Disponível em: https://gestrado.net.br/verbetes/trabalho-docente/. Acesso em: 28 jun. 2024.

OLIVEIRA, Dalila A.; ASSUNÇÃO, Ada A. Condições de trabalho docente. *In*: OLIVEIRA, D. A.; DUARTE, A. M. C.; VIEIRA, L. M. F. *Dicionário*: trabalho, profissão e condição docente. Belo Horizonte: UFMG/ Faculdade de Educação, 2010. p. 1-4. Disponível em: https://gestrado.net.br/verbetes/condicoes-de-trabalho-docente/. Acesso em: 28 jun. 2024.

OLIVEIRA, Eliana de; ENS, Romilda T; ANDRADE, Daniela B. S. F.; MUSSIS, Carlo R. de. Análise de conteúdo e pesquisa na área da educação. *Revista Diálogo Educacional*, Curitiba, v. 4, n. 9, p. 11-27, maio/ago., 2003. Disponível em: https://periodicos.pucpr.br/dialogoeducacional/article/view/6479. Acesso em: 28 jun. 2024.

OLIVEIRA, Grace Itana C. de. *Pedagogia da Alternância*: a permanência e o desempenho escolar no curso Técnico em Agropecuária, ProEJA, IF Baiano Campus Santa Inês. 2015. Dissertação (Mestrado Profissional em Educação de Jovens e Adultos), Departamento de Educação, Universidade do Estado da Bahia, Salvador, 2015. Disponível em: http://www.cdi.uneb.br/site/wp-content/uploads/2017/02/GRACE-ITANA-CRUZ-DE-OLIVEIRA.pdf. Acesso em: 28 jun. 2024.

OLIVEIRA, R. R.; SILVA, I. B.; CASTRO, D. S. P.; LIMONGI-FRANÇA, A. C. Qualidade de vida no trabalho (QVT): um estudo com professores dos Institutos Federais. *Holos*, Natal, v. 6, p. 432-447, 2015. Disponível em: http://www2.ifrn. edu.br/ojs/index.php/HOLOS/article/view/1726/1240. Acesso em: 28 jun. 2024.

OLIVEIRA, Sonia Maria S. de; OLIVEIRA, Antonio Ivanildo B. de; ARAÚJO, Fátima Maria L. Saberes, formação, profissionalização ou "notório saber": o que é preciso para ser professor? *Revista Expressão Católica*, Quixadá, v. 6, n. 1, p. 78-84, jan./jun. 2017. Disponível em: https://www.researchgate.net/publication/324847475_SABERES_FORMACAO_PROFISSIONALIZACAO_OU_NOTORIO_SABER_O_QUE_E_PRECISO_PARA_SER_PROFESSOR. Acesso em: 28 jun. 2024.

OLLAIK, Leila G.; ZILLER, Henrique M. Concepções de validade em pesquisas qualitativas. *Educação e Pesquisa*, São Paulo, v. 38, n. 1, p. 229-241, 2012. Disponível em: http://www.scielo.br/pdf/ep/v38n1/ep448.pdf. Acesso em: 28 jun. 2024.

OTRANTO, Celia Regina. A política de educação profissional do governo Lula. *In*: 34ª REUNIÃO ANUAL DA ANPEd. *Anais* [...]. Natal: UFRN: ANPEd, 2011. p. 1-17. Disponível em: http://34reuniao.anped.org.br/images/trabalhos/GT11/GT11-315%20int.pdf. Acesso em: 28 jun. 2024.

OZGA, Jenny; LAWN, Martin. O trabalho docente: interpretando o processo de trabalho do ensino. *Teoria e Educação*, Porto Alegre, n. 4, p. 140-158, 1991.

PACHECO, Eliezer M. *Os Institutos Federais:* uma revolução na Educação Profissional e Tecnológica. Natal: IFRN, 2010. Disponível em: https://memoria.ifrn.edu. br/bitstream/handle/1044/1013/Os%20institutos%20federais%20-%20Ebook. pdf?sequence=1&isAllowed=y. Acesso em: 28 jun. 2024.

PACHECO, Eliezer M.; CALDAS, Luiz; DOMINGOS SOBRINHO, Moisés. Institutos federais de educação, ciência e tecnologia: limites e possibilidades. *In*: PACHECO, Eliezer M.; MORIGI, Valter (org.). *Ensino técnico, formação profissional e cidadania:* a revolução da educação profissional e tecnológica no Brasil. Porto Alegre: Tekne, 2012, p. 15-31.

PACHECO, Eliezer. Breves anotações sobre os Institutos Federais. *In*: PACHECO, Eliezer; FIORUCCI, Rodolfo (org.). *15 anos dos Institutos Federais:* história, política e desafios. Foz do Iguaçu: Editora Parque Itaipu, 2023, p. 61-73.

PADILHA, Rosana de Fátima S. J.; LIMA FILHO, Domingos L. A oferta de educação profissional verticalizada nos Institutos Federais de Educação, Ciência e Tecnologia, o que há de novo? *In*: XI REUNIÃO CIENTÍFICA REGIONAL DA ANPED – SUL. *Anais* [...]. Curitiba, 2016. p. 1-15. Disponível em: http://www.anpedsul2016.ufpr. br/portal/wp-content/uploads/2015/11/eixo21_ROSANA-DE-F%C3%81TI-MA-SILVEIRA-JAMMAL-PADILHA-DOMINGOS-LEITE-LIMA-FILHO.pdf. Acesso em: 28 jun. 2024.

PANDINI, Silvia. A Escola de Aprendizes Artífices. *In:* X ENCONTRO ESTADUAL DE HISTÓRIA. *Anais* [...]. Porto Alegre: ANPUH-RS, 2010. Disponível em: http://eeh2010.anpuh-rs.org.br/resources/anpuhpr/anais/ixencontro/paineis/ SilviaPandini.htm. Acesso em: 28 jun. 2024.

PEREIRA, Sofia R. N. A cidade de Guanambi-BA: a constituição de um centro urbano e regional. *In*: V SIMPÓSIO CIDADES MÉDIAS E PEQUENAS DA BAHIA. *Anais* [...]. Ilhéus: UESC: UESB, 2016. p. 1-2. Disponível em: http://anais.uesb.br/ index.php/ascmpa/article/view/3614. Acesso em: 28 jun. 2024.

PEREIRA, Sofia R. N. A produção do espaço urbano em Guanambi. *In*: I CONGRESSO BRASILEIRO DE ORGANIZAÇÃO DO ESPAÇO e X SEMINÁRIO DE PÓS-GRADUAÇÃO EM GEOGRAFIA. *Anais* [...]. Rio Claro-SP: Unesp, 2010. p. 5.279-5.296.

PETRELLI, Lucía. Trabajadores docentes en contextos sociales e institucionales de crisis: recovecos de una proletarización. *Revista Argentina de Sociología*, Buenos Aires, v. 8, n. 14, p. 153-176, mayo/jun. 2010. Disponível em: https://ri.conicet.gov.ar/handle/11336/188539?show=full. Acesso em: 28 jun. 2024.

PINTO, Carmem Lúcia L.; GOES, Rosângela I. G. de; KATREIN, Beatriz Helena; BARREIRO, Cristhianny B. Entre o Bem e o Mal-Estar: a intensificação do trabalho docente no âmbito dos Institutos Federais de Educação, Ciência e Tecnologia. *Revista Educação por Escrito*, PUCRS, Porto Alegre, v. 4, n. 1, p. 44-58, jul. 2013. Disponível em: http://revistaseletronicas.pucrs.br/ojs/index.php/porescrito/article/view/11219/9700. Acesso em: 28 jun. 2024.

PNUD. Perfil: Guanambi, BA. *Atlas do Desenvolvimento Humano no Brasil*, 2013.

PROIFES. *Carreira e salários*: histórico e perspectivas. Brasília: ProIFEs, 2014.

PUCCI, Bruno; OLIVEIRA, Newton R. de; SGUISSARDI, Valdemar. O processo de proletarização dos trabalhadores em educação. *Teoria e Educação*. Porto Alegre, n. 4, p. 91-108, 1991.

QUELUZ, Gilson Leandro. Escola de Aprendizes Artífices do Paraná (1909-1930). *Tecnol. e Hum.*, Curitiba, n. 39, p. 40-113, jul./dez. 2010. Disponível em: https://revistas.utfpr.edu.br/rth/article/viewFile/6258/3909. Acesso em: 28 jun. 2024.

RAMOS, Elbo L. *Consensos e dissensos em torno da alteração do centro de atuação das instituições da Rede Federal de Educação Profissional, Científica e Tecnológica de origem agrícola*: representações do trabalho docente. 2011. Tese (Doutorado em Educação) – Faculdade de Educação, Universidade Federal de Uberlândia, Uberlândia, 2011. Disponível em: https://repositorio.ufu.br/handle/123456789/13615. Acesso em: 28 jun. 2024.

REBOLO, Flavinês; BUENO, Belmira O. O bem-estar docente: limites e possibilidades para a felicidade do professor no trabalho. *Acta Scientarium: Education*, Maringá, v. 36, n. 2, p. 323-331, July-Dec., 2014. Disponível em: http://periodicos.uem.br/ojs/index.php/ActaSciEduc/article/download/21222/13230/0. Acesso em: 28 jun. 2024.

REIS, Adriana T. *et al*. O questionário na pesquisa em educação: a complexa tarefa de construir um bom instrumento. *In*: XII CONGRESSO NACIONAL DE EDUCAÇÃO – EDUCERE. *Anais* [...]. Curitiba: PUC-PR, 2015. p. 4.388-4.399.

REIS, Daniel A. *Ditadura militar, esquerdas e sociedade.* 3. ed. Rio de Janeiro: Jorge Zahar Ed., 2005.

ROCHA, Luciana de Fátima S. *Estudo sobre os efeitos do processo de expansão do IFMA no trabalho e na saúde de seus docentes.* 2014. Dissertação (Mestrado em Psicologia) – Universidade Federal do Maranhão, São Luís, 2014. Disponível em: http://tedebc.ufma.br:8080/jspui/bitstream/tede/1364/2/LucianaRocha.pdf. Acesso em: 28 jun. 2024.

ROCHA, Luciana de Fátima S.; LÉDA, Denise B. Reflexões sobre o magistério superior no Instituto Federal de Educação, Ciência e Tecnologia. *In*: 37ª REUNIÃO ANUAL DA ANPED. *Anais* [...]. Florianópolis: UFSC: ANPEd, 2015. Disponível em: https://anped.org.br/biblioteca/reflexoes-sobre-o-magisterio-superior-no--instituto-federal-de-educacao-ciencia-e-tecnologia/. Acesso em: 28 jun. 2024.

RODRIGUES, M. R. S. L.; FREITAS, M. C. S. Formar-se para ensinar: experiência de um Instituto Federal. *RBEPT – Revista Brasileira de Educação Profissional e Tecnológica*, Natal, v. 2, n. 11, p. 51-70, 2016. Disponível em: http://www2.ifrn. edu.br/ojs/index.php/RBEPT/article/view/4679/pdf. Acesso em: 28 jun. 2024.

RODRIGUES, Maria de Lurdes. *Sociologia das Profissões.* 2. ed. Oeiras: Celta Editora, 2002.

ROQUET, Pascal; WITTORSKI, Richard. Présentation: La déprofessionnalisation: une idée neuve? *Recherche et Formation*, Lyon, n. 72, p. 9-14, 2013. Disponível em: https://www.researchgate.net/publication/299519903_Presentation_La_deprofessionnalisation_Une_idee_neuve. Acesso em: 28 jun. 2024.

ROSA, Dênerson D. O concurso público como princípio constitucional e a promoção interna para cargos organizados em carreira. *Direito constitucional*, 30 ago. 2002. Disponível em: https://www.direitonet.com.br/artigos/exibir/868/O-concurso-publico-como-principio-constitucional-e-a-promocao-interna-para-cargos-organizados-em-carreira. Acesso em: 28 jun. 2024.

SANTIAGO, Raquel V. *O trabalho docente no ensino básico, técnico e tecnológico:* o caso do IF Sudeste MG – Campus Rio Pomba. 2015. Dissertação (Mestrado em Educação) – Departamento de Educação, Universidade Federal de Viçosa, Viçosa, MG, 2015. Disponível em: http://www.locus.ufv.br/handle/123456789/20172. Acesso em: 28 jun. 2024.

SANTOS, Antonio Raimundo dos. *Metodologia científica:* a construção do conhecimento. 7. ed. Rio de Janeiro: Lamparina, 2007.

SANTOS, Vania Catarina M. dos. A Reforma do Ensino Médio e suas implicações no trabalho docente. *In*: XIII CONGRESSO NACIONAL DE EDUCAÇÃO EDUCERE. *Anais* [...]. Curitiba: PUC-PR, 2017. p. 1-11.

SÃO PAULO (Estado). *Projeto de Lei n.º 839, de 2016*. Dispõe sobre reconhecimento e titulação de notório saber para os cargos de Professores no Estado de São Paulo e fixa outras providências. São Paulo: Assembleia Legislativa do Estado de São Paulo, 2016. Disponível em: https://www.al.sp.gov.br/spl/2016/11/Propositura/1000009069_1000027287_Propositura.doc. Acesso em: 28 jun. 2024.

SESU. *Cadastro Nacional de Cursos e Instituições de Educação Superior*: Cadastro e-MEC, 2019.

SETEC. Chamada Pública MEC/SETEC n° 002/2007. Chamada pública de propostas para constituição dos Institutos Federais de Educação, Ciência e Tecnologia – IFET. *Diário oficial da União*, Seção 3, Brasília, DF, n. 239, p. 38-39, 13 dez. 2007. Disponível em: http://pesquisa.in.gov.br/imprensa/jsp/visualiza/index.jsp?jornal=3&pagina=38&data=13/12/2007. Acesso em: 28 jun. 2024.

SETEC. *Instituições da Rede Federal*. Brasília: MEC, 2019a. Disponível em: http://portal.mec.gov.br/rede-federal-inicial/instituicoes. Acesso em: 28 jun. 2024.

SETEC. *Instituto Federal de Educação, Ciência e Tecnologia*: um novo modelo em educação profissional e tecnológica – concepção e diretrizes. Brasília: MEC, 2010. Disponível em: http://portal.mec.gov.br/index.php?option=com_docman&view=download&alias=6691-if-concepcaoediretrizes&category_slug=setembro-2010-pdf&Itemid=30192. Acesso em: 28 jun. 2024.

SETEC. *Plataforma Nilo Peçanha – PNP 2019* (Ano Base 2018). Brasília: MEC, 2019b.

SETEC. Portaria n° 116, de 31 de março de 2008. Resultado da Chamada Pública MEC/SETEC n. 002/2007, de 12 de dezembro de 2007. *Diário Oficial da União*: seção 1, Brasília, DF, n. 68, p. 14-15, 9 abr. 2008. Disponível em: http://portal.mec.gov.br/setec/arquivos/pdf3/resultado_chamada_ifet.pdf. Acesso em: 28 jun. 2024.

SETEC. Portaria n° 17, de 11 de maio de 2016. Estabelecer diretrizes gerais para a regulamentação das atividades docentes, no âmbito da Rede Federal de Educação Profissional, Científica e Tecnológica. *Diário Oficial da União*: seção 1, Brasília, DF, ano 153, n. 91, p. 50-51, 13 maio 2016. Disponível em: http://pesquisa.in.gov.br/imprensa/jsp/visualiza/index.jsp?data=13/05/2016&jornal=1&pagina=50&totalArquivos=304. Acesso em: 28 jun. 2024.

SETEC. Portaria n° 25, de 13 de agosto de 2015. Define conceitos e estabelece fatores para fins de cálculo dos indicadores de gestão das Instituições da Rede Federal de Educação Profissional, Científica e Tecnológica. *Diário Oficial da União*: seção 1, Brasília, DF, n. 162, p. 28, 25 ago. 2015. Disponível em: http://pesquisa.in.gov.br/imprensa/jsp/visualiza/index.jsp?jornal=1&pagina=28&data=25/08/2015. Acesso em: 28 jun. 2024.

SILVA, Estácio M. da; LEDO, Irma Márcia V.; MAGALHÃES, Lívia Diana R. Memória social institucional: o Instituto Federal de Educação, Ciência e Tecnologia Baiano. *In*: XII JORNADA DO HISTEDBR E X SEMINÁRIO DE DEZEMBRO. *Anais* [...]. Caxias: HISTEDBR-MA; CESC, 2014. p. 2.215-2.231.

SILVA, Ivan José de M. Anatomia da produtividade. *Revista de administração de empresas*, São Paulo, v. 26, n. 3, p. 47-52, jul./set. 1986. Disponível em: http://www.scielo.br/pdf/rae/v26n3/v26n3a06.pdf. Acesso em: 28 jun. 2024.

SILVA, Paula Francisca da; MELO, Savana D. G. O trabalho docente nos Institutos Federais no contexto de expansão da educação superior. *Educação e Pesquisa*, São Paulo, v. 44, e177066, p. 1-18, 2018. Disponível em: http://www.scielo.br/pdf/ep/v44/1517-9702-ep-44-e177066.pdf. Acesso em: 28 jun. 2024.

SILVA, Roniel S.; BODART, Cristiano das N. Pato, castor ou ornitorrinco? O dilema legalista da jornada de trabalho dos docentes dos Institutos Federais. *Política e Trabalho - Revista de Ciências Sociais*, João Pessoa, n. 43, p. 279-295, jul./dez. 2015. Disponível em: https://www.researchgate.net/publication/297070853_PATO_CASTOR_OU_ORNITORRINCO_O_dilema_legalista_da_jornada_de_trabalho_dos_docentes_dos_institutos_federais. Acesso em: 28 jun. 2024.

SILVA, S. H. S. C.; SOUZA, F. C. S. Bacharéis que se tornam professores: inserção e prática profissionais de engenheiros no Ensino Superior. *Holos*, Natal, v. 05, p. 197-213, 2017. Disponível em: http://www2.ifrn.edu.br/ojs/index.php/HOLOS/article/view/4033/pdf. Acesso em: 28 jun. 2024.

SILVA, Valquíria Lima da. *À deriva*. Itabuna: Via Litterarum, 2013.

SILVESTRE, António Luís. *Análise de dados e estatística descritiva*. Forte da Casa: Escolar, 2007.

SINASEFE. *Boletim Especial de Greve*, n. 1, Brasília, 19 jun. 2012a.

SINASEFE. *Boletim Especial de Greve*, n. 1, Brasília, 29 jul. 2011a.

SINASEFE. *Boletim Especial de Greve*, n. 11, Brasília, 11 ago. 2012b.

SINASEFE. *Boletim Especial de Greve*, n. 12, Brasília, 17 ago. 2012c.

SINASEFE. *Boletim Especial de Greve*, n. 13, 2 Brasília, 8 ago. 2011b.

SINASEFE. *Boletim Especial de Greve*, n. 14, Brasília, 31 ago. 2012d.

SINASEFE. *Boletim Especial de Greve*, n. 16, Brasília, 06 set. 2011c.

SINASEFE. *Boletim Especial de Greve*, n. 24, Brasília, 24 out. 2011d.

SINASEFE. *Revista comemorativa dos 20 anos do Sinasefe*. Brasília: Sinasefe, 2008.

SINASEFE. *Seções sindicais*. Brasília, 2019.

SINDIEDUTEC-PR. *Nossa história*. Curitiba: Sindiedutec-PR, 2019.

SIQUEIRA, Aline B. de. *Sofrimento, processo de adoecimento e prazer no trabalho*: as estratégias desenvolvidas pelos docentes do Instituto Federal de Educação, Ciência e Tecnologia de Pernambuco na (re)conquista da sua saúde. 2015. Tese (Doutorado em Ciências Humanas) – Centro de Filosofia e Ciências Humanas, Universidade Federal de Santa Catarina, Florianópolis, 2015. Disponível em: https://repositorio.ufsc.br/xmlui/bitstream/handle/123456789/160704/338290. pdf. Acesso em: 28 jun. 2024.

SOARES, Manoel de J. As Escolas de Aprendizes Artífices: estrutura e evolução. *Forum educ.*, Rio de Janeiro, v. 6, n. 2, p. 58-92, jul./set. 1982. Disponível em: https://periodicos.fgv.br/fe/article/view/87534. Acesso em: 28 jun. 2024.

SOUSA, Francisco Carlos O. de. A educação escolar de aprendizes de artífices (Rio Grande do Norte, 1910-1936). *In*: VII CONGRESSO BRASILEIRO DE HISTÓRIA DA EDUCAÇÃO. *Anais* [...]. Cuiabá: UFMT, 2013. p. 1-15.

SOUSA, Laura Maria A. de; MOURA, Maria da Glória C. A especificidade da docência na Educação Profissional e Tecnológica: desafios e perspectivas. *Revista Brasileira da Educação Profissional e Tecnológica*, Natal, v. 1, p. 1-17, 2019. Disponível em: http://www2.ifrn.edu.br/ojs/index.php/RBEPT/article/view/7506/pdf. Acesso em: 28 jun. 2024.

SOUZA, Ana Cláudia R. de. A legislação federal para o ensino profissional e a Escola de Aprendizes e Artífices do Amazonas: diálogos possíveis. *In*: XXVII SIMPÓSIO NACIONAL DE HISTÓRIA. *Anais* [...]. Natal: UFRN: ANPUH, 2013. p. 1-9. Disponível em: http://www.snh2013.anpuh.org/resources/anais/27/1364919208_ARQUIVO_ACRS.pdf. Acesso em: 28 jun. 2024.

SOUZA, M. J.; GUIMARÃES, I. V. Histórias tecidas e publicizadas: formação, identidade e desenvolvimento profissional. *Holos*, Natal, ano 32, v. 2, p. 281-300, 2016. Disponível em: http://www2.ifrn.edu.br/ojs/index.php/HOLOS/article/view/3452/1448. Acesso em: 28 jun. 2024.

SPLIT. Produção e Direção de M. *Night Shyamalan*. Philadelphia: Blinding Edge Pictures; Blumhouse Pictures, 2016.

TARDIF, Maurice. A profissionalização do ensino passados trinta anos: dois passos para a frente, três para trás. *Educação & Sociedade*, Campinas, v. 34, n. 123, p. 551-571, abr./jun. 2013. Disponível em: http://www.scielo.br/pdf/es/v34n123/13.pdf. Acesso em: 28 jun. 2024.

TARDIF, Maurice. *Saberes docentes e formação profissional*. 17. ed. Petrópolis: Vozes, 2014.

TARDIF, Maurice. Saberes profissionais dos professores e conhecimentos universitários: elementos para uma epistemologia da prática profissional dos professores e suas consequências em relação à formação para o magistério. *Revista Brasileira de Educação*, Rio de Janeiro, n. 13, p. 5-24, jan./abr. 2000. Disponível em: http://anped.tempsite.ws/novo_portal/rbe/rbedigital/RBDE13/RBDE13_05_MAURICE_TARDIF.pdf. Acesso em: 28 jun. 2024.

TARDIF, Maurice; LESSARD, Claude. *O trabalho docente*: elementos para uma teoria da docência como profissão de interações humanas. 9. ed. Petrópolis: Vozes, 2014.

TARDIF, Maurice; LESSARD, Claude; LAHAYE, Louise. Os professores face ao saber: esboço de uma problemática do saber docente. *Teoria e Educação*, Porto Alegre, n. 4, p. 215-232, 1991.

TARDIF, Maurice; RAYMOND, Danielle. Saberes, tempo e aprendizagem do trabalho no magistério. *Educação & Sociedade*, Campinas, n. 73, p. 209-244, dez. 2000. Disponível em: www.scielo.br/pdf/es/v21n73/4214.pdf. Acesso em: 28 jun. 2024.

TAVARES, Fábio L. de F. Ensino Técnico Federal no Brasil: das Escolas de Aprendizes Artífices ao Pronatec. *Revista Historiador*, Porto Alegre, n. 8, p. 77-88, fev. 2016. Disponível em: https://www.revistahistoriador.com.br/index.php/principal/article/view/170. Acesso em: 28 jun. 2024.

TAVARES, Moacir G. Evolução da Rede Federal de Educação Profissional e Tecnológica: as etapas históricas da formação profissional no Brasil. *In:* IX ENCONTRO DA ASSOCIAÇÃO NACIONAL DE PESQUISA E PÓS-GRADUAÇÃO EM

EDUCAÇÃO DA REGIÃO SUL (ANPEdSUL). *Anais* [...]. Caxias do Sul: UCS, 2012. p. 1-21. Disponível em: http://www.ucs.br/etc/conferencias/index.php/anpedsul/9anpedsul/paper/viewFile/177/103. Acesso em: 28 jun. 2024.

TRIBUNAL DE CONTAS DA UNIÃO (TCU). *Relatório de Auditoria Operacional em ações da Rede Federal de Educação Profissional, Científica e Tecnológica*. Brasília: TCU, 2012.

TENTI FANFANI, E. Condição docente. *In*: OLIVEIRA, D. A.; DUARTE, A. M. C.; VIEIRA, L. M. F. *Dicionário*: trabalho, profissão e condição docente. Belo Horizonte: UFMG/Faculdade de Educação, 2010, p. 1-4. Disponível em: https://gestrado.net.br/verbetes/condicao-docente/. Acesso em: 28 jun. 2024.

TENTI FANFANI, E. *La condición docente*: análisis comparado de la Argentina, Brasil, Perú y Uruguay. Buenos Aires: Siglo XXI, 2005.

TEODORO, Elinilze G. Docentes na Escola de Aprendizes Artífices do Pará: diacronia dessa atuação. *Revista HISTEDBR On-line*, Campinas, n. 24, p. 26-39, dez. 2006. Disponível em: https://www.fe.unicamp.br/pf-fe/publicacao/4947/art03_24.pdf. Acesso em: 28 jun. 2024.

TREVISAN, Nilo F. Universidade tecnológica: a evolução ou o fim da escola técnica? *In*: LIMA FILHO, Domingos L.; TAVARES, Adilson G. (org.). *Universidade tecnológica*: concepções, limites e possibilidades. Curitiba: Sindocefet-PR, 2006. p. 81-85.

TREVISAN, Rosana. Desafio. *In*: *Michaelis Dicionário Brasileiro da Língua Portuguesa*. São Paulo: Melhoramentos, 2019.

UTFPR. *Estude na UTFPR*. Curitiba: UTFPR, 2019.

VAN ZANTEN, Agnès. Comprender y hacerse comprender: como reforzar la legitimidade interna y externa de los estudios cualitativos. *Educação e Pesquisa*, São Paulo, v. 30, n. 2, p. 301-313, maio/ago. 2004. Disponível em: http://www.scielo.br/pdf/ep/v30n2/v30n2a08.pdf. Acesso em: 28 jun. 2024.

VIEIRA, Jarbas S.; HYPOLITO, Álvaro M.; DUARTE, Bárbara G. V. Dispositivos de regulação conservadora, currículo e trabalho docente. *Educação & Sociedade*, Campinas, v. 30, n. 106, p. 221-237, jan./abr. 2009. Disponível em: http://www.scielo.br/pdf/es/v30n106/v30n106a11.pdf. Acesso em: 28 jun. 2024.

VIEIRA, M. M. M. Formação de professores da Educação Profissional: análise de produções acadêmicas. *Holos*, Natal, v. 2, p. 243-258, 2018. Disponível em: http://

www2.ifrn.edu.br/ojs/index.php/HOLOS/article/download/3160/pdf. Acesso em: 28 jun. 2024.

WITTORSKI, Richard; ROQUET, Pascal. Professionnalisation et déprofessionnalisation: des liens consubstantiels. *Recherche et Formation*, Lyon, n. 72, p. 71-88, 2013. Disponível em: https://journals.openedition.org/rechercheformation/2038. Acesso em: 28 jun. 2024.

WOOD JR., Thomaz. Organizações híbridas. *Revista de Administração de Empresas*, São Paulo, v. 50, n. 2, p. 241-247, abr./jun. 2010.

ZAGO, Nadir. A entrevista e seu processo de construção: reflexões com base na experiência prática de pesquisa. *In*: ZAGO, N; CARVALHO, M. P. de; VILELA, R. A. T. (org.). *Itinerários de pesquisa*: perspectivas qualitativas em Sociologia da Educação. Rio de Janeiro: Lamparina, 2011. p. 287-309.

ZAGO, Nadir. Migração rural-urbana, juventude e ensino superior. *Revista Brasileira de Educação*, Rio de Janeiro, v. 21, n. 64, p. 61-78, jan./mar. 2016. Disponível em: http://www.scielo.br/pdf/rbedu/v21n64/1413-2478-rbedu-21-64-0061.pdf. Acesso em: 28 jun. 2024.